国家社科基金重大项目成果
近代宁波商帮文献史料整理研究丛书

许廷佐年谱长编
（1882—1941）

XUTINGZUO NIANPU CHANGBIAN

孙善根　闻文　编著

宁波出版社
NINGBO PUBLISHING HOUSE

国家社科基金重大项目资助
"近代宁波商帮文献史料整理研究丛书"编纂委员会

主　任　虞和平
副主任　孙善根　陶水木　王　辉
编　委　王瑞成　张天政　张如安
　　　　阮清华　沈建国　张　萍
　　　　应芳舟
主　编　孙善根　李　瑊

总序

作为国家社科基金重大项目"近代宁波商帮史料收集与整理研究(1840—1949)"(17ZDA201)主要成果的"近代宁波商帮文献史料整理研究丛书"陆续编纂出版了,其中缘由在此略为申述,以为告白。

本丛书所称的宁波商帮泛指旧宁波府属鄞县、镇海、慈谿、奉化、象山、定海六县在外地的商人与企业家群体。同时鉴于当今宁波行政区域实际范围,相关内容也将涉及近代余姚、宁海在外地的商人及企业家群体。众所周知,宁波人历来以商著称,特别是近代以来,大批宁波商人抓住近代中国对外开放与上海崛起的历史契机,开拓创新,奋发有为,创造了辉煌的经营业绩与灿烂的商业文化,宁波商帮被公认为近代中国最大的商帮,并成功实现了集团性的近代化转型,是近代中国极为活跃的一支商业力量,特别是对近代上海发展为全国乃至远东贸易、金融与经济中心厥功至伟,成为所谓的江浙财团的核心与支柱,长期称雄中国商界,进而对近代中国经济社会乃至政治都产生了广泛而深刻的影响。显然,全面深入地研究宁波商帮具有重要的学术价值与现实意义。但由于史料整理工作滞后等因素的制约,宁波商帮研究工作并没有很好地开展起来。鉴于此,2017年,我们以"近代宁波商帮史料收集与整理研究(1840—1949)"为题申报国家社科基金重大项目并成功立项。

宁波商帮称雄近代中国工商界半个多世纪,活动地域广阔,经营门类众多,足迹几乎遍及大半个中国,并涉足中国港台及海外,留下了无数的记载、遗存与印痕。

就史料的载体与形式来说,从传统走向近代并在近代获得了更大发展与成功的近代宁波商帮,其史料散见于近代报刊、档案、方志与谱牒、口述资料、文集及手稿等文献,其中既有碑刻等传统文献,又有报刊、口述资料等近代乃至现代的史料形式,迄今没有进行系统的收集与整理。本课题旨在广泛收集和系统整理近代宁波商帮文献史料,特别是要注意收集其中散落在民间个人手中的各类史料,包括手稿等未刊文献。按照申报书的目标与要求,并根据近代宁波商帮史料的重要性与珍稀程度,我们拟陆续整理出版若干史料集。其中既有宁波商帮行业与人物及日记、书信、碑刻等史料性质的专题性史料,又有相关企业、同乡团体等个案史料。最后我们将整理出版多卷本的《近代宁波商帮史料索引》。同时,考虑到人物在宁波商帮研究中的重要性,我们将在史料收集的基础上整理编纂若干宁波商帮人物年谱长编,这实际上是相关人物的资料长编,具有很强的资料性,以便为进一步的研究奠定基础。

需要说明的是,"近代宁波商帮文献史料整理研究丛书"是一个开放的平台。我们将努力扩大本课题研究的队伍与力量,故丛书的编纂者以课题组成员为基础,但不限于课题组。同时我们将充分吸收各界人士的建议与意见,以申报书为基础,根据相关文献的收集情况,对丛书的编纂出版进行动态的调整与补充,以便把更好的近代宁波商帮史料文献及时整理出来,公之于众,为学术服务。

限于学识与能力,我们的整理与编纂工作特别是其中的选编与校注难免存在不当和差错,在此诚恳地期待专家学者与广大读者的批评指正。

孙善根

2019 年 2 月

凡例

一、本书旨在比较全面、详实地记录近代杰出宁波商人许廷佐的一生言行与事迹，其内容主要采集自当年报刊、图书及档案史料等。为对本书传主水平事迹有一个大致的了解，书首作一引言。对于其间其子许文贵、许文荣的活动也一并记入。

二、本书纪事按公元纪年年月日顺序编列，民国元年以前以农历纪年，附列公元纪年。

三、引文力求采用原件或报刊最初文本为准，原件无标点者，按照常用标点符号用法标点。对原文中因字迹模糊而辨别不清的字用"□"表示。

四、所引数据无确切日期者，或系于月末（是月），或系于年末（是年），或系于相应位置。

五、为便于读者查考，本书各条纪事基本上都注明出处。

六、一些需要说明的事件、人物或补充材料，以脚注的形式处置。

七、近代报刊中同音字之间混用情况相当普遍，如许廷佐有时写成"许庭佐"，为保持文献史料的真实性、原始性，这种情况一般不予更改，明显的错别字则予以更正。

八、引文内日期及其他数字，按原件汉字书写，叙文、注释中有关日期、数字，一般用阿拉伯数字记述。

引言

实业救国的理想主义者

"通商互市甬江东，航海达吴淞。"近代以来特别是清末以后，一代代宁波人抓住近代中国对外开放与上海崛起的历史机遇，纷纷前往上海谋生创业。他们披荆斩棘，励精图治，奋发有为，开拓出一方方属于自己的天地，书写了一部部白手创大业的传奇，有的更进而肩负起对国家和社会的责任与使命，为实业救国和民族振兴而呕心沥血，屡仆屡起，奋斗不止。这其中，定海旅沪商人许廷佐就是杰出的代表。

许廷佐1882年出生于浙江定海。他6岁丧父，靠母亲洗衣为生。10岁时随母亲赴上海谋生，13岁由外国传教士介绍进入外商礼查西饭店工作。由于勤敏好学，服务周到，深受店主赞赏，先后升至领班、管事。后以积蓄在百老汇路创办益利饭店，并销售进口名酒、汽水、饼干、罐头。不久又创办益利汽水厂、益利五金店、益利拆船打捞公司、益利玻璃厂等企业。1922年，与同乡、曾任上海总商会会长的朱葆三在上海创办舟山轮船公司，开辟上海—定海—穿山—海门（今椒江）航线。又创办益利轮船公司，购置轮船经营上海—定海—温州航线。1928年当选为上海总商会执行委员。同年开通沪台航线。1929年再辟上海—定海—三门湾航线。同年为实现其实业救国的理想，发起开发三门湾，获国民政府赞许与批准，一时轰动全国。其间他组建三门湾开埠公司,自任经理,多次到三门湾实地勘察,并聘请比利时工程师,制订详细的开发计划,拟修筑10里防波堤,围涂16万亩,建三门港,筑三门—义乌铁路,至杭州、宁波、温州公路,并计划创办造船厂、机械厂、采矿场、飞机场等。又以私产抵押,借政府公债50万元,先后建起益利码头、堆栈、旅馆,一时上海商人与海外华侨闻风而至者百余家。但由于不久"益利"轮在海上被劫,上海又于1932年初爆发"一·二八"淞沪战争,商人们纷纷裹足不前,致使开发资金不济,工程陷于停顿,损失巨大,并影响其他企业的运行。1936年,其所属的益利系列企业被迫停顿清算。但许廷佐并没有因此而屈服,相反他愈挫愈勇,积极筹划,力图继续开发事业。其间,他积极参与国货运动,并让儿子许文贵、许文荣也加入其中。1937年底,上海沦陷,成为孤岛。已近六旬的许廷佐东山再起,他集资购置四艘轮船,多方奔走,利用战时各国的矛盾与关系,大力开展沪浙间物资运输,一度使家族航运事业得以发展壮大。无奈壮志未酬,1941年许廷佐因病在上海抱憾离世,享年60岁。时人称其"创办实业,热心公益,对于国家社会,均有贡献"。[1]

尽管在巨商云集的近代宁波帮商人中,许廷佐的地位似乎显得并不突出,但其创业之路与发展路径却极具代表性,其强烈的社会责任意识与实业救国的理想,以及顽强拼搏、屡仆屡起的奋斗精神更是可歌可泣,是值得后人珍视的宝贵财富,其中以下数端尤其值得今人回味:

其一,深受西方文化的熏陶与影响

如上所述,许廷佐长期任职于外商企业,与外人多有交往[2],加之他熟习英文,耳濡目染,其对西方文化有比较深入的了解,具有开阔的视野与开放的意识。这不仅对其企业行为与社会活动有着深刻的影响,而且表现于日常生活乃至衣食住行诸方面。如现在所能找到的许氏照片中,西装革履的许廷佐在大多数一身仍是长

---

(1)《许公追悼会筹备处通告》,《申报》1941年10月18日。
(2) 据时人回忆,1941年10月19日参加许廷佐追悼会的外国商人就有五六十人,可见其与外人交往之深。其后人许志勤先生则向笔者回忆,参加当年许氏追悼会的黄头发蓝眼睛者多于华人,由此给年幼的他留下深刻印象。他还说,定海一地的火鸡就是20世纪初许廷佐从国外引进养殖的,以便在每年圣诞节前经加工处理后赠予在沪过节的外国友人。(吴文龙:《航运世家——许廷佐家族传记》,名格文化印刷设计事业有限公司,2014年,第41页)

袍马褂的宁波商人中显得特别另类。同时他不仅英文娴熟,与外人交往密切,而且自己还有英文名字(Charles Eddie),并让自己的子女去读英文学校。[1]由此对许氏后人的人生选择与行为取向都产生了广泛而深入的影响。

其二,创新意识与开拓精神

许廷佐具有强烈的创业创新精神,跨越多个行业领域。他在略有积蓄后即创办了一系列以益利命名的企业,还与人合资创办多个企业,所办企业均为新式企业,甚至是行业开创者,如西式饭店、汽水厂、舞厅、拆船打捞公司、冷冻厂,益利汽水当年更是畅销一时,许廷佐由此被誉为"汽水大王"。特别是他长期在外商企业工作,在企业经营活动中注意借鉴西方企业的经营方法与手段,特别重视企业营销与宣传工作,大力进行广告与品牌宣传,且不断推陈出新,引人注目。如其所属企业除了在广告上不惜投入巨资外,还先后进行征文比赛、体育赛事,向各种社会活动赠送产品等,尤其是1926年他首先引入荷兰飞行员在上海进行特技表演,更是一大创举,当时上海滩为之轰动,吸引了无数人的眼球。

其三,家国情怀与救世理想

商人一般来说是务实的,许廷佐也不例外,但他既是务实的,又有着强烈的家国情怀,他不是一个孜孜于牟利的商人,而是有着更大的救世理想与抱负。尽管他后来为此付出了巨大的代价乃至于生命,但也因此在历史上留下了英名,而与一般商人相区别。来自海边深受海洋文化影响的许廷佐对海洋开发的巨大价值与意义有着深刻的认识。于是在1928年其具备一定的经济能力后,毅然向国民政府提出以个人的力量开发已经沉睡多年的三门湾。在获得政府的准许后,他亲力亲为,出钱出力,为此倾注了无限的心血与热情。成长于国家积贫积弱的年代,许廷佐有着改变国家贫穷面貌、实现民族振兴与经济发展的强烈愿望,并意识到自己的责任与担当。显然,作为精明的商人,他清楚这绝对不是合理的投资行为,即使有回报,也是遥遥无期的。但救国救世的宏大理想使他忘却了锱铢必较的利益考量,而激励他义无反顾,投身民族振兴与国家富强的伟大事业。他决心把这里开发出来,实现

---

[1] 吴文龙:《航运世家——许廷佐家族传记》,第19页。

自己实业救国的夙愿。即使多次遭到挫折,仍初心不改,奋力前行,继续为开发三门湾鼓与呼。

其四,强烈的社会公益意识

在事业稍有成就后,许廷佐就开始积极参与社会公益事业。"自言少年时备尝诸苦,故尽吾一生以利己利人为念"。他不仅先后参与组织定海旅沪同乡会、百老汇路商界联合会,并担任百老汇路商界联合会三届会长,大力主持开展各项会务工作而乐此不疲,特别是其长期主持的百老汇商界联合会工作在当时上海各马路商联会中十分出色而引人注目,而且出钱出力,广泛参与慈善公益事业,尤其重视教育事业,先后在上海与定海创办义务学校一所,学生学费全免,并供给文具等,还担任多个学校的校董。对于家乡定海,许廷佐更是关爱有加,从办学到维护社会治安,从帮衬乡人到修桥铺路,从救灾救难到修筑灯塔,可以说是无役不从。也正由于此,他受到人们特别是旅沪同乡与家乡人民的广泛尊敬。1936年,其所属的益利系列企业被迫停顿清算时,宁波旅沪同乡会即出面为之调解。为此事,当时宁波同乡会的头面人物几乎都出动了,由此可见他们对其人其事的高度重视。结果,在同乡会的调解下,很快与债权人达成协议。

问渠那得清如许,为有源头活水来。如今,已经走过百余年历程的至少经过五代创业的许氏家族仍活跃在港台地区与海外,以航运为核心的许氏家族企业仍具有蓬勃的生机与活力。具有辉煌历史的许氏家族珍视家族的传统与精神命脉,又与时偕行,开拓创新。他们正在并将继续秉持家族诚信、决断、勤勉、精进、慎谋的核心价值观,承前启后,砥砺前行,续写百年家族企业的不老传奇。

目录

001　总序
003　凡例
005　引言：实业救国的理想主义者

001　清光绪八年（1882）　1岁
001　清光绪十三年（1887）　6岁
001　清光绪十四年（1888）　7岁
002　清光绪十七年（1891）　10岁
002　清光绪二十年（1894）　13岁
002　清光绪三十一年（1905）　24岁
002　清光绪三十二年（1906）　25岁
003　1912年　31岁
003　1915年　34岁
003　1916年　35岁
003　1918年　37岁
004　1919年　38岁
005　1920年　39岁
008　1921年　40岁

018　1922年　41岁
030　1923年　42岁
033　1924年　43岁
038　1925年　44岁
058　1926年　45岁
069　1927年　46岁
077　1928年　47岁
097　1929年　48岁
126　1930年　49岁
131　1931年　50岁
145　1932年　51岁
164　1933年　52岁
184　1934年　53岁
201　1935年　54岁

222	1936年 55岁		234	1939年 58岁
230	1937年 56岁		236	1940年 59岁
231	1938年 57岁		237	1941年 60岁

242　附录一　许君廷佐行状

244　附录二　主要引用及参考文献索引

246　后记

清光绪八年（1882） 1岁

10月9日，出生于浙江宁波府定海县南门外周家塘的一个船户家庭，"先世镇海人"，由其祖父许世源迁居定海。父亲许祥生从事海上帆船运输，母亲张氏，"生君及君女弟二人"。（张原炜:《许君廷佐行状》，《蓴里剩稿》，1945年线装本；吴文龙:《航运世家——许廷佐家族传记》，名格文化印刷设计事业有限公司，2014年，第14、52页）

定海周家塘许氏故居

清光绪十二年（1887） 6岁

是年，父亲许祥生因感染霍乱而不治，年仅36岁。（吴文龙:《航运世家——许廷佐家族传记》，名格文化印刷设计事业有限公司，2014年，第14页）

清光绪十四年（1888） 7岁

是年前后，入私塾读书，其间靠母亲洗衣为生，"以所入易升米，教督君至严"。

(张原炜:《许君廷佐行状》)。

清光绪十七年(1891) 10岁

是年,随母亲赴上海谋生,在一铸铁工厂当学徒,"母子二人同作苦,少长习金工"。(吴文龙:《航运世家——许廷佐家族传记》,名格文化印刷设计事业有限公司,2014年,第18页;张原炜:《许君廷佐行状》)

清光绪二十年(1894) 13岁

是年,经人介绍,进入当时上海最好的西式饭店——礼查西饭店(1959年改名为浦江饭店)做工。

今日浦江饭店外景

清光绪三十一年(1905) 24岁

是年前后,与同村周冬兰成婚。其间,"已与远西人多过从,稍稍通其语言文字,久之益狎。彼邦人重君笃挚,请有所需,辄于君是求。有英吉利人马顿者尤与君善,与君为钱通。君自是得所凭,藉有设施矣,数年之间,业以大展"。(吴文龙:《航运世家——许廷佐家族传记》)

清光绪三十二年(1906) 25岁

是年,长子文贵出生。

1912年　31岁

9月中旬，时任礼查饭店管事的许廷佐因张阿流、张阿根在狄思威路持木棍行凶，向公共租界巡捕房控告。"由捕房将两张一并拘解公堂请究，中西官以原告未到，判均押，候下礼拜六讯核。"(《因何被殴》,《申报》1912年9月22日)

同年，介绍亲戚周祥生[1]进礼查饭店为侍应生。

近代上海出租车大王周祥生

1915年　34岁

是年，因与同事发生激烈争执，从礼查饭店离职（据说此事被报纸登了出来，外商怕影响饭店名声，只得将其辞退）。(上海民建、工商联:《周祥生和祥生出租汽车公司》,《20世纪上海文史资料文库（四）》,上海书店,1999年)

是年，次子文荣出生。

1916年　35岁

是年，与人合资开设益利餐厅。(上海民建、工商联:《周祥生和祥生出租汽车公司》,《20世纪上海文史资料文库（四）》,上海书店,1999年)

是年，向宁波四明"医局病院捐款四元"。(《今将丙辰年四明六邑同乡各业行号各善会仁人善士乐输医局病院捐款清单声明于后》,《申报》1917年2月7日)

1918年　37岁

9月，为宁波旅沪同乡会建筑新会所，"许廷佐君募张茂杰君五元，蔡农笙、徐泉生、周盛皓、周菊如四君各二元，费和林、包家声、曹松亭、林辅昌、叶承楣、房根富、陈阿荣、李顺裕、汤友隆、周锡卿、陆寅生、郑毓钟、蔡樵笙、吴蓉洲、许文贵、许文

---

[1] 周氏于1919年开始经营汽车出租业务，后不断扩大业务，成为行业翘楚，1930年任上海市出租汽车业同业公会会长，是近代上海著名的出租车大王。

荣、贺贤康、金合兴号、倪定记、周锡祥、林寅泉、孙余顺诸君各一元，许君自助十一元，胡阿助、张金生、费相南、殷青甫、龚满生、戴成镐、谢吉香、王承宝、张金发诸君各五角。"值得注意的是，此次捐款，许氏可谓广泛发动，全面动员，不仅亲友，还"拉上"了尚在幼年的两个儿子即11岁的许文贵、4岁的许文荣，共计37人（户）、50.5元，也许是从小培养其公益意识，可谓用心良苦。（《宁波同乡会募捐消息》，《申报》1918年9月16日）

是年，向沪上善堂——上海虹口华记路普济善堂捐洋5元。（《上海虹口华记路普济善堂正月起端午止续收捐款志谢》，《申报》1918年6月15日）

1919 年　38 岁

7月，向中国救济妇孺总会捐牛奶170听。为此该会于7月24日在《申报》特刊登鸣谢启事：

四明孤儿院大门

中国救济妇孺总会敬谢捐助物品大善士

启者，兹由洋货商业公会交来何兆丰、何长丰宝号捐助府绸十匹；又接益利宝号许廷佐君来函捐助甜牛奶一百七十听，足征热心爱国，注意慈善，拜领之下，感□同深。除分别填奉收据外，合亟登报志谢，以扬仁风。上海老北门东首中国救济妇孺总会朱佩珍、王震等谨启。

是年，向宁波四明孤儿院捐洋100元。（《四明孤儿院第一次缘启经收广告》，《申报》1919年9月24日）

1920年　39岁

1月5日下午,被推举为百老汇路商界联合会[1]交际干事。报道说:

> 百老汇路商界联合会前在澄衷学校开成立会,各界各团体诸代表莅会演说、摄影并投票选举,因时已晚不及开票等情,已记昨报。昨日下午二时该会又假上海泰西食物公会事务所开票,结果当选各项职员如左:正会长俞东照,副会长李泽源、周子庆,评议长郭庆恩,副议长张桂馥,评议员费辅清、陈鹤亭、蓝以襄、徐兰生、周吉人、卞春波、邵德铭、施独舟、张延钟、刘丽泉、张运济、刘鼎和、钟阿春、周明钦,文牍干事刘仲英、傅尔绶,会计干事蔡宝成,交际干事徐宗达、许廷佐、李干庭、庄月如、祝梦楼、李叔孝、何宏梅、陈静山、廖心存、周茹邨,调查干事经天祥、何金水、郑香华、王葆元、吴渔虹、盛宗华、周兆永、万国安、钟吉云,庶务干事陈嘉之、陈元章。当开票时,有中城商业联会代表赵秋心、褚鹤生、李泉林等监视,以昭慎重云。(《百老汇路商联会选举开票纪》,《申报》1920年1月6日)

7月8日下午,在百老汇路商界联合会第二次选举大会上被选为会长。报道说:

> 百老汇路商界联合会于昨日开二次选举大会,首由李泽源报告会务情形,并前次议决施医局,现择定地点在新记演路荣华里一百八十号,已请就浙绍医生四人:胡少卿之妇科,叶征祥之外科,卢清安之内科,高仲玉之儿科。此数人皆世业岐黄,富于经验者,并选顶上药料修合丹丸施送。业定旧历六月初一日开诊,每日午后一点钟至五点,不取号金,兼给贫苦医药。众赞成。次请监票员开匦检票,正会长许廷佐得二十票,副会长李泽源得二十四票,周子庆得十三票。评议部长郭庆恩得十三票,何宏梅得十二票,如费辅清、施独舟、张桂馥、刘胜甫、周世发、吴渔虹、张印奎、杨菁华为评议员,交际王海实、杨镇浦、陈静山、蓝以襄、董伯堃、祝梦楼,庶务徐瑞昌、徐高明、周振声、郑兆熊、龙天宝、

---

[1] 五四运动后出现的上海马路商界联合会是由同一条马路或联合数条马路上的商业店铺自愿参与的、以中小商人为主的街区性商人团体。商业街区是其主要活动范围,防盗防火、办学、防疫等街区公共事务是其重要活动内容。自主决策、自我管理、自筹经费是其举办街区公共事业的重要机制,突显了马路商联会的街区自治性。在举办公共事业的过程中,商人的自治素养、公共意识都得到了提升。

陈元章，调查刘仲英、钟吉云、何金水、周明钦、钟锡章、徐宗达，会稽蔡宝成，文牍傅尔绶等，选毕，宣告散会。（《百老汇路选举会纪》，《申报》1920年7月9日）

百老汇商界联合会历届主要职员一览

成立及职员选举日期	当选主要职员姓名	
1920年1月4日	会　长	俞东照
	副会长	李泽源　周子庆
	评议长	郭庆恩　张桂馥
	总干事	李干庭
1920年8月20日	会　长	许廷佐
	干事长	刘仲英
1922年1月27日	会　长	许廷佐
	副会长	唐华九　陈公哲
1923年1月27日	会　长	程伯男
	副会长	张佳馥　费辅清
1926年	会　长	邓志杨
1927年1月7日	会　长	许廷佐
	副会长	沈厚斋　童耀德

资料来源：上海市工商联、复旦大学历史系：《上海总商会组织史资料汇编》，上海古籍出版社，2004年，第1051—1052页。

8月2日下午，出席百老汇路商界联合会职员会董大会。报道说：

百老汇路商界联合会，昨日午后二时开职员会董大会，全体俱到。公推李泽源为主席，高云山纪录。首由主席报告经过情形，并言本会成立以来，除学校、施医局外别无建树，殊觉歉然，惟前任职员颇著勤劳，业经评议部议定发给证书，俱任为会董之职，新职员任事勇敢，殊深欣慰。次言前接总联合会来函，谓美国议员团不日来沪，各团体应送物致敬。当有周子敬提议由本会出面赠送绣花图一幅，众赞成通过。次由会长许庭佐宣言，本路虽已联络，而五金公会未曾加入，实为缺点。当由评议员杨菁华承认劝该会加入。次刘仲华发言，会务冗繁，非立总干事长不足以资襄理。众皆赞成，公推刘仲英为干事长，通

过。末后提议开校日期定九月一号上课,议毕全体摄影散会。(《商界联合会开会汇纪》,《申报》1920年8月3日)

同月,向虹口华记路提篮桥普济善分堂捐洋10元。(《虹口华记路提篮桥普济善分堂敬谢医药费启》,《申报》1920年8月16日)

10月21日下午,主持百老汇路联合会开职员常会并在其支持下决定继续开办施医局。报道说:

> 昨日下午二时,百老汇路联合会开职员常会。李泽源主席首先报告商界筹振协会来函,为委各路筹备担任募捐事,除照该会定章以正副会长担任正副募捐队长外,当推队员十人如下:郭庆恩、何宏梅、刘胜甫、张印奎、吴渔虹、杨菁华、王汉礼、周振声、钟若云、陈静山。次议本星期日(二十四日)下午二时商假澄衷学校开交谊大会,并发通告及送入场券。再次议施医局前在新记滨路创设以来,原议以三个月为止,今期限已满,本照原议取消,乃由正会长许廷佐提议,谓施乐局事关善举,不宜中途废止,虽经费方面有所困难,假使每店按月能认捐洋一角,则何患之有?在认费者负担极轻,然集腋成裘,足使施药局得以存在。本路会员热心者极多,必能赞同乐为,所有本月经费暂由许君担任,如有乐助格外欢迎云云,议毕散会。(《百老汇路联合会开会记》,《申报》1920年10月22日)

11月21日下午,百老汇路商界联合会职员常会召开,披露其对会务颇多支持。报道说:

> 百老汇路商界联合会昨日下午二时开职员常会,公推李泽源主席,略谓本会职员任事颇热心,惟限于公务,往往心与愿违,以致会中各事多有不能负责,若因循以往,无以增本路之光。现拟招一人襄理,庶几有负责之人,夜则担任夜校教员,日则专理会务,月薪一项,会长许廷佐颇愿补助,众赞成并请李君代聘,通过。次谓夜校基本金前由各校董募集洋六百元,现在又承校董李叔孝募得本路南洋公司制造厂大洋五百元,殊可志感。义次为施医局事,公举周荣奎、王继周二君为募捐员,无论募得多少,仍由许会长补助。再次为公布账目,议待阳历年底照征信录办法,各送会员一册,用以征信,议毕散会。(《百老汇

路商界联合会职员常会》，《申报》1920年11月22日）

1921年　40岁

1月20日下午，出席百老汇路商界联合会九年度休会式并被推举担任筹备义校等会务。报道说：

> 百老汇路商界联合会昨日开会行九年度休会式，并讨论一切事宜如下：一、讨论阴历明正开会期，众议定十三日。一、筹备义校，公推筹备员，遂推许廷佐、汤新、蓝以裏、施独舟、周荣奎五君。一、为本会会员百福里各商号来函，因房东欲加房租，托本会派交际员向房东商恳，遂推周吉人、许廷佐二君。以上诸事均付表决通过，议毕散会。（《百老汇路商界联合会休会纪》，《申报》1921年1月21日）

2月20日，《申报》报道其"独力创办"的廷佐义务学校即将开学的消息。报道说：

> 北四川路横浜桥福德里精武第一分会内开办廷佐义务学校，额设二百名，男女兼收，学费及书籍制服等费一概免缴，并留午膳一餐，拟定于阳历二月二十五日开学。该校为百老汇路商界联合会会长益利号主许廷佐君独力创办，由王汉礼君主任其事，所聘职教员皆系精武会员，凡欲报名求学者均可收录云。（《学校消息汇纪——廷佐义务学校》，《申报》1921年2月20日）

2月24日，《申报》披露其创办廷佐义务学校《办学缘起》。报道说：

> 许君廷佐为商业中人，顷以独力创办免费小学，校址借北四川路横浜桥福德里精武第一分会内，学额二百名，定于明日开学。兹录其办学缘起于下：窃以廷佐幼不读书，艰于文字，自入商战场中，常受外来抨击，每经感触，徒自伤悲。此固为廷佐终身之恨事，然已莫可如何也。谛观方今国家号称文明，而教育尚未普及，童年子弟往往受特别拘束而失学有同于廷佐者，触目惊心，能无感慨。因发愤而自誓，曰宁可毁廷佐之家，不可使童年失学。当商借精武体育第一分会余屋为校址，礼聘名师，广购书具，开办义务小学。此为本校发轫之苦衷，亦即本校成立之事实也，凡家有子弟者，请以廷佐为鉴，毋使童年失学，是廷佐所厚望也夫，定海许廷佐谨识。（《各学校消息汇志——廷佐学校》，

《申报》1921年2月24日）

2月25日上午，主持廷佐义务学校开学仪式。报道说：

> 北四川路横浜桥廷佐义务学校为定海许君廷佐独资创办，昨日上午十时开学，到校学生一百七十余人，分四级教授。首由校董许廷佐主席报告创办本校之意义，次由精武体育分会总干事王亨利演讲许君创办学校之苦心，次郑灼臣演讲，次教务长王仁彝训词，次精武体育会第一义务学校校长郑福良劝勉学生，时已十二钟遂散。（《廷佐义务学校》，《申报》1921年2月26日）

同日晚，出席百老汇路商界联合会职员会。报道说：

> 百老汇路商界联合会于昨晚七时召集各职员开会，讨论华顾问就职问题，公推周荣奎君主席，汤新纪录。首由主席报告上海各路商界总联合会来函质问会长许廷佐对于华人纳税会究竟有何意见，当由出席代表李泽源君起立声明本席对于华顾问并无意见，所不满意者惟理事部所办种种手续。继由许廷佐、周子庆、万国安诸人各抒意见，互相讨论。刘仲英起言今日所讨论之案应否成立，请主席付表决，结果赞成四马路商界联合会之意旨，遂散会，时已钟鸣十下矣。（《百老汇路》，《申报》1921年2月27日）

3月6日下午，出席精武总会春茗会并演讲。报道说：

> 昨日（星期日）下午二钟陈公哲假座精武总会开春茗会，到者有精武总会及一二三分会、国民大会策进会、广肇公所、精武女子体育部、正谊体育部、工界协进会、工界音乐会、国防会、金银首饰工业会、青年励志会、广肇男女夜各校、廷佐义学、时间守约会、各马路联合会各代表及职员等数百人。首由主人陈公哲君宣布，谓值此春日融和，集合高明，各抒伟论，俾得互相切磋而资沾益。次由国民大会策进会代表霍守华君演说，劝工商各界勿为政客伟人利用。次国防会胡光镰君、廷佐义学创办人许廷佐君、精武会卢炜昌君、四马路联合会张汉杰、赵南公君、工界协进会周锡三君、广肇女学张群重女士、精武女子部陈俪璇女士相继用国语演说，直至五时宾主尽欢而散。（《精武厅内之春茗会》，《申报》1921年3月7日）

3月20日，出席定海旅沪同乡会成立大会并当选为会董。报道说：

定海旅沪同乡会于旧历二月十一日开成立大会,业志前报。兹悉是日因选举票过多,当日不及检齐,昨始竣事,计多数当选会董四十五名,次多数候补会董十五名。现定阴历本月十八日下午二时,在公共租界贵州路六号复选正副会长云。兹将当选人名次列下:朱葆三、钱达三、丁梅生、张康甫、周金箴、陈箴堂、丁紫垣、贺寀唐、刘鸿生、唐华九、乐葆庭、范锦章、钱德润、孙雨阶、朱子奎、韩芸畊、程庆涛、丁艦仙、王松堂、许廷佐、郑雪塘、颜舜玉、孙弥卿、刘宝余、贺其良、武棣森、洪文廷、洪莪卿、萧金纯、胡鸣凤、沈任夫、蒋昌林、钱联珠、王崇清、蒋葆初、朱子衡、王崇虞、朱琪祥、阮荫篁、何友笙、王启宇、王清夫、刘同福、吴启梅、沈秋荪(候补当选从略)。(《定海同乡会选举董事揭晓》,《申报》1921年3月24日)

4月前后,致力于扩充百老汇路施医局。报道说:

百老汇路商界联合会前设施医局于新记浜荣华里内,开办经年,成绩粗具,所聘医士深有经验,除原有内科外科妇科儿科针科等外,今春又添施种牛痘一科。惟因局所太狭,地位未宜,该会会长许廷佐及职员等乃力谋扩充。昨日(十七)下午二时开职员会,议决即日迁移,择定里虹桥块斐伦路口为局所。该处劳动界居多,普施适当,凡有贫病而欲医者盍往求治乎。(《百老汇路施医局将迁移》,《申报》1921年4月18日)

6月,向西藏路上海时疫医院捐洋100元。(《西藏路上海时疫医院敬谢》,《申报》1921年6月27日)

7月10日下午,出席廷佐义校休业式及第一届高小毕业式。报道说:

廷佐义校于昨日午后三时行休业式及第一届高小毕业式。先由校长许廷佐报告半年来之成绩。次唱国歌、校歌、休业歌、欢迎来宾歌,行休业礼,毕发给毕业证书,计王钟瑾、王维楚、董成和三名。旋由教员朱枕霞、郑璞山训词,继来宾钱达三、王汉礼、孙道胜等十余人演说,同学祝词,遂给茶点而散。(《各学校消息汇录》,《申报》1921年7月11日)

7月29日下午,主持百老汇路商界联合会常会。报道说:

七月二十九日午后二时百老汇路商界联合会特开常会,到会职员三十余人。公推许廷佐为主席,陈忠恕纪录。首由主席报告迁移百禄坊二号新屋经过情形。次经公众讨论内部从新布置事宜,当推许廷佐为筹备主任,郑兆熊、陈元章、李泽源、徐瑞昌、刘仲英为筹备员。所议筹备之点,内分商育、德育、体育、智育、互助等部,已分别积极进行,待布置妥贴后再开正式大会,议毕各散。(《百老汇路商界联合会开会纪》,《申报》1921年7月30日)

8月12日上午,出席廷佐义务学校秋季始业礼并致训词。报道说:

北四川路横浜桥廷佐义务学校于日昨(十二)行秋季始业礼,来宾到者极多。先由校务主任陆悠山报告开会,继唱国歌、校歌,行开学礼毕,校长许廷佐致训词,各教员致勖词,来宾相继演说。迨钟鸣十二下,始振铃散会。闻学生到者已有一百七十余人云。(《各学校消息汇录》,《申报》1921年8月16日)

同月,助上海中国济生会济生医院洋5元。

8月28日下午,主持百老汇路商界联合会会议。报道说:

百老汇路商界联合会午后二时摇铃开会,公推许廷佐为主席,朱佐卿纪录。首由主席报告迁入新屋,布置一切,略有端倪,不过装备俱乐部内中一切物件,其中秩序弹子室、阅报室、藏书间、拳术部、象棋与围棋,并有笙箫管笛,均高尚之游艺,足以娱乐而骋怀。(《百老汇路商界联合会开会纪》,《申报》1921年8月29日)

9月4日下午,在上海各路商界联席会总联合会总董选举中得票为副总董次多数。报道说:

各路商界联席会昨日下午三时在祥兴里山西路商界联合会事务所举行选举总联合会总董开票式,各路代表到者颇众。周伯尧主席,推定监察员、唱票员、检票员、纪录员。首由监察员将票匦启封,检票员将各路二十四联合会所投之选举总董票二十四张检出(系双记名式),逐一唱报登记。汤节之得票为最多数,当选为总董。其得票次多数者为赵南公、陆费伯鸿二人。及将副总董票二十四张取出(系双记名连记法),汪醒斋、赵南公得票最多数,当选为副总董,得票次多数为邬挺生、许廷佐二人。开票完竣,仍由监察员会同到会全体将预选决选各票封固存案。主席报告上次预选计收到二十六联合会所投之票,今日决选尚有两联合会未与选,应请纪录员详细登记。陈家宝、储绍基先后发言,谓总董既经举定,应派员前往接洽。当推史观涛、赵南公、林大松、冯秋心四人即日缮具证书,请总董从速就职。时逾八钟,宣告散会。(《各路联席会选举总董揭晓》,《申报》1921年9月5日)

9月20日晚,出席百老汇路商界联合会义务夜校开学仪式。报道说:

百老汇路商界联合会义务夜校于前晚开学,(一)振铃开会。(二)向国旗行礼。(三)学生行礼。(四)许廷佐校长及刘仲英职员训词,略谓本校聘请中英文教员两位,于今日开学,顷阅学生名额,较前稍多,均由各商号执事嘱其来校读书,务听教员训教,嗣后学生如有特别要事,须来校请假,亦不可托名读书,在外游玩云云。(五)翁杨两教员演说,多勉励学生之言,旋即散。(《两义务夜校开学记》,《申报》1921年9月22日)

9月24日下午,在上海各路商界联席会总联合会总董选举中当选为候补副议长。

9月25日下午,主持百老汇路商界联合会常会。报道说:

昨日午后二时百老汇路商界联合会开常会,由会长许廷佐主席,经刘仲英报告近日各处来函数件,及本年逐月收支账目。次公推蔡农笙为本会义务夜校学监,复由刘仲英介绍孙道胜为本会顾问,公同赞成。刘仲英又提议对于太平洋会议非常紧要,本会当具函致九团体,谋积极进行,务请公开。又议定十月八日行新会所开幕礼,同时并举交谊大会,九日敬请各界参观,十日上午庆祝升旗礼,晚举行聚餐会,议毕散会。(《商界联合会开会汇记》,《申报》1921年9月26日)

10月2日下午,主持百老汇路商界联合会常会。报道说:

百老汇路商界联合会于昨日下午二时开常会,由会长许廷佐主席报告,略谓曾经开会,议定本月八、九两日开交谊大会,现因本里总巷房屋街道工程已竣,应如何办法。由公众讨论,改本月十五日请各界参观,十六号开交谊大会,惟双十节仍于是日举行庆祝会,并行开幕礼。继由周纪发君向众研究俱乐部进行事宜,复由周荣奎、刘仲英介绍任矜苹、余鹏、姜维良、陈绪良为本会顾问,全体欢迎,议毕散会。(《百老汇路联合会常会纪》,《申报》1921年10月3日)

10月16日下午,主持百老汇路商界联合会交谊大会,报道说:

  百老汇路商界联合会于今日午后二时续开交谊大会,会所遍扎翠柏鲜花,悬灯结彩,以欢迎本路各商号及各团体莅会参观,以联络友谊,融洽商情,特备各种游艺,以娱来宾。莅会者均有入场券,由招待员引导列席,秩序整肃。首由主席许廷佐会长起读廷佐义务学校颂词。继由史观涛、余鹏、刘西平、余鲲、孙道胜、李泽源诸君演讲,崇论伟议,殊为动听。复经许会长及职员演说,大致希望本路各商号热心毅力,奋发兴超,相辅而行,以冀本会日臻进步。卒以茗点款宾,全体摄影。先由青夜国民义务唱歌,复由廷佐义务学生表演拳术,旋沪北公学演双簧新剧,继由著名家演名片影戏,复经少年宣讲团献演新剧国乐,所奏音乐清妙绝伦,掌声如雷。迨散会已钟鸣十一下。闻是日来宾到会者约二百余人,可谓极一时之盛矣。(《百老汇路商联交谊会》,《申报》1921年10月17日)

11月初,为扩充会务,发起为百老汇路商界联合会募款。报道说:

  百老汇路商界联合会自扩充会务以来,如俱乐部等布置焕然一新,凡足以引起会员兴趣者应有尽有。前由该会长许廷佐发起捐募基金一事,闻已举定唐华九、张杜馥、何宏梅、郭庆恩、郑兆熊、许廷佐、刘仲英、傅尔绥、徐瑞昌、费辅清等为募捐员,第一次经各该员劝募,在该路二十余家中已募得九百余元,第二次劝募日期闻在本星期日云。(《百老汇路联合会二次募捐》,《申报》1921年11月11日)

11月中旬,发起救济邢家木桥被火灾民。报道说:

  百老汇路商界联合会鉴于邢家木桥被火灾民之可悯,特由急振总干事刘仲英实地调查,确有三千余户,约一万余人,当即报告会长许廷佐,赶制面包二千余磅,约五千余枚,于昨日上午八点钟,用装货大汽车驰往灾地,并举施振员许廷佐、蔡农笙、傅尔绥、刘仲英等请警保护,按户分振。又闻今日由该会长许廷佐个人独行施振云。(《六志邢家木桥之大火》,《申报》1921年11月18日)

12月5日晚,主持召开百老汇路商界联合会紧急会议,商讨应对外交办法。

报道说:

> 百老汇路商界联合会鉴于外交风云日形急迫,特于前晚(五日)七时开紧急会议,藉筹对付方法,会员到者百数十人。公推许廷佐君主席,由刘仲英君报告各团体情形。当有盛宗华君提议拍电至华盛顿休士君及中国代表,力争鲁案及二十一条密约速行提出会议,以免坐失良机。经公众一致赞成,通过。又推定周荣奎、陈元章、许廷佐、刘仲英、周吉人、郑兆熊六人预备旗帜,张贴广告及拍发电报事,并议决加入此次示威运动。至九时宣告散会。兹将拍发华盛顿大会休士君及中国代表电并致全国各团体快邮代电如下:
>
> (一)大会休士君鉴:日本所提条件违背世界和平主旨,敝国人民甚望贵会主持公理,否则誓不承认,上海百老汇路商界联合会。(二)顾施王余蒋诸君鉴:鲁案闻将付会外,解决二十一条及一切密约尚未提出,望保国权,否则不能与诸君相见矣,上海百老汇路商界联合会。(三)某省某会公鉴:我国鲁案及二十一条迄今尚未提出,华府会议瞬届闭幕,势将与日本直接交涉,本埠商界已悬旗示威,公等亦应急起力争,以为代表后援,时乎不再,望速图之,上海百老汇路商界联合会。(《百老汇路商联会之三电》,1921年12月7日)

是年初,定海旅沪同乡会成立,与朱葆三、王启宇等人倡议编修《定海县志》,并发起捐钱捐洋,以陈训正、马涯民为编纂。民国《定海县志》编纂历时三年,于1924年成书付梓,共支费银洋四千多。该志后被誉为"辛亥革命后浙江新修县志之佳作"。(邵南:《民国〈定海县志〉编纂马涯民》,《今日定海》2010年10月13日)

是年,定海旅沪著名实业家刘鸿生发起创办定海中学,许氏与其他旅沪定海绅商担任该校名誉董事。

1921年许廷佐与朱葆三等发起编修《定海县志》,并于三年后刊行

定海旅沪著名商人刘鸿生

定海公学校舍外景

1923年4月定海公学职员名册

职务	姓名	籍贯	所教学科
永远董事长	刘鸿生	—	—
名誉董事	朱葆三	—	—
名誉董事	孙弥卿	—	—
名誉董事	沈任夫	—	—
名誉董事	陈少梅	—	—
名誉董事	朱岚沁	—	—
名誉董事	周晓岚	—	—
名誉董事	贺寀唐	—	—
名誉董事	韩芸根	—	—
名誉董事	许希堂	—	—
名誉董事	程庆涛	—	—
名誉董事	郑雪塘	—	—
名誉董事	刘吉生	—	—
名誉董事	方安圃	—	—
名誉董事	何翊西	—	—
名誉董事	许廷佐	—	—
名誉董事	武棣森	—	—
名誉董事	孙雨阶	—	—
名誉董事	范锦章	—	—

续表

职务	姓名	籍贯	所教学科
名誉董事	陆凤来	—	—
名誉董事	朱福昌	—	—
名誉董事	蒋柯亭	—	—
名誉董事	王海帆	—	—
名誉董事	张康甫	—	—
名誉董事	白复三	—	—
名誉董事	唐华九	—	—
名誉董事	钱德润	—	—
名誉董事	王松堂	—	—
名誉董事	吴泉松	—	—
名誉董事	洪峨卿	—	—
名誉董事	方达千	—	—
校长	董景安（字鑫山）	鄞县	—
教务主任	沈文鸿（字兆钧）	慈溪	—
事务主任	陈光世（字建光）	鄞县	—
舍务主任	虞和珍（字景唐）	镇海	—
庶务（职员）	向嗣秀（字志清）	定海	—
会计（职员）	刘国辅（字耕岚）	定海	—
校医（职员）	詹唯一（字士廉）	鄞县	—
校医（职员）	陈鳌（字荣章）	吴县	—
书记（职员）	虞位宾（字缙芗）	镇海	—
缮写（职员）	周善根（字祖勋）	鄞县	—
—	丁大镛（字志鹏）	吴江	国文、国语（中学部教员）
—	干羽（字苗格）	镇海	算学、公民（中学部教员）
—	江秉之（字斌志）	鄞县	簿记、缩写打字（中学部教员）
—	朱经廉（字啸麟）	绍县	乐歌（中学部教员）
—	沈文鸿（字兆钧）	慈溪	英文（中学部教员）
—	何仲箫（字鲁珍）	义乌	英文、地理（中学部教员）
—	俞国光（字复民）	奉化	国文（中学部教员）
—	袁成（字怀信）	海门	数学、理化（中学部教员）
—	孙福达（字福达）	英国	英文（中学部教员）
—	陈灿勋（字竹铭）	慈溪	英文、历史（中学部教员）

续表

职务	姓　名	籍贯	所教学科
一	陈光世（字建光）	鄞县	英文（中学部教员）
一	陈志庆（字栗父）	鄞县	地理（中学部教员）
一	曹位康（字馥山）	镇海	国文、历史（中学部教员）
一	汤志仁（字耦人）	诸暨	算学、理化（中学部教员）
一	詹唯一（字士廉）	鄞县	卫生（中学部教员）
一	虞和珍（字景唐）	镇海	算学、美术（中学部教员）
一	严佐宸（字鼎元）	定海	国文、历史（中学部教员）
一	干　羽（字苗格）	镇海	地理、算术（高级小学部教员）
一	王烈懋（字耐年）	定海	国文（高级小学部教员）
一	王心葆（字存厚）	定海	公民、英文（高级小学部教员）
一	朱经廉（字啸麟）	绍县	历史、音乐（高级小学部教员）
一	向嗣秀（字志清）	定海	书法（高级小学部教员）
一	何仲箫（字鲁珍）	义乌	英文（高级小学部教员）
一	周善根（字祖勋）	鄞县	自然（高级小学部教员）
一	陈光世（字建光）	鄞县	英文（高级小学部教员）
一	陈之燮（字栗父）	鄞县	体育、算术、艺术（高级小学部教员）
一	马骏达（字敏报）	余姚	英文（高级小学部教员）
一	邬芬友（字益斋）	奉化	国文（高级小学部教员）
一	汤志仁（字耦人）	诸暨	自然（高级小学部教员）
一	虞和珍（字景唐）	镇海	艺术（高级小学部教员）
一	虞位宾（字缮艻）	镇海	尺牍（高级小学部教员）
一	方懋仙（字存之）	奉化	体育、音乐、算术（初级小学部教员）
一	王心葆（字存厚）	定海	英文、乡土、地理
一	邵舜铭（字穆然）	诸暨	算术、国音
一	金康瑞（字开训）	鄞县	国文
一	陈邦达（字鹤鸣）	绍县	算术、艺术
一	陈达人（字一通）	嘉兴	国文
一	高忠宸（字霁窗）	慈溪	社会学
一	张　颖（字颖之）	鄞县	国文
一	邬谟玮（字珏卿）	奉化	国文、自然

资料来源：《定海公学年刊》（1923），舟山中学档案室藏。

1922 年　41 岁

1月1日上午,主持百老汇路商界联合会举办的元旦庆祝会,"诵读庆祝词"并演说。报道说:

> 百老汇路商界联合会于元旦上午十时举行庆祝会,会员到者约三百余人。先由会长诵读庆祝词,向国旗行三鞠躬礼,继则三呼民国万岁。并由许廷佐及刘仲英二君相继演说,略谓国家改朔,人民咸宜遵守,国民对于世界大势国家政治不容漠视云云。复用汽车向各路游行,辅以军乐,分布传单五万余张,以唤醒国民对于太平洋会议之注意。至下午二时复行开会演说,来宾许冈登台演讲,言百老汇路联合会附设夜校之有益。继由巢堃演讲商人宜提倡道德,百老汇路商人之可欣慕者,去年尚未受交易所之冲动。我国商人素为外人所赞许者为信用,以平日交易不注重书面契约,交易出于一言,从未有不实践者。自有交易所以来,卖空买空,类似赌博,其交易失败者往往不能履行契约,而信用扫地。我百老汇路幸未转入漩涡,此可欣幸者也。演说毕,茶点而散。(《各界庆祝元旦纪盛》,《申报》1922 年 1 月 3 日)

1922 年 1 月 7 日下午,再次当选为百老汇路商联会会长。报道说:

> 百老汇路商界联合前日适值三周纪念,特举行选举大会,来宾到者数百人。由会长许廷佐登台报告开会宗旨,并叙述一年中经过情形。后由廷佐义校唱爱国歌,乃推请来宾杜春荪、费心康、史观涛、陆悠山诸人相继演说,大致以改造社会为今日切要之图,然欲改造社会,须从改革一己始。社会之不良由分子之腐败,而改革己身之道,须努力向建设方面进行,屏绝一切嗜好,果尽人而能如是,国其庶有豸乎。坐中掌声大作,复由廷佐义校施演拳术。毕时有仁恩女校学生数十人亦莅会参观,由主席邀请唱歌。该生等且舞且歌,余音袅袅,颇受来宾赞许。嗣乃当众揭开投票,依次检查票数毕,选定新职员如下:正会长许廷佐,副会长唐华九、陈公哲,(总务科)张印奎,(评议员)何宏梅、费辅清、郭庆恩、张杜馥、杨菁华、周子庆、万国安、邵德铭、王秀堂、章新鹤、梁文谦、周纪发,(交际员)郑兆熊、梁安德、张运济、盛宗华、沈楚珍、王莲棠,(调查

员）施独舟、刘瑞棠、刘鼎和、陈嘉之、王葆均、李泽源,（庶务员）陈元章、刘仲英、蔡迓笙、徐瑞昌、邬厚祐、余保定,（文牍员）周荣奎、傅尔绶,（会计员）周吉人。又经公众推定名誉董事七人,即傅筱庵、李叔孝、项如松、周肇永、许诏鸣、张延钟、徐□顺,乃各退出会场,至休息室茶点而散。该会又于昨日下午二时开职员会议,为反对帝制余党梁士诒组阁及其起用卖国罪魁曹陆等,并反对与日人在京直接交涉,经会员一致通过,拍电反对云。(《百老汇路商联会三周选举》,《申报》1922年1月9日)

1月8日晚,出席浙江路各路商界总联合会议董会并被推举为会计部主任。报道说:

> 浙江路各路商界总联合会前晚七时开七次议董会。出席者沪北五区联合会史观涛,四马路联合会张俊卿、赵南公,北山西路唐家弄两联合会蔡增辉、吕介勤、周鸿飞、张振远,天潼福德两联合陈广海,山西路联合会周伯先、许云辉、林仲余、杨春绿,爱克界联合会陈家宝,北海路联合会张永真、陈国梁,吴淞路联合会林大松,嘉兴梧州路联合会等十余路三十余代表。杨春绿主席,张振远纪录。由主席先将总董交议执行部各部主任征求同意案,经众详加讨论,略有修改即经主席按次表决,一一通过。计总务部主任赵南公,文书部主任张滇叔,会计部主任许廷佐,交际部主任史观涛,调查部主任周伯先。所有各部部员由各部主任自行酌定,再交议事会通过。次周伯先临时动议,谓本会副议长霍守华君向在外埠,闻业已抵沪,应否由本会派人请其正式就任,佥以霍君急公好义,与本会同人志同道合,当然应即请其就任。当即举定总副董汤节之、赵南公二君前往接洽,并讨论关于商业上各项问题而散,已十时许云。(《纪各路总联合会之议董会》,《申报》1922年1月10日)

1月16日上午,作为校长,出席百老汇路义务夜校寒假散学礼并致训词。报道说:

> 百老汇路商界联合会义务夜校昨日举行寒假散学礼,公推刘仲英主席,全体先向国旗行礼,毕由校长许廷佐致训词,继由教员索君演说,略谓本会附设义务夜校,能以中英兼授,补充平日之不足,意至善也。惟鄙人对此有一种感

触,以本埠商家往往偏重英语,在上海为中外通商之地,英语自当特加注意,为有识者所共认,而一方亦注意各种科学。盖欲增加商人在道德上知识上之程度,非此莫属等语。后由教员按照等差颁给学生奖品,再由学生向教职员行鞠躬,礼毕遂散。(《百老汇路义务夜校》,《申报》1922年1月17日)

2月5日下午,出席百老汇路商联会新旧职员交替大会,发表就职宣言。报道说:

> 联合通信社云,百老汇路商联会昨下午二时在该会事务所开新旧职员交替大会,到者除来宾外有职员三十余人。公推刘仲英主席,报告年来经过情形及开会宗旨毕,全体起立向国旗行三鞠躬礼。次请当选正会长许廷佐,副会长陈公哲、唐华九三君就职,发表宣言,大致希望我商人互相团结,和衷共济,提倡实业,挽救国是,改良社会,谋商人之幸福,树世界之模范,非我商人自动自励不可,言毕就坐。次请来宾韩镜湖演讲,划成题目,表明:(一)商人之价值较之军阀官僚政客议员学士农夫有厚,加以一一说明。(二)商人之今昔观,昔闭关时代,屯货居奇,守旧自居,自私自利,个人观念,今万方交通,互相帮助,促进文化,爱国爱群,国家观念。(三)完全商人应注重道德、合群、体魄、教育、科学五种,并谓世界大教育家来中国之孟录博士言,我国若欲富强非提倡科学不可云,语甚长。次童理璋演说工人与商人之关系,并希商店主人注重伙友道德及学徒教育,将来自由的解放,星期休假,并愿不分新旧,两总会均系谋商人幸福,为中国人争人格,工商联合以实力救国。言毕即赠送各在座伙友报一册。次主席致谢来宾,宣告散会。是晚闻聚餐会系由会长许廷佐、总务张印奎二君敦请新旧职员,藉此联络感情,并摄影以留纪念而散。(《百老汇路新旧职员会纪》,《申报》1922年2月6日)

2月20日下午,出席百福里房客会议,商讨应对房租涨价事宜。报道说:

> 联合通讯社云,百福里房屋,去年夏季,由房东加租至二成半,言明三年内不得增加,讵未逾半载,去年旧历年底,忽发出加租传单,于本年正月起,一律增加租金。众房东大起恐慌,昨日下午二时,假百老汇路商界联合会讨论对付方法,到者一百数十人。公推刘仲英为临时主席,由施独舟报告开会主旨,略

谓该里房屋自前年加租,去年又加,乃房东诛求无厌,今又重演旧剧,殊属忍无可忍。佥以时势艰难,百物昂贵,焉能再负此重征。众房客不得已,先推商界联合会会长许廷佐君向泰利洋行疏通,而本月底各房客租金仍照旧付给,先婉言与经租者理论,一方面即日组织房客联合会,群策群力,以谋抵抗,务达目的而后已。并推定委员毛鲁卿、楼升曙、钟毓才、盛宗华、陈亦香、郑性和、徐仁卿、竺砥元、施独舟、张悦耕、于义林、周和尚、周荣奎、张印奎等十四人办理房客联合会一切事务,议毕散会。(《百福里之加租问题》,《申报》1922年2月21日)

2月下旬,参与发起筹建中央大会堂,并与沪上各界领袖联名于26日在《申报》刊登启事:

筹建中央大会堂启事

聚百万华人于上海,凡遇国家庆典、社会集议暨夫私人婚丧等事,欲得座车千人之会堂,只有假外人之市政厅礼拜堂行之,此非吾中华国民之大耻辱乎。以中国文明中心点之上海,观瞻所系,安能忍而与之终古。同人等乃发大愿心,拟建筑一中央大会堂于虹口北四川路邻近焉。然工程既巨,经费不赀,故有筹募之举,邦人君子傥亦不我遐弃乎。

发起人徐辅洲、钮永建、闻兰亭、胡宣明、邱渭卿、卓宝文、葛荣先、唐耐修、李耀邦、吴鼎三、蔡志柟、金光曜、邓华石、卢永祥、聂云台、颜筱初、廉南湖、吴芝瑛、张兰坪、邬挺生、谢福生、王献臣、郑灼臣、姚蟾伯、翁耀衡、郑福良、何丰林、王绍坡、林泽丰、简琴石、顾莀忱、奚萼衔、冯少山、陈重言、刘少筠、陈善、卢炜昌、吴勉伯、陈铁生、简照南、朱庆澜、穆藕初、王星斋、霍守华、廉绍华、许廷佐、王鲲西、宁竹亭、陈公哲、陈士超、连炎川、唐琼相、程镜川同启。

3月,向上海中央大会堂筹备处捐款200元。报道说:

本埠商学界人等发起之中央大会堂,组织征求队后,积极进行。其内容分为十队,每队有正副队长、队员、参谋、干事等名称,均以热心公益人士充任,而以总队长、总参谋综其成。其捐款除前捐到银六千九百余两及二千七百余元外,闻该堂于上星期又征得英美烟公司捐助一千元、施德之五百两、陈焕之许廷佐各二百元、陈济堂王晓籁各一百元余,外零星凑捐数十两、数十元者不可

胜纪,现已由筹备处兴工建筑云。(《中央大会堂筹备讯》,《申报》1922年3月31日)

1922年4月10日上午,出席由定海著名旅沪商人刘鸿生创办的定海中学开校仪式并在会上演说,报道说:

> 定海中学校定于本月十日举行正式开校礼,已志一日本报,兹悉是日上午开游艺会,时间为九时至十一时,地点定为大操场,嗣因天雨,乃改为大礼堂,一时来宾济济,数达千余,由陈光世宣开会辞,其秩序如下:一奏军乐,二学生唱欢迎歌,三中文演说(李诵桂),题为"理想的定海中学",四奏国乐,五英文演说(邵□磊),题为"学生自励的教育",六国民一年生独唱,七双簧,八国技,王天胜之单刀长矛及某君小红拳,九滑稽谈话,十学生唱谢宾歌,十一奏军乐,散会。下午一时,又于大礼堂行开校礼,官长到者有陶知事,前沪海道尹周金箴、王管带、杨知事、朱队长等,校董到者有董事长朱葆三、名誉董事长刘鸿生及董事到者刘宝余、乐葆庭、陈箴堂,西董事柏高德、魏馥兰,视察员郝培德及宁波青年会代表徐受谦,宁波区牧师严齐富,圣模女子中学校长徐美珍女士及来宾武棣生、兰雅谷、李佳思等多人。先振铃开会,次奏军乐,次来宾入席,次向国旗行礼,次唱国歌,次学生唱欢迎歌,次由校长致欢迎辞,略赞今天本校开校,承官长、董事及中西来宾莅此与会,足见诸先生之爱本校,实欢迎之至云。次董事长朱葆三宣开会辞(辞长从略)。次宁波圣模女学代表唱歌。次陶知事致训辞,略谓定海中学得以创建,实刘鸿生君捐助二十余万金及诸董事之热心教育所致,将来贵校学生袭刘君之风,中国教育前途,实异常有赖云云。次教育厅夏厅长致训词(由何翊西代诵),希望定海中学所植学生有完全人格,为社会工作生利而不分利云云。次县立女子高小学生唱贺歌。次沪江大学魏校长演说,略谓定海中学董事及教职员,牺牲偌大金钱精力,为可贵青年学生谋幸福,诸生处此良好学校中,当熟习各学科修养道德云云。次县立高小学生唱贺歌。次名誉董事长刘鸿生致勉辞,大旨谓诸位青年学生,须及时努力用功,毋使长好光阴,交臂失之,且当有高尚目的完全人格,将来服务社会,服务国家云云。次唱校歌。次宁波青年会代表徐受谦演说,大意谓定海中学由私人创办

者也,与澄衷中学、浦东中学、厦门大学,互相灿映,有此庄严灿烂校舍,完备科目,学生定必发达,将来由中学改为大学,敬祝前途无涯云云。次许廷佐演说,大意谓青年光阴宝贵非常,希诸君不可以荒以嬉云云。次校长致答辞,并报告进行方针,谓本校中文英文皆无所偏重,管理方法,上课时取严格,散学时取自由,本校设备多未完全,将来巨款募集,再谋推广扩充云云。次学生唱谢宾歌。次散会,奏军乐。又于晚间七时,于大操场放烟火,八时学生排队出校,游行街巷间,举行提灯会,迨返校已校十时矣。又闻该校自十一日起,始放春假,为期一星期,定十七日一律上课云。(《定海中学开校志盛》,《时事公报》1922年4月12日)

4月23日下午,主持百老汇路商界联合会会议,商讨俱乐部开办事宜。 报道说:

百老汇路商界联合会昨日为俱乐部事开会,到者四十余人。许廷佐主席报告开会宗旨,缘自去年筹备设立俱乐部以来,诸事次第就绪,现宜着手进行方法。首先推定筹备委员,结果聘请徐瑞昌为常驻干事,举定刘仲英、陈元章、毛鲁卿、周荣奎四人为委员,并厘订章程,分队征求俱乐部会员云。简章节录如下:(一)定名为百老汇路商界联合会俱乐部。(二)宗旨分计三项:(甲)集合高尚同志,(乙)养成俭德主义,(丙)实行互助精神。(三)会务计分一种:(甲)游艺,(乙)交谊。(四)游艺上之事列左:(甲)讲演厅,(乙)藏书室,(丙)阅报室,(丁)弹子室,(戊)音乐室,(己)棋台室,(庚)饮食室,(辛)拳术室。(五)联络交谊列左:(甲)叙餐会,(乙)同乐会,(丙)恳亲会,(丁)新剧团,(戊)旅行团,(己)参观团。(六)纳费分列如左:(甲)名誉会员年缴六元,(乙)特别会员年缴四元,(丙)普通会员年缴二元。(七)会员每年征求之。(八)会员须品行端正。有恒心者,当有会员介绍,如无介绍,由本部职员赞成者方可加入。(九)设总务主任一人、书记员一人,设会计员一人、庶务一人,藏书室、书报室、棋台室、弹子室各处派职员一人管理之。(十)由联合会设委员若干人,监察本俱乐部一切事务。(十一)总务主任管理一切事宜,书记员管埋文件,会计员管理一切账目,各室职员管理各室事宜,重要事务须由委员会通过然后行之。(十二)职员每年由全体会员选举之,总务主任由被选职员覆选之。(十三)各被选职员概尽义务,不得托词推辞,任期以一年为满,覆选得连任之。(十四)会员应享之权利如左:(甲)得享受第四、五条已述之各项利益,(乙)得享受选举及被选举权。(十五)有违犯下列各条者当令其出会:(甲)有不规则行为者,(乙)有破坏本部名誉者。(十六)每年开大会一次,职员常会每礼拜日举行。(十七)本账目每月报告,须每年制编成册,以便参考而昭信实。(十八)本简章有不妥之处及未尽事宜,经会员十人以上联署于议案,请由职员会通过,得修改之。(《百老汇路商界俱乐部成立》,《申报》1922年4月24日)

5月9日下午,主持百老汇路商界联合会为"五九"国耻纪念日举行的纪念会。报道说:

> 百老汇路商界联合会本日下午二时为国耻纪念日开大会,会员及夜校学生到百余人。由许廷佐主席,会内职员及教员姚崇恩等相继演说,发表国耻纪念之理由,以唤醒大众,至五时散会。(《五九国耻纪念之形形色色》,《申报》1922年5月10日)

5月14日下午,出席舟山轮船公司创立会并被推举为董事,实际上为公司大股东,并主持其事。当时《时事公报》报道说:

> 定海旅沪巨商朱葆三等,自去年发起创办舟山轮船后,所有积极施行各情,已迭志本报。兹闻五月十四日该轮船公司又在沪法租界平济利路定海会馆,开创立会,到股东一百十四人,计三千八百五十四权。下午二时振铃开会,公举陈箴堂为临时主席。次举水福祥、江云金、许孝恩、俞道衡、舒雄华、林良佐、郑毓俊君等为监票员,即开票匦检,得董事、监察人票各一百三十七票。次由钱德润报告自去年公司发起,截至今年阴历四月十七日止,共收到一二两期股款二十二万八千四百五十元,存入中华、四明两银行,连息银在内,共申银十六万七千五百零三两二钱五分,付祥生船厂三期价银十一万六千两,付穿山码头银一千零八十七两,除付过存中华银行三万一千七百八十九两七钱五分,四

陈箴堂

明银行一万八千六百二十五两,两共存银五万零四百十四两七钱五分。次由许廷佐报告订造轮船时,计有瑞镕、求新、祥生三厂开价,卒由祥生厂订造,现在将次造竣,计阴历五月初十边可以下水,再过三月后可以开驶。次由周盛皓朗诵公司章程毕,又经各股东讨论章程第二条,加福建、镇海、沈家门、普陀等埠,十四条三月应注阴历,均通过。旋开票毕,朱葆三、许廷佐、丁梅生、陈箴堂、范锦章五君当选为董事,钱德润、裘挺水二君为监察人,时已五时半,即行闭会。(《舟山轮船公司创立之经过》,《时事公报》1922年5月17日)

5月28日下午,出席百老汇路商界联合会会议并提议相关事项。报道说:

> 百老汇路商界联合会昨日(二十八日)下午二时开会,会员到者四十余人。由张印奎提议先行讨论铜元问题,谓自轻质铜元流行市面以来,金融扰乱,各团体拟拒绝,或折扣等办法。惟该项铜元久已充满市面,现已滋蔓难图,一旦拒却,究非妥善办法,反于贫民生计有碍。兹决定救济办法两种:一方面新旧铜元仍一律照常通用,惟兑价抬高,使私铸者无利可图;一方面应请海关及车站严厉检查私运进口及请官厅禁绝各造币厂鼓铸,庶免病国病民。众赞成,旋由刘仲英提议赎路问题,谓本会于前星期日议决赎路办法,已举定委员十二人,分队向各方征求,将印就志愿书一种,使认定储金数目,于六个月内照数储入本路百汇银行,应请该委员等积极进行。众赞成。许廷佐提议本会应于夏令施茶,以惠贫民。后议决指定设置地点分四处:(一)外虹桥,(二)百禄坊口,(三)兆丰路口,(四)公平路口。并由许廷佐捐助洋四十元,购十滴药水施送,凡患时疫者均可向该会领取。又由南洋烟草厂捐助洋五百元为本会布置会所经费,至四时散会。(《百老汇路商界开会纪》,《申报》1922年5月29日)

6月11日下午,主持百老汇路商联合会职员会,商讨赎路储金[1]进行方法。报道说:

> 百老汇路商联合会昨日(十一日)开职员会,到者二十余人。由许廷佐主席,为讨论赎路储金进行方法,根据前次所举定之十二委员办理劝募事宜,并

---

(1) 1922年初,上海各界为赎回日本占据的山东胶济路而发起筹赎胶济路活动,并首先由上海总商会等发起成立上海筹赎胶济路委员会,得到各界广泛响应。

另推定许廷佐、唐华九二人为队长。次定于本月二十五日开赎路贮金征求大会,聘请名人演说,并备各种游艺,以助余兴,即于二十七日由委员等分向各商号征集储金款项云。又该会附设夜校学生,现组织同志勉励会,以联络感情、研求学理为宗旨,拟于本月十七日下午七时开成立大会,讨论组织方法,学生入会者甚形踊跃云。(《赎路储金汇报》,《申报》1922年6月12日)

6月12日下午,出席舟山号轮船下水礼。《时事公报》报道说:

定海旅沪巨商朱葆三等自去年发起创办舟山轮船之后,所有集股与耶松船厂订立合同各节,已均志本报。兹闻该轮系新式单机钢轮,业已工竣,十二日午后三点半,在浦东工厂行下水礼。由该公司董事丁梅生君之妹翠玉女士掷瓶,该厂工程师吹警笛一声,该轮即时移动,渐渐下水,甚为平稳。该公司董事到者如朱葆三、许廷佐、程庆涛诸君,与来宾虞洽卿、葛虞臣、丁镒仙、袁履登君等千余人。后由该厂总董泼符的司及职员哈门敦、休良佐邀请来宾享以茶点,并由泼君演说,庆祝美满之下水并颂舟山轮船公司之发达。辞毕赠丁女士金手表一只、鲜花一束,以酬其劳。后由袁履登君代表总董朱葆三演说,敬谢该厂制造该轮之完备,深为满意,兼颂耶松船厂万岁,舟山轮船公司万岁。并由来宾壳件洋行总理克拉克君及丁镒仙君相继以英语演说,皆颂双方之进步,词毕散会。该船长二百零五英尺,阔三十三英尺,深到大舱面止二十英尺,载重约八百十吨,其机器之坚固与房间装饰之美丽,为定海航线各轮之冠。该轮

定海旅沪巨商朱葆三

宁波《时事公报》有关舟山轮下水的报道

航线为定海、上海、穿山、海门等埠也。(《舟山轮行下水礼》,《时事公报》1922年6月15日)

6月27日下午,主持百老汇路商界联合会赎路储金征求大会。报道说:

> 百老汇路商界联合会昨日下午一时特开赎路储金征求大会,各团体来宾及会员到者三百余人。公推许廷佐主席报告开会宗旨,毕由该会夜校学生及廷佐义校学生相继唱歌。旋请韩镜湖演说,述明此次赎路储金为表示我国民爱国之良好机会,我国四万万同胞使人人能负一分责任,则此三千万元之代价直指顾间事耳,即使贫弱者居多,则每人能出一元储存,以十分之一计算,可得四千万金,而溢出预定额矣。凡我国民盍踊跃存储乎。继由百汇银行张静斋演说,略谓赎路储金系根据上年华府会议,开会时我国人民咸能奔走呼号,表示民气,外人均以我民已有觉悟,不欲以白眼相加,我国代表亦不愿以弱示人,会议席上尚能折冲樽俎,日代表方欲以三千万金代价相要挟。我国代表慨照应允,亦以我民气尚未衰颓也。今果能于六月内集成巨款,则胶济铁路如愿赎回,我国在国际间尚可保原有地位,否则不堪设想矣。演说毕,参以双簧及拳术,末后加演新剧,以助余兴,至六时始散。(《百老汇路商界之赎路储金热》,《申报》1922年6月28日)

7月初,舟山轮"呈请交通部注册请领执照,以备开始营业"。当时《时事公报》报道说:

> 定海旅沪巨绅朱葆三君等,前发起创设舟山轮船,业于前日在沪行下水礼,约于阴历七月间可以开行等情,已迭志本报。兹闻该公司以轮船装设房间等工程,行将告竣,特呈报海关请为派员丈验,计该轮总吨数一千二百五十二吨七十分,长一百九十五尺六寸,宽三十三尺一寸,吃水六十六尺,马力八百匹,速率每小时十一海里,航线与平安轮局之新宝华轮船仿佛,起上海讫温州,经过镇海、定海、沈家门、普陀山、穿山、石浦、海门、三港等处,并已呈请交通部注册请领执照,以备开始营业云。(《舟山轮请领营业执照》,《时事公报》1922年7月9日)

7月5日,获准辞去贵州路各路商界总联合会副议长一职。(《各路商总联会

开会纪》，1922年7月8日）

7月中旬，辞百老汇路商界联合会会长遭挽留。报道说：

> 百老汇路商界联合会昨日（十六日）下午二时开职员会，到者十余人。推定李泽源为临时主席，因本会会长许廷佐辞职，各职员来函挽留，付公众讨论后，多数表决应予挽留，俟任期终了再行改选，并推举盛宗华、李泽源、张印奎、郑兆熊四人为挽留代表云。（《百老汇路商联会挽留会长》，《申报》1922年7月17日）

7月18日，经江海关批准，开始经理中美邮船公司上海业务。报道说：

> 纽约新开之中美邮船公司早纪本报，惟于上海经理问题至昨日始定。先是中美公司组织之始（公司中华股占十分五），即与福来洋行大班爱佛立德协商，将来成立后远东营业归福来总理。今次第一船孟贸甫号开出后，该公司即派职员海立孟氏由美来华，到日本横滨时即与福来洋行之驻日经理订定代理之约。一面即电达上海福来洋行，允以上海经理亦归该行代办。后海立孟氏到申，忽与宁波人专办各商轮水手食物及兼营办馆（即招海员者）之许庭佐订立经理之约。许氏现开益利号，惟经理船务须经海关注册，更须得同业两家以上之担保，海关方允立案。许因船将到埠，觅保颇为匆促，昨午由本埠三北公司及关内之董内出为作保，已准注册矣。（《航务汇闻》，《申报》1922年7月19日）

7月23日，出席廷佐义务学校暑假休业仪式。报道说：

> 北四川路廷佐义务学校为许君廷佐一人出资独办，学生发达，约计二百余人。昨日行暑假休业礼，首由校务主任陆悠山君报告开会，继唱国歌、校歌，行休业礼。毕校董许廷佐君致训词，各教员致勖词，来宾相继演说毕，遂散会。（《廷佐义务学校暑假休业式》，《申报》1922年7月24日）

8月19日，"因诸务冗繁"，在《申报》刊登启事，正式辞去百老汇路商界联合会会长一职。文录于下：

许廷佐启事

> 鄙人前蒙百老汇路商界联合会会员推举为会长，迄今二载，诸承垂爱，铭感五中，现因诸务冗繁，不克莅会办公，殊深歉仄。今已辞会长职并退还证书，

所有一切手续均已结束,嗣后凡关于该会之事,概与鄙人无涉,恐未周知,特此登报声明。

同月,积极筹备舟山轮"开班"事宜。《时事公报》报道说:

定海舟山轮船公司,向上海祥生厂定造新轮,名曰舟山,计价洋三十二万五千元,于日前落水各节,已迭志前报。兹闻该轮二次较车完毕,速率逾常,顺水可走十六卖,逆水十三卖另,定于旧历七月初六日开往穿山、石浦、海门,嗣后航线长班期在星期一,由上海开往定海、石浦、海门,星期三由海门开往石浦、定海、上海,短班星期六,由上海开往定海、穿山,星期日由定海、穿山开往上海。并闻该公司董事长朱葆三,董事陈箴堂、丁慎庵、许廷佐、程庆涛,监察人裘哉深、周静浩,上海总局经理胡馥安,稽查钱德润,船主周云龙,老轨俞双德,买办范锦章,分局经理穿山锦生号、定海锦昌号、石浦锦泰号、海门锦记号,各端口已预备欢迎,并柬召各界莅临参观。想届时当有一番热闹也。(《舟山轮船开班之先声》,《时事公报》1922年8月23日)

靠埠的舟山轮

9月3日上午,出席廷佐义务学校秋季始业式。报道说:

廷佐义务学校为许廷佐君一人出资独办,学生来校肄业者约计二百余人。日昨行秋季始业式,先由校务主任陆悠山君报告,继唱国歌、校歌,行开学礼,校长、各教员致训词,来宾相继演说,毕散会。(《各学校始业式汇志》,《申报》1922年9月4日)

9月12日,《申报》报道廷佐义校招生消息,称其"专为贫寒子弟灌输学识,既免学费,又赠书籍"。报道说:

> 北四川路福德里廷佐义校系商人许廷佐个人创办,专为贫寒子弟灌输学识,既免学费,又赠书籍,额定一百八十名,业已正式开学,尚有余额四十名,有志求学者可从速报名云。(《学校消息》,《申报》1922年9月12日)

1923年 42岁

年初前后,积极筹备益利西饭店开业。《申报》先后发布消息称:

> 益利西饭店行将开幕
>
> 虹口百老汇路一五三号益利西饭店系华人许廷佐所创办,迩来内容部署告竣,跳舞台及音乐齐备,行将正式开幕云。(《申报》1923年1月9日)

> 益利西饭店择阴历十一月廿六日开幕
>
> 英文名称EDDIECAF
>
> 下午四时至六时,敬备茶点,欢迎各界参观。电话北一三九一四〇,地址虹口百老汇路闵行路转角。
>
> 本店聘请中西名司,选择应时美品,饮食精良,待应周到。全队西人奏乐,跳舞大菜,藉广交际,同伸娱乐。备有雅致菜间数十,任客预定,务希中外人士连袂偕来,不胜欢迎之至。(《申报》1923年1月10日)

1月9日晚,邀请各界到即将开业的益利西饭店参观。报道说:

> 昨晚六时,百老汇路益利西饭店特邀请宾客参观一切,到者甚众,宴毕由该店经理许廷佐君畅述该店数年来之筹备情形,来宾亦有答词。宴时并有西人奏乐,颇饶兴趣参观。全店分中菜部及欧美大菜部,地址适宜,交通称便,营业发达甚可预卜云。(《益利西饭店宴邀宾客参观》,《申报》1923年1月11日)

益利西饭店开业广告

2月2日，出席廷佐义务学校休学式及国民班毕业礼。报道说：

> 北四川路廷佐义务学校为许廷佐君出资独办，日昨行休学式及国民班毕业礼。首由主任陆悠山君报告，次由许廷佐君及各教员致训词，后来宾徐再棠君暨钱德润君相继演说，毕遂散会。(《廷佐义校之毕业礼》，《申报》1923年2月3日)

4月中旬，被推为百老汇路商界联合会国货提倡会委员。报道说：

> 百老汇路商界联合会日前开国货提倡会，推出委员十三人、顾问四人如下：委员王大黻、陈伯南、刘仲英、许廷佐、陈元章、张印奎、蔡迄笙、郑兆熊、钟燮章、费辅清、周继发、张桂馥、张静斋，顾问庞竹卿、王介安（中华国货维持会）、谢复初（中华全国工商协会）、马树周（中华工商研究会）。(《国货提倡会新推职员》，《申报》1923年4月20日)

7月前后，向百老汇路商界联合会赠送痧药水一箱，"当分送本路各界以救危急"。(《百老汇路商联会常会纪》，《申报》1923年7月3日)

8月31日，《申报》以《廷佐义务校之刷新》为题报道廷佐义务校新学期开学消息。报道说：

> 北四川路横浜桥廷佐义务学校，系定海旅沪巨商许廷佐君独资创办，历有年所，频年学生亦发达。本学期起用新学制，并修理校舍，添置教育用品，本月二十日开学云。

9月7日，《申报》以《廷佐校实行新学制》为题报道该校办学情况及新学期之新气象。报道说：

> 北四川路横浜桥廷佐义务学校，系百老汇路益利号经理许廷佐君所创设，平日学生学费及用品费等概由校中赠送，每年经常费约在三千元，均由许君担认。该校本学期起实施新学制办理，又添聘富有经验之教员数人担任授课，故学生往读者甚众云。

9月21日，定海县知事参观廷佐义务学校。报道说：

> 北四川路横浜桥廷佐义务学校系定海许廷佐君独资创办，昨日定海县知事张辅丞君暨定绅沈任夫君等莅校参观，颇多赞赏云。(《定海知事参观廷佐

校》,《申报》1923 年 9 月 22 日)

同月,日本京都一带发生惨烈大地震,宁波旅沪同乡会积极救助旅日同乡难民回沪,轮船到沪后,由宁波同乡会"向益利公司备得益利轮船前往驳载难民,至新关码头上岸,由各团体分别招待安插"。据称,其间"难民船首高悬宁波同乡曾招待两日被难回国同胞之旗帜,往来浦江,临风招展,实益利公司与宁波同乡会之荣誉也"。(《两同乡会之招待回沪难侨》,《申报》1923 年 9 月 23 日)

10 月 24 日下午,出席百老汇路商界联合会紧要会议并被推举担任多项会务。报道说:

> 昨日(二十四日)下午五时百老汇路商界联合会开紧要会议,议决各案列下:(一)讨论总联合会出席议董,议决公推许廷佐、李泽源为代表。(二)本会预备选举手续,议决公推许廷佐、李泽源、郑兆熊、周纪发、钟燮璋五君分往本路各商户接洽。(三)本会对于调查本路五金各号,公举周纪发担任,备一公函,托许廷佐君与周君接洽云,议毕散会。(《百老汇路商联会开会纪》,《申报》1923 年 10 月 25 日)

10 月 28 日,出席各路商界联合会选举大会,并被推举为总务科候补主任。《新闻报》报道说:

> 昨日下午三时,各路商界总联合会在宁波同乡会四会楼开选举大会,到有全体分会及来宾二百余人,公推年长议董余鲁卿为临时主席。首由主席报告开会宗旨,略谓今日为本总会选举大会,承各会议董暨来宾诸君连袂偕来,参与盛会,实为本会无上之光荣。鄙人敬致勉词,敢冀诸同人秉此毅力,爱护总会,务使本会前途日趋进步,对内则培养元气,巩固实力,对外则一秉至公,发扬民意。至于促进工商业向上之竞争,尤为本会天职,敢与诸君共勉之。次合并委员长陈百男、委员钱龙章相继报告经过情形。次公推来宾陈良玉、袁履登、曹慕管、李征五、任矜苹五君为监票员,并请各议董照章投票,举定唱票员张静庐、李泽源、余华龙、王肇成,记票员杨春绿、陈翊庭、何墨君、梁耕黎。投票毕,主席请监票员当众开匦,检得众数四十七票,核对发出选票无误。选举结果,揭晓会长陈百男二十四票,副会长钱龙章二十票,陈翊庭十票,总务科主

任潘冬林十八票,许廷佐十票,文书股主任张振远二十二票,张静庐十六票,会计科主任邬志豪十四票,霍守华十一票,交际科主任李泽源十二票,王汉良五票,调查科主任王肇成十二票,冯秋心八票,教育科主任邵仲辉十票,俞仰圣七票,卫生科主任孙镜湖十一票,何墨君四票(同票者拈阄取决)。(《各路商总联会选举大会纪》,《新闻报》1923年10月29日)

是年,创办益利轮船公司,购置益利轮,从事沿海运输。

航行中的益利轮

是年,三子许文华出生。

1924年　43岁

2月8日下午,出席定海旅沪同乡会新春团拜礼。报道说:

> 定海旅沪同乡会昨日下午二时在平济利路善长公所举行会员团拜礼,到职会员朱葆三、许廷佐、陈翊庭、蒋梦芸、李泽源等一百二十余人,济济一堂,颇极一时之盛。团拜毕,讨论会员朱兰芳等来函及发展会务等案,均交本届常年大会决议施行云。(《新春之团拜礼》,《申报》1924年2月9日)

2月11日中午,出席福建路商联会会长邬志豪欢迎王正廷的午宴并发表演说。报道说:

> 福建路商联会正会长邬志豪于昨午宴王正廷氏及该会会董、旅沪绅商等于远东饭店,到者除王氏外,有方椒伯、袁履登、邬挺生、赵晋卿等中西人士百

余人。酒数巡,主人起立致词,略谓今岁甲子逢春,百年难遇,鄙人特于今日,薄设杯酒为诸君祝福。再中俄交涉关系我国工商两界前途至巨,何幸此时王儒堂先生道出上海,今日又蒙不弃,惠然降临,伏念先生曩者功标和会,增进国际地位不少。此番折冲樽俎,必能为我工商界造福无疑,谨举杯恭祝先生交涉胜利。言毕即由王氏起立演说,先报告交涉经过情形及对俄交涉之步骤。演词甚长从略,末述此来行期甚促,不及走访各界,尚祈随时赐教云云。继由赵晋卿、许廷佐、陈翊廷相继演说,皆希望全国统一及主张国民外交等语。复由主人介绍西宾沙德澡公司,谓公司今年已聘请邬挺生君合资组织,尚祈诸君以中美亲善主义,共同提倡。宴毕尽欢而散。(《邬志豪宴客纪》,《申报》1924年2月12日)

同月,创办的定海私立廷佐义务小学校开学并于次年秋筹办平民夜校。对此,当年《申报》报道说:

> 定海自朱葆三创办申义学校以来,相继而起者有刘鸿生之兴办定海中学,胡鸣凤之兴办鸣凤义务初级小学,许廷佐之兴办廷佐义务初级小学,丁慎安之兴办平民夜校,梓桑子弟受惠非浅。兹又有旅汉绅商朱占三于定城东隅兴办小学一所,慨捐洋一万元作为基金,该息即作校中常年经费,其开办经费则另行筹募,现已筹备一切,拟于十四年春间开学。(《热心兴学之踵起》,《申报》1924年11月17日)

对此,次年9月19日《时事公报》也有报道:

今日定海廷佐小学外景

> 定海私立廷佐义务小学校,自去年二月开办以来,迄今已有二载。该校长徐修编,对于教育一项,整理不遗余力,所聘教员教学合法,以致学生日形发达。兹因该校校舍狭窄,不敷容纳,乃商同该校董,拟添设平民夜校一所,现已布置就绪,不久就将开校云。(《廷佐校添设平民夜校》,

《时事公报》1925年9月19日）

4月27日下午,出席百老汇路商界联合会职员会。报道说:

> 昨日(二十七日)下午二时,百老汇路商界联合会召集各职员,开紧急会议,讨论该会一切进行事宜,到者张印奎、许廷佐、刘仲英、陈元章、钟燮章等十余人。公推张印奎主席,首将上次议案及各处来函逐一报告,次讨论本会正会长陈伯南暨调查科主任李泽源均来函辞职,经众详加讨论,公决以本会旧议员早已期满,理合全体取消,另组临时委员会,重行组织,当公推许廷佐、张印奎、刘仲英、陈元章、钟燮章、周纪发、刘鼎和等七人为临时委员会委员,准备本届选举事宜,以利进行,并定下星期日召开委员会,共策讨论云,五时议毕散会。

(《百老汇路商联会开会纪》,《申报》1924年4月28日)

6月下旬,向百老汇路商联会"助特捐洋五十元,去函道谢又送来痧药水一箱,当代向本路经纪店家分送"。(《百老汇路商联会委员会纪》,1924年7月1日)

7月8日,出席百老汇路商界联合会全体会员大会,商议防盗办法。报道说:

> 百老汇路商界联合会,昨日(八日)晚九时开全体会员大会,签到会员何锦丰、商务公司、益利、瑞新顺、鸿泰、德祥、元盛、杨余丰、成丰、萃馨、同兴、兆记、干泰兴、宝昌联、同泰永等八十余家。邓志扬主席,致开会词,并请出席代表许廷佐报告总巡捕房会议情形。次刘仲英提出防盗意见六条,略加讨论,鲍仲禹、刘鼎和、杨文宝等又提出意见三种:(甲)集止诲盗诲淫影片,因沪地繁华,已达极点,青年子弟,观看是项影片,必致易入邪途。(乙)装置报告信箱,近来沪地,盗贼横行,市民惊慌,受其荼毒者,虽知其踪迹,亦多隐废,各捕房门首应当装置报告箱,以使秘密告发,(丙)规定营业时间,查本埠商店营业时间,每一昼夜,有八小时至十八小时不等,当按市面之盛衰,营业之种类,规定一律营业时间,以防意外,而策安全。末朱宝林报告该号学生受人愚弄之事,遂散会。(《百老汇路商联会之防盗曾议》,《申报》1924年7月10日)

9月前后,参与创办上海残废教养院并被推举为议董。报道说:

> 旅沪绅商徐乾麟、方椒伯、祝兰舫、冯少山、周渭石君等三十余人发起上海残废教养院,筹备以来业经数月。刻由江湾绅士蔡香孙君介绍,将该镇卫生殿

徐可升

充该院创办地点,以地方公产办地方善举,不取租金,亦已接洽妥贴。昨日下午七时,假北京路功德林开第一次发起人会,如聂云台、蔡香荪、江长川、张景初诸君均依时莅会。公推徐可升君主席,当举聂云台君为名誉院长,周渭石君为院长,徐可升君为司库,董费承禄、郝伯阳、许廷佐、陆文中、卢纬昌、陈琦、邬志豪、尤怀皋、陈勇三、朱少屏、潘公展、朱宗良、倪无我、梅云英等二十余人为议董,朱树桢君为稽核董,王汉礼君为主任,周新民君为总干事,此外文牍、会计、庶务各员则由主任视院务繁简随时酌量聘请,均一致议决通过,至十时散会。(《慈善事纪》,《申报》1924年9月8日)

9月17日,其间江浙战争正在进行,大批难民进入上海,各马路商界代表举行会议,商议组织难民收容所事宜,许廷佐出席。报道说:

各马路商界代表昨晚八时假总联会开会商议组织难民收容所进行事宜,到钱龙章、许廷佐、邬志豪等十余人。议定办法数种:(一)收容所经费,由发起人会同各马路联合会担任,不向外界募捐,如有自愿乐助者一律直接交付银行代收,由银行出立收据为凭,并于次日登报征信,此外无论何人不得收受捐款,以示慎重。(二)定本月十九日上午十时由发起人同往伯顿路察看地点,筹备布置。(三)推举袁履登为收容所主任,其他各股主任分别推定如下:(会计)邬志豪、陈翊庭,(医务)钱龙章,(救护)吴仲乔、蒋梦芸,(总务)潘冬林、余仰圣,(调查)王汉良、陆文韶,(卫生)谢惠廷、徐允根,其他发起人均为委员,逐日轮值到所。(四)其他必需之事函请红十字会及各慈善团体随时协助。(五)函请工部局转令捕房妥加保护。(六)雇佣能干女佣数人办事。(七)函请各马路热心商界加入发起,捐助经费。(八)发起人认捐募款者袁履登、邬志豪、谢惠庭、蒋梦芸、西华德路各一百元,沪北六路陆文韶、文监师路潘冬林、海宁路余仰圣各五十元,十时散会。(《各马路商联会组织收容所之进行》,《申报》1924年9月19日)

10月23日晚,出席商总联会全体大会,会议议定募集救济难民善后经费办法,被推举为经济股交际委员。报道说:

> 各路商界总联合会前因筹办战事善后事宜,曾组织委员会积极进行。昨晚该会举行全体大会,继续讨论办法。到各路出席董事三十余人。会长袁履登主席,首由交际委员潘科林报告向各路接洽情形毕,当即讨论具体进行办法。钱龙章、陆文韶、蒋梦芸、邬志豪等各有意见发表。议决以军事虽已结束,战地各处难民善后事宜急待救济,本会自应尽力捐助,以尽天职。经众议定,办法如下:(一)决定阳历十一月一日起各路开始挨户募捐,十日为限,汇解总会转送保安会。(二)请文书科赶办捐册收条及通知等,发给各路分会,请其开会商议募捐手续,至期分别自行办理。(三)拟推钱龙章为经济股执行委员,陆文中、谢惠廷、许廷佐、张蓝栋、梁文基、乐树滋、朱保罗、陈翊庭、李泽源、孙镜湖、徐久根等为交际委员。(四)募集捐款用征信字条,揭贴捐户门首,存根由各路分会连同捐款送交总会经济股发给临时收据,汇集总数后转送保安会,由总会登报征信。(五)所募捐款只限用于救济战区难民善后事宜,其用途分配由总会开会议决行之。(《商界团体会议善后讯》,《申报》1924年10月23日)

11月7日下午,出席百老汇路商联合会职员会并被推举为兵灾善后募捐员。报道说:

> 国闻通信社云,昨日午后二时百老汇路商界联合会开职员会。邓志扬主席,决议事件如下:(一)主席报告本会前因救济灾民,故托益利号办到台米一百石有奇,价洋一千零四元,已由会于益利存款项下支取垫付等情并请筹议一切。议决是项垫款指定将来募集之兵灾善后捐款内拨还之,其所存之米则俟价银拨还后交由商界总联合会运灾区赈施。(二)公推邓志扬、许廷佐、王汉礼、鲍仲禹、刘仲英君等为兵灾善后募捐员,准于九日分途出发,向各商号劝募,并由到会诸君先认捐助,银额如下:邓志扬五十元,王汉礼二十元,承保公司郑源兴、郑奎元、刘金高、郑芳桢合七十元。时已钟鸣四下,遂散会。(《兵士扰民与兵灾善后》,《申报》1924年11月8日)

12月24日晚,出席上海各路商界总联合会(简称商总联会)选举会并被推举为会计科主任。报道说：

> 各路商界总联合会昨晚（二十四）举行选举会，续选正副会长及各科会董，到各路出席议董二十三人。八时开会公推邬志豪为主席，许云辉、严谔声、蒋梦芸、潘冬林四人为开票职员。检票结果：袁履登当选正会长，邬志豪、钱龙章二人当选副会长，各科正副主任如下：（总务）潘冬林、吴亮生、陆文韶，（文书）严谔声、蒋梦芸，（会计）许廷佐、鲁廷建，（交际）张贤芳、余仰圣，（卫生）吴仲裔、瞿振华，（调查）王汉良、王延松、胡凤翔，（教育）邵仲辉、张振远。本届新职员均定明年元旦正式就职。选举毕，王汉良临时提议截留浙孙运军火案应继续会同总商会进行，经众议决推王延松、王汉良、虞仲咸、潘冬林等四人前赴交涉公署，面请交涉员尽力主持，务将此项军火截留，十一时散会。（《商总联会选出会长会董》，《申报》1924年12月26日）

1925 年　44 岁

1月30日，出席商总联会临时会，议决收束军事办法五项。报道说：

> 各路商界总联合会前晚（三十）举行临时紧急会，到各马路出席议董张贤芳、谢惠廷、孙镜湖、许廷佐等三十余人。副议长陆文中主席，会议各案如下：甲讨论治安问题及收束军事办法案，邬志豪报告出席总商会欢迎张宗昌军长、吴光新总长茶话情形毕，钱龙章、谢惠廷、孙镜湖均有讨论，议决办法五项（一）函请孙传芳将闽军从速调出苏境，移驻嘉兴。（二）函请张宗昌从速收束溃军并实践上海永不驻兵之主张。（三）函请吴光新调和苏浙军事以免再起战事。（四）函请总商会从速接收兵工厂，各马路商界联合会一致协助进行。（五）驱逐温世珍离沪，以免再生阴谋。乙讨论纳税会临时大会案，议决由本会登报公告，请各马路分会会员全体到会，并决定主张，如将按次计费办法取消，则加价可以商酌，否则一致反对。丙邬志豪提议函请各分会协助南北市保卫团经费案，通过。丁文监师路报告潘冬林君因公受惊，函请总商会会同向船局交涉，通过。十一时散会。（《商总联会临时会纪》，《申报》1925年2月1日）

3月6日，《申报》报道其参与筹备的上海残废教养院进展情况。报道说：

本埠绅商聂云台、方椒伯、徐乾麟、祝兰舫、张景初、徐可升、王汉礼、许廷佐、蔡香孙等所发起之残废教养院，本可早日成立，嗣以江浙战事绵亘至半载之久，江湾卫生殿院址被兵驻扎，以致无从着手。刻下驻兵已撤退净尽，故由诸职员积极进行，克日开办，又恐不敷收养，拟另赁该镇某氏别墅为分院，俾广教养云。（《残废教养院之继续进行》，《申报》1925年3月6日）

3月24日，作为发起人之一，联名在《申报》刊登启事，呼吁旅沪各同乡团体支持上海残废教养院。

旅沪各同乡团体公鉴

残废之苦实人间地狱，较鳏寡孤独为尤甚，且上海为通商巨埠，中外观瞻所系，老幼残废沿途求乞，尤足贻笑外人，有伤国体。查诸残废人泰半旅沪侨民，若由各同乡会设所收养，各自为政，筹办自非易易。同人等有鉴于斯，特先在江湾卫生殿组织残废教养院，业已就绪，专代各同乡收养贫苦老幼残废，供给其衣食住及医药殓葬等事。入院时凭各同乡团体具函保证，所有费用即归该团体负担。其有在沪无同乡团体者，则由本院依额酌收。想各同乡爱护桑梓，必乐予赞成。除发函通告外，特此登报宣布，简章另刊，祈向本埠西华德路七号至九号事务所函索立寄。

上海残废教养院发起人聂云台、徐乾麟、周渭石、邬志豪、蔡香孙、郝伯阳、陆文中、徐经绅、曹慕管、陈鹏、石芝坤、陈琦、潘公展、朱树桢、梅云英、朱少屏、许亦甫、李泽源、王廷杰、方椒伯、祝兰舫、冯少山、张景初、徐可升、费承禄、许廷佐、尤怀皋、卢炜昌、王汉良、江长川、王汉礼、朱宗良、金继扬、余显恩、陈勇三、王景石、陈耀先、周新民、黄锦镛同敬启。

5月8日晚，宁波旅沪同乡会第五届征求会员大会成绩揭晓，担任队长的廷佐队成绩优异。报道说：

宁波旅沪同乡会第五届征求会员大会业经揭晓三次，共得一万二千四百二十九分，曾志报端。兹悉该会昨日晚间举行征求闭幕，各队长队员到者一百三十余人，总队长陈良玉，参谋刘廉巽、王云甫、徐芹香等均到，由二科乌主任报告分数揭晓毕，得五千零七十一分，连前三次合计一万七千五百分,距预定目的尚少两千五百分,当由总队决议延期十天,请未缴各分各队长分别缴分,务必达到目的云。兹录第四次总分数如下:志孚队一一一八(奖分一三〇)共一二四八,崖琴队七三五(奖分六〇)共七九五,梅堂队六三〇(奖分六〇)共六九〇,恂如队六一一(奖分二〇)共六三一,浣芗队五七〇(奖分六〇)共六三〇,椒伯队六〇〇(奖分一五)共六一五,伤醒队五六〇(奖分四〇)共六〇〇,鹿山队四五〇(奖分四〇)共四九〇,予龄队四四〇,伯桢队三五八(奖分六〇)共四一八,公予队三八〇(奖分二〇)共四〇〇,建侯队三五八(奖分一五)共四〇〇,沧亭队三五〇(奖分四〇)共三九〇,伯颖队三七一(奖分一〇)共三八一,子湘队三一〇(奖分六〇)共三七〇,星耀队三四八(奖分二〇)共三六八,中莲队三五〇,孟德队三二二(奖分二〇)共三四二,廷佐队三〇一(奖分四〇)共三四一,栋辉队三〇〇(奖分四〇)共三四〇,棋轩队三三八,履登队三三六,鸿皋队三三三,晨岚队三二〇(奖分一〇)共三三〇,其檩队一九八(奖分二〇)共三一八,庚荣队三一六,晓岚队三〇一(奖分一五)共三一六,涵衷队三〇〇(奖分一五)共三一五,孙眉队二九〇(奖分一〇)共三〇〇,志豪队三〇〇,启霖队二二二,开鉴队二〇六,道胜队二〇五,志芬队二〇〇,庭树队一七二(奖分一〇)共一八二,思成队一六〇,静斋队一五〇,永炎队一五〇,炳文队一五〇,仰之队一四八,其霖队一一八,兰彬队一〇〇,楚湘队一〇〇,润生队一〇〇,贡禹队一〇〇,镛声队一〇〇,鲁卿队一〇〇,启宇队一〇〇,才宝队一〇〇,冬林队一〇〇,润卿队一〇〇,月明队九二,韵苕队九〇,骏发队八九,咏雪队七五,辉庭队七五,蓉卿队六六,其相队五一,心贯队五〇,炳生队五〇,芝初队四五,也桥队四五,亢聆队三八,才兴队三五,华龙队三四,伯英队一〇,震雷队一七,树滋队一〇,蓉洲队一〇,总队除赠分外二七五,共计一千五〇。(《甬同乡会征求闭幕》,《申报》1925年5月9日)

6—7月,为救助上海五卅运动中罢工工人,积极发动所在的百老汇路各商户捐钱捐物,成绩显著,仅6、7两月金额即达洋3161元120角,数额在各大马路商联会中名列前茅,详见下表。

五卅运动期间部分商联会捐款援助工人数额表

商联会名称	捐款数额		
	大洋（单位：元）	小洋（单位：角）	铜元（单位：文）
四川路	2406	2535	2550
南京路	5932	759	1070
法租界	4580	1032	66550
汉口路	303	—	—
胡家桥	355	—	—
沪北六路	823	8	—
邑庙豫园	141	—	—
肇嘉路	965	432	2560
东北城	771	32	—
吴淞路	404	—	—
物华天宝两路	580	—	—
崇明路	170	—	—
西华德路	1137	146	2560
沪西九路	450	214	—
汉璧礼路	1310	171	4000
沪南东区	2146	237	—
爱克界	336	—	—
南阳桥	300	—	—
山西路	249	—	—
四马路	316	—	—
南市南区	632	1221	2180
百老汇路	3161	120	—
浙江路	300	—	—
文监师路	141	—	—
虹口六路	400	—	—
福州路	501	207	—
总计	28809	7114	78910

资料来源：本表数据根据《申报》1925年6—7月记载统计而成。

6月9日下午，出席洋务职业协会委员会会议，并在会上主动承担参与五卅罢工的困难会员菜资。报道说：

> 洋务职业协会昨日上午九时开委员会，计有委员十一人、工学界顾问各一人。当场议决因永兴路采芝坊现有会所不敷应用，即日迁至中兴路龙祥里口，有房屋十余间。会员冯义祥愿担任房金，除办公室外其余房屋概供罢工期内困难之会员住宿。会员张松林愿担任膳费，许廷佐愿担任菜资。又对于四团体所提出之条件甚表同情，不达目的不止，复议决今日上午九时开代表联席会议。（《洋务职业协会之委员会》，《申报》1925年6月10日）

6月12日，出席各路商联会会议并被推举为与北京政府特派交涉员接洽代表。报道说：

> 各路商联会于昨日开会，到卅六人。公推俞国珍主席，天潼河南两路提出小菜场工人救济案，通过，致函报告工商学协会及协济会。次百老汇路代表报告救济该路罢工工人情形并捐助本会特捐三十元，次杜椿荪提议登广告通告各商店坚持，通过。次虞仲咸提出派代表与蔡曾二特派员接洽并监督案，通过，当推虞仲咸、许廷佐为代表。复项益泰提出函劝绿牡丹东渡演剧案，通过。谢彝森请函劝伶界暂停戏目广告案，通过。引翔港请求维持工人案，通过。后由主席报告交涉署及上宝保卫团复函毕，散会。（《重要团体之消息》，《申报》1925年6月13日）

6月13日，作为上海各路商界总联合会代表，与俞国珍、虞仲咸分别拜会"蔡曾二（外交）特派员"与交涉公署，"询问调查之经过及调查后之方针"。报道说：

> 上海各路商界总联合会于昨日上午十时推代表俞国珍、虞仲咸、许廷佐赴沧洲旅社谒蔡曾二特派员。由蔡督办曾次长接见，首由代表等询问调查之经过及调查后之方针，蔡督办即答适间某领事前来报告，英水军已退回一部份，领事团之空气亦甚和缓。我人来沪之责任只调查一切，赞襄许交涉员办理。继由曾次长声明吾人之责任只调查而已，至如何交涉概由许交涉员负责。蔡督办继谓政府当尊重人民主义，向外交团力争，决不因循。惟望国人有统一之组织，则外交上万无不占胜利。末蔡督办云，君等中国人，余亦中国人，余与君等

实具同一心理,谁不欲为国争权,自当秉良心办理,请君等放心。各代表认为满意,于十一时兴辞而退。继至交涉公署,由许交涉员接见。当由代表相继询问交涉署办理此案之经过情形及外交团态度。许君答以所提之先决条件已于十二日向领袖领事提出,而正式之十三条件亦于今日上午提出,约于下星期一(十五日)可得领事团答复。惟市民欠有统系之组织,甚为憾事。次讨论洋泾浜章程、收回治外法权及越界筑路等,约历一小时。许交涉员并将外交员之立身处地及办理之手续种种衷曲详加解释。各代表均谅解并认为满意,下午一时半始兴辞返会。(《商总联会代表昨谒蔡曾许》,《申报》1925年6月14日)

6月27日晚,主持百老汇路商联会为五卅案善后问题举行的特别大会。报道说:

百老汇路商联会于前日下午八时开特别大会,到五十余人。许廷佐主席,开会情形如下:(一)刘仲英报告五卅案经过情形。(二)书记报告二十六日止收入捐款三千一百六十一元,小洋一百二十角,支出救济失业码头小工洋一千八百五十四元三角二分七厘,钱五百五十七千六百文,除付计存洋一千零五十六元六角七分三厘、小洋一百二十角钱二千八百文等账略。(三)刘仲英提议本路各商店继续罢市五天案,否决。(四)刘仲英提议五卅委员会应否解散案,佥谓商店虽已开市,而经济绝交及不合作等事势在必行,是五卅委员会实有继续存在之必要,且宜推广委员名额至十九名。主席付表决,多数赞成通过。除旧有十一委员外,当补推沈厚斋、江寿楚、张松涛、吴鸣之、陈永烈、陈冲源、陈英茂、林荣华为委员,共同办理五卅案对内对外一切事务,十时散会。(《各团体消息》,《申报》1925年6月29日)

7月10日下午,出席商总联会议董会并当选为候补出发宣传代表。报道说:

商总联会于昨日下午二时开议董会议,到各路议董二十余人。主席邬志豪,讨论议决各案如下:(一)主席报告来函六件。(一)工商学委员联合会来函,请通知各行号不买英日货及退定货,公决交经济绝交委员办理。(一)提倡国货会来函,请推代表讨论进行,公推周伯尧为全权代表。(一)工商学会来函,请推代表一人,为组织抚恤死伤家属委员会,公推俞国珍君。(一)俞国珍君提出，此次五卅案发生以后，华商损失至少为三千万两，应加入赔偿之例，致电于外交部，公决致函各路调查。（一）潘冬林提出，本会在工商学会六代表不依据本会赋予之权限，应请讨论，公决分函切实知照出席六代表必须根据本会六月四日及同月二十七日议决案代表权限，以讨论经济绝交及接济工人二项，其余问题议案须由本会通过，嗣后各代表均宜遵守此项议案，不得逾越，并于出席时本会代表团非全体之同意不得出席表决；又致函工商学联会，除前声明二项外，其余各项问题本会出席代表均无讨论表决之权。（一）选举出发宣传代表，推虞仲咸、周伯尧检票，结果俞国珍、叶惠钧当选，许廷佐、潘冬林、袁履登候补当选。（一）选举组织济安会代表，结果周伯尧、吴亮生当选。（一）虬口六路来函报告，公决移送工商学会办理。（一）汉壁礼路来函报告，公决移送学生会办理。（《商总联会昨开议董会》，《申报》1925年7月11日）

7月15日，《申报》报道，其参与的百老汇路商联会议组爱用国货会。报道说：

百老汇路商联会议组爱用国货会，其缘起及简章如下：

（缘起）五卅沪案，血肉横飞，汉粤声援又遭屠杀，国人惨痛已极，于是毅然决然而有经济绝交之举。以之复仇者在此，以之救国者亦在此，其情可悲，其事之重要更可知也。然而经济绝交范围至广，或以自身不利而有所顾虑，或陈义太高而无从实行，迭次抵制外货均遭失败，且人以五分钟热度之者，其原因即在于是。同人不敏，以为空谈不如实行，高唱绝交不如劝用国货。爱本斯意，发起爱用国货会，标榜主义，广求同志，以一及十，以十及百，推而至于全国同胞，咸归一致。一面组织公司，罗致国货，供会友之需求，免奸商之蒙混，庶几外货不抵自绝，而列强经济侵略之政策亦完全失其效用（中略）。会章列后，公司办法另定，爱国诸君幸其鉴诸。

（章程）第一条本会定名曰爱用国货会。第二条本会以用国货，兴实业，拒舶品，救国家为宗旨。第三条本会先设办事处于百老汇路商界联合会，俟会务扩展再议改设会所于相当地方。第四条凡中华民国正当国民，经本会会员之介绍，皆得入本会为会员。第五条本会会员以提倡国货为唯一义务，其实行之最低限度如左：（甲）凡服装品、化装品、烟酒等货物均须购用国产。（乙）凡属前项之外国货不得购买。(丙)劝导亲友入会或爱用国货。第六条本会设会长一人,副会长一人,干事二十人,均由会员选举之,任期一年,连选得连任。其职权如左:会长总理本会一切事务,副会长协理本会一切事务,干事分任本会各科事务。第七条本会经费以会员乐捐拨充之,会员有不愿捐助者听。第八条本会定每年五月三十日开会员大会一次,并选举职员,如遇特别事项得随时召集临时会。第九条本会会员有认购百老汇路商界五卅委员会发起之国货公司股份及国货公司优待之权利。第十条会员有违背本会章程时本会当以极诚恳之言劝止之,不听然后登报除名。第十一条本简章如有未尽妥善之处得随时修改之。(《百老汇路商界议组爱用国货会》,《申报》1925年7月15日)

7月20日下午,出席各路商界总联合会紧急会议,并受命与邢旅卿"调查闸北及沪宁路一带"战争消息。报道说:

> 各路商界总联合会于昨日下午二时开紧急会议,邬志豪主席,议决案如下:(一)报告来函(甲)济安会来函请加派委员一人。(乙)总工会来函调解洗衣工潮案,当决定致函虹口六路商联会接洽调解。(丙)虹口六路来函报告洗衣作工人请工会释放,当决定致函工会办理。(丁)虞仲咸来函报告出发情形。(戊)吴亮生提出辞去济安会委员职,公决挽留;俞紫标报告元利号请办理小火轮撞坏木排案,公决致函调停。(己)中国实业研究会来函请提倡储金,公决移交经济委员办理。(庚)东北城商业联合会来函报告小世界,决定以阴历六月初二日将是日所得之券资及职员艺员之薪水悉数拨助救济费。(二)张静庐提议致电北京政府请勿撤换驻英公使朱兆莘,通。(三)四川路提议江浙战事谣言四起请设法制止,公决:(甲)通知工商学联合会致函日报公会,凡不确实之战事消息请勿登载。(乙)派员实地调查,当派王肇成、俞铭巽二君向沪杭路一带调查,邢旅卿、许廷佐二君向闸北及沪宁路一带调查。(四)潘冬林提议另租会所,通过,推潘冬林、吴亮生专职办理。(五)讨论筹款方法,决定致函各路,请每路派劝捐员四人协同工学两界劝募。(六)徐允根提议请致函工商学联合会通知各业公所行号职员伙友一律提用英日货,通过。(七)王延松提议请总工会致函各分工会遇发款时保护发款委员,通过。议毕六时散会,

其余议案决定二十二日下午二时再开会议。(《商总联会开会纪》,《申报》1925年7月21日)

7月29日下午,出席商总联会紧急会议并被推举担任多个职务。报道说:

各路商界总联合会昨日下午二时开紧急会议,潘冬林主席,议决案如下:(甲)报告项下:(一)报告本会赴长江一带宣传代表虞仲咸来函。(二)报告王汉良、邬志谊来函辞工商学联合会出席委员,照准。(三)洋务工全会来函请求援助,公决先推潘科林前往接洽。(四)临时济安会来函,以组织经济审查会请推员出席,公推吴亮生前往。(五)总工会请停办兴泰电灯公司工潮案,公决交四川路代表俞铭巽就近办理。(六)总工会请调解中华第一针织厂工潮案,公决交丁朝奎就近接洽。(七)沪东商联会交来救济捐款五百元,由林仰之直接移交济安会。(乙)讨论项下:(一)前推出席工商学联合委员会之六委员今日起一律撤回。(二)选举出席工商学会委员六人,由张静庐监票,王延松、严谔声唱票,结果邬志豪、严谔声、钱龙章、成燮春、潘冬林、张静庐六人当选,候补者为许廷佐、陆文韶、汪醒斋、王延松、余仰圣,并推定邬志豪为委员长。(三)张静庐提议六委员之外当推六干事,每日在工商学会分科办事(至少半日),所有文件必须经干事通过以昭郑重,并于委员缺席时代表参会,一致赞成,遂选举陆文韶、许廷佐、张贤芳、王延松、汪醒斋、王肇成为干事,林仰之、吴亮生、余仰圣、曹志功为候补。(四)王汉良之代表杨涌涵携款到会请辞本会会计,公决仍请杨君将款带回,请王君暂行维持。(五)学生请销游艺会券案,公决本会前曾有不负销券责任之议,将原券退回。议毕五时许散会。兹录该会至工商学会声明将另推出席代表函及邬志豪君再辞出席代表函一并附录于下(略)。(《商总联会紧急会议纪》,《申报》1925年7月30日)

8月2日,当选为宁波旅沪同乡会理事。报道说:

宁波旅沪同乡会第三届选举大会,于昨日午前九时起午后四时止,举行复选。四时五十分,由监察员魏伯桢、赵沧蓉、袁庆云、袁明山、徐芹香、何梅轩、钱雨岚等开票,共计八十八票。兹录各项当选职员及次多数如下:正会长朱葆三,次多数虞洽卿;副会长虞洽卿、傅筱庵,次多数方椒伯、王儒堂;基金监袁庆云、童元聆，次多数陈子埙、周萋荪；第一科事务监陈蓉馆、林良佐，次多数秦润卿、魏伯桢；第二科事务监孙梅堂、童友香，次多数厉树雄、朱既醒；理事袁履登、张涵衷、洪雁宾、钱雨岚、王云甫、洪贤钫、王心贯、刘廉笙、秦润卿、许廷佐、张炳生、庄蓉洲、王启宇、童葵轩，次多数谢蘅窗、周静斋、魏伯桢、徐庆云、乐赓荣、李祖华、项松茂。(《甬同乡会选举揭晓》，《申报》1925年8月3日)

8月5日，出席商总联合会聚餐会，报道说：

各路商总联合会以五卅之后各会董奔走劳苦，欢聚之时殊少，爰于昨在功德林举行聚餐。计到会者有崇明路梁文基，海宁路余仰圣，河南路陈芝寿、朱耐吾，沪北六路成爕春，西华德路徐允根、邱嘉梁，沪北五区邢裕卿，南京路谢三希，民国路吴亮生，汉口路王延松，新闸路黄肇忠，山东路钱龙章、何墨君，广西路谢惠庭，杨树浦路丁朝奎，引翔港华德路、张子廉，四马路张静庐，沪东林仰之，五马路王汉良、常玉清，爱多亚路鲁庭建，浙江路汪维英、曹志功，新闸九路严谔声，四川路俞铭巽，文监师路潘冬林，沪北六路陆文韶，虹口六路朱保罗，汉璧礼路张贤劳，山西路周伯尧，福建路邬志豪，百老汇路许廷佐等。聚餐既毕，以昨日适逢开会期，遂公决即行开会，公推邬志豪主席。议案：(一)工商学会经前次停顿后，本会惩前毖后应如何方法，公决：(甲)工商学会各项议题应先交本会通过方许发表。(乙)工商学会印章归工商学三团体公同保管封锁，非三团体通过不准启用。(丙)停办工商学会报，凡对外一切文件稿类均须由三团体各盖印后再加盖工商学会印，以昭郑重。(丁)凡一切大小议案由工商学各团议决，后该会应定期开会通过。(戊)本会由出席之会计委员任用会计一人，文书委员任用文书一人，终日驻会办事，另聘会计师一人。(己)本会六委员及六干事公同办事，不得辞职。(二)周伯尧报告济安会发款情形。(三)林仰之报告调停顺利铁厂案，以该厂亏本过甚，能否再办，现尚无头绪，请本会函复总工会。(四)星期五日会期在援工游艺会开会期内，不能执行，公决改星期六、日下午在煤炭公所开会云。闻该会所议决关于工商学会之各议案昨已缮函致工商学会，请为查照加以承认云。(《商总联合会昨日之聚餐

会》,《申报》1925年8月6日）

8月前后，与童耀德等发起创办上海百汇国货股份有限公司，并于8月19日在报上刊登招股广告：

上海百汇国货股份有限公司招股广告

我国地大物博，民众富庶，为世界各国之冠。徒以实业幼稚，工商不振，致使民生凋敝，举凡社会日用之需，莫不为舶来品侵略殆尽，金钱外溢，漏卮日大，语云涓涓不塞，将成江河，长此以往，国将不国。欲求正本清源之计，非提倡国货不为功，不特为经济绝交之要诀，抑亦强国富民之始基也。惟念吾国出品货近年亦日新月异，苟无专售之机关，必致散漫无稽。国人虽有采求之心，苦于无所适从。同人等有鉴于斯，爰纠集同志，组织百汇国货公司。凡属国产之品，随时尽量搜罗，分门别类，百货悉收，以供爱国诸君之采选，为国产前途促进步。凡事公开，设施完备，凡我各界爱国志士幸速踊跃附股，不胜欢迎，简章函索即寄。代收股票处：上海商业储蓄银行、浙江实业银行虹口分行、上海丝绸银行。

发起人：许廷佐 邓志扬 林荣华 陈冲源 刘仲英 吴明之 童耀德 刘春华 周生发 张松涛 鲍仲禹 王汉礼

赞成人：邬志豪 钱龙章 王汉良 俞铭巽 谢惠廷 潘冬林 许云辉 汪维英 俞培笙 瞿振华 程桂和 汪醒斋 谢三希 虞仲咸 王肇成 朱保罗 陈鹏 张印奎 陶乐勤 王厚安 张振远 张静庐 蒋梦芸

筹备处：上海百老汇路百禄坊商界联合会内上海百汇国货股份有限公司启

8月26日，发起筹备的百汇国货商店发表国货宣言。报道说：

百老汇路商业联合会会员童耀德、许廷佐、邓志扬等发起组织百汇国货商店，业已赁定南京路五福弄口东首（前老大房原址）房屋一所为商场，现在从事修葺，工竣即行开幕。昨由该会分致各团体宣言，云我国地大物博，民众富庶，为世界各国之冠。徒以实业幼稚，工商不振，致使民生凋敝，举凡社会日用之需莫不为舶品侵略殆尽。金钱外溢，漏卮日大，语云涓涓不塞，将成江河，长此以往，国将不国。欲求正本清源之计，非提倡国货不为功，不特为经济绝交

为抵制外货,提倡国货,五卅运动期间上海商界发起设立上海商场

之要诀,抑亦强国富民之始基也。惟念吾国出品货近年亦日新月异,苟无专售之机关,必致散漫无稽。国人虽有采求之心,苦于无所适从。同人等有鉴于斯,爰纠集同志,组织百汇国货公司。凡属国产之品,随时尽量搜罗,分门别类,百货悉收,以供爱国诸君之采选,为国产前途促进步云。(《提倡国货之昨讯》,《申报》1925年8月27日)

9月2日,向各路商界总联合会辞工商学会计干事职被挽留。(《商总联会昨日之会议》,1925年9月4日)

9月24日下午,出席上海总商会招待商联会代表茶话会并报告相关情况。报道说:

> 昨日下午二时爱国募金大会柬邀商联会代表开茶话会,到四马路、五马路、南京路、山东路、新闸路、浙江路、山西路、百老汇路、河南路、法租界、虹口、沪西、北城、汉璧礼路、北山西路、华商联会代表张静庐等四十余人。由霍守华、董吉生、曹慕管、任矜苹等招待入席后,总队长虞洽卿致词,谓沪案发生之初,失业工人达二十余万,商界罢市达二十五日,

上海商界领袖虞洽卿

济工之款集三百余万,坚持三月,一切进行所为何来,曰抵抗强权,藉伸公理,曰外交后盾,坚持到底。当时民意一致,不可厚侮。乃日工解决,电工解决,罢工阵线大为缩小,济工负担渐次减轻,在势其他主要问题不难持久,而一部分人士因外交悬搁,遽尔灰心。其实已中人计,徒自致败,为山九仞,功亏一篑,殊不值得。最后时机,正须努力。吾人纵不为自身计,亦当为子孙计也。弱国之民如此,如此国亡之后,金钱何用。言念及此,为之寒心。同人爱本不屈不挠之旨,组织爱国募金,敢希在座诸公各为再接再厉之进行,时乎不再,诸公勉旃云云。当由商联会代表张静庐报告该会进行状况,略谓敝会对于此举迭经会议,完全赞同,敢本初旨,努力征募。次虞仲咸、王汉良、许廷佐等报告该会定期于本星期六开代表大会,着手为大规模之进行办法。次任矜苹希望商联会会员各以十二分之精神,尽力征募,期达最后胜利。次霍守华致谢辞而散。(《爱国募金之茶话会》,《申报》1925年9月25日)

9月25日,在总商会的号召下,商总联会又发起组织爱国募金后援队,下辖40支分队,以马路商联会为单位,募金数额为5.3万元,以一个月为限,分四期征募。为此,商总联会专门成立组织机构,以袁履登为总队长,邬志豪、钱龙章为副队长,叶惠钧为总参议,副总参议由许廷佐、成燮春担任,俞国珍任总干事,严谔声、蒋梦芸为书记长。除在沪埠广泛发动外,商总联会还派出张静庐、潘冬林、曹慕管、虞仲咸等四人专程赴宁波组织发动,派出蒋梦芸、王延松、陆文韶、汪醒斋等人赴苏州宣传。

9月26日晚,出席上海总商会讨论爱国募金[1]之宴会。报道说:

> 前晚七时总商会会长虞洽卿为爱国募金事宴请募金协进委员组委员并邀王晓籁、霍守华、董杏生、曹慕管作陪。兹将与会情形分志如次:
>
> 到会之委员:是晚到委员朱少屏、吴山、任矜苹、赵士瀛、朱懋澄、余鹏、卞毓英、孙遂公、孙道胜、唐世昌、马崇淦、江政卿、虞廷恺、裘由辛、徐可升、孙筹成、庄祖苓、胡咏业、程兰亭、翁国勋、林炎夫、许廷佐、陆士寅、陈芝寿、陈勇三、袁孟德、徐赓华、陈灏泉、汪北平、张振远等五十余人。

---

[1] 1925年6月底,上海商界罢市结束后,上海总商会承担起为罢工工人筹集款项的任务,为此总商会发起商界爱国募金事宜,由会长虞洽卿任爱国募金队总队长,得到广泛响应。

虞洽卿之报告：次由虞君致词，谓本会进行爱国募金，业荷各界赞助，分组正队渐次成立。此举事关爱国职责綦重，须广借长才，协助进行，则一切策划可尽量发展，空言无补，实力有成，斯之谓也。顷蒙诸君翩然莅止，足证人心不死，事尚可为。沪案关系国际民族至为重大，曩以全民之力，坚持抵抗，需费三百万，坚持四阅月，迄于今日。所得之结果虽云外交悬搁，至低限度之条件迄未贯彻，然予人隐痛不无效果，吾人于其商业机关之宣言中可以证之，然则欲求贯彻主张，势须继续奋斗，否则以前之坚持抵制，举凡一切爱国运动，尽属多事，何以对国家对民族对子孙。有谓奋斗之时机已去，爱国之募金徒然。要知日来之分别复工，即以退为进。质言之，去粗而留精，则需费轻，维持易，维持久，始人之隐痛深，而我之实力现，主张乃有贯彻之望。但我人所谓爱国策划，不仅于此，实力未充之时决不先唱高调，斯言可以意会，不必言明。哲如诸君，当能不言而喻，惟希努力协助，先成此举，敬举一觞，祝诸君努力成功。

委员之报告：任矜苹报告协进委员组之任务：（一）每日到会协助会务，（二）协助各队募金进行，（三）规划募金较新计划，（四）其他要项。次张振远报告商总联会募金计划：（一）商总会之后援队已决意全力积极进行，预定目的五万三千元，限四个月缴足。征募办法分为四期，总会为大本营，各路分会均为支队。目前可以成立者计有四十余支队，预料成绩极可乐观。（二）规定节前征收各路商店节费，限期收齐，其数必有可观。（三）派定宣传代表，分任南洋及各省宣传，每至一地组织一分队。张君复代表蒋梦芸建议 1.请总商会垫款，先维持主要之需，以济眉急。2.自济安会停顿后，发款无负责机关，实工界团体解体之主因，应请总商会将济安会收归负责办理。次陆士寅、徐赓华、余鹏、翁国勋、程兰亭、马崇淦、裘由辛相继发表意见，留付会议讨论。霍守华报告余日章因要事缺席，并报告最近募金进行状况。末曹慕管致谢词而散。（《讨论爱国募金之宴会》，1925年9月28日）

同日，由各马路商界总联合会发起的中华爱国募金团后援队成立，以进行大规模征募爱国金，被推举为副总参议。报道说：

自总商会发起征募爱国金后，各业各会均纷纷组织成队，积极进行。各马路商界总联合会前经议董会，议决组织后援队，于前晚举行成立大会。到山东路、福建路、汉口路、广东路、南京路、新闸路、山西路、浙江路、文监师路、沪北六路、法租界、虹口六路、汉璧礼路、沪东六路、沪西九路、江西路、四川路、崇明路、福州路、北山西路、百老汇路、河南路等四十余路商界联合会代表八十余人。公推蒋梦芸主席，首由主席报告总商会征募爱国捐宗旨及进行状况。次发表组织后援队组织大纲，各路代表均有提议及意见发表，由主席逐一付表决通过成立。次由钱龙章、王汉良、成燮春、严谔声、虞仲咸、王延松、潘冬林、许云辉、张静庐、俞国珍等相继演说进行办法及将来之希望。次由各路代表依定认定组织分队，即席认定组织支队四十队，末聚餐散会。附组织大纲及职员名单：

组织大纲

（定名）中华爱国募金团后援队，（目的）暂定五万三千元，（期限）一个月，（组织）队本部由总联合会全体职员组织之，支队由各马路联合会分别组织之，即以各路路名为队名，（方法）分为四期征募，由队本部随时宣布，（职员姓名）：（总队长）袁履登，（副队长）邬志豪、钱龙章，（总参议）叶惠钧，（副总参议）许廷佐、成燮春，（总干事）俞国珍，（书记长）严谔声、蒋梦芸，（宣传）潘冬林、陆文韶，（正副主任）许云辉、王延松、柳仲咸、张静庐、张振远、虞仲咸，（各科主任）：（交际）王汉良、俞铭巽，（计核）吴亮生、汪醒斋，（庶务）张贤芳、朱保罗，（参议）：各支队队长及各路出席代表，（各科干事）：全体议董。（《爱国募金后援队成立》，《申报》1925年9月28日）

9月间，被推选为宁波旅沪同乡会调查股委员。报道说：

宁波旅沪同乡会，自七月间改选职员后，为会务执行便利起见，经理事会推定各股委员，分掌职务，业已分别专函敦请。兹探得各股委员姓名如下：审查委员石运乾、周静斋、叶叔眉、李咏裳、毛和源、周苇南、沈任夫、岑庭康、方子卫，调查委员穆子湘、沈佩兰、楼其梁、许廷佐、俞宗周、朱仰锡、李祖桢、顾予龄、马省学，评事委员秦润卿、乐振葆、袁履登、董杏生、钱雨岚、陈良玉、谢莲卿、刘予醒、林良佐，统计委员陈晓岚、陈有光、吴志芬、蔡康仁、陈甘伯、秦润霖、颜伯颖，审计委员姜炳生、童亢聆、郑庭树，出版委员贺寀唐、陈布雷、余陶薇、林宾逸、童友香,教育委员赵沧蓉、袁明山、魏拜云、赵撷金、周石虞、徐可升、洪石湖、林孟垂、胡咏德,书报委员王东园、康锡祥、张静庐、汪北平、洪荆山、张延章、朱百行,社交委员胡甸荪、何鹿山、徐其相、余华龙、石芝坤、孙道胜、钱龙章,考察委员徐永炎、毛鲁卿、童芝初、陈翊庭、许长卿、陈九皋、胡咏莱,游艺委员陈景塘、任矜苹、朱既醒、李旌门、严浣芗、林焕章、袁孟德,职业介绍委员鲍咸昌、周茂兰、袁履登、陈子埙、骆怀白、项松茂、范和甫、薛润生、周葶荪,土物陈列委员邵尔康、沈九成、方液仙、王廉方、刘鸿生、杨新础。(《甬同乡会近闻》,《申报》1925年9月22日)

10月14日晚,出席总商会爱国募金大会总参谋霍守华宴请该会干事及协进委员组同人之晚宴。报道说:

> 前晚爱国募金大会总参谋霍守华假座一品香宴请该会干事及协进委员组同人,到者董杏生、冯少山、曹慕管、陆维镛、王晓籁、蒋梦芸等六十余人。七时半入席,席间霍守华起立,谓爱国募金大会自总商会发起以来,颇得社会同情,各界爱国士女又群起赞助。本会于双十节开幕时,先后来会报告成立者有九十一队之多,近又有四队告成,颇为欣幸。惟募金已行开幕,利在从速进行,至将来各队之成绩及本会募金结果,则不得不有赖于今晚列席诸君之赞助也。今谨祝诸君康健并祈为国宣劳云云。次总队长虞洽卿演说,谓此次爱国募金之举实为国民对外表示之民气,吾人宜各尽其相当能力,以谋其成云云。次任矜苹、邬志豪、曹慕管、朱少屏、朱懋澄等相继演说。次余鹏、孙道胜等宣读已成立之各队名单,并请列席委员担任接洽各队,尚有在组织中之学校一队由马崇淦、翁国勋等负责接洽,又书画队由钱化佛邀集书画家共同组织之。兹录担任接洽人员及各队名单如下:董杏生担任接洽珠玉队(郑云芳)、乐善队(乐俊宝、何积璠)、海昌队(朱葆元、叶山涛)、彭城队、公票局队、沪宁绍水木业队,又本人之陇西队;唐世昌担任接洽电影队;许廷佐担任接洽某队(王一亭)(下略)。(《爱国募金之昨讯》,1925年10月16日)

11月2日,当选为上海各路商界总联合会副会长。报道说:

> 上海各路商界总联合会昨日选举正副会长议长及各部职员,开票结果,会

长霍守华,副会长邬志豪、许廷佐,议长钱龙章,副议长余华龙,总务主任俞国珍,副王汉良、王延松,文书主任严谔声,副张静庐,会计主任陈勇三,副鲁廷建,交际主任潘冬林,副虞仲咸,卫生主任谢惠廷,副程兰廷,教育主任吴仲斋,副余仰圣,调查主任汪醒斋,副朱保罗、张贤芳。(《各路商总会选举揭晓》,《申报》1925年11月3日)

11月5日,作为征求会委员长,与总队长朱佩珍等联名发布《定海旅沪同乡会征求会开幕通告》,文录于下:

启者,本会为筹募基金扩张会务起见,特举行征求会员会,额设征求队一百队,并公推委员,订定征求章程及筹备一切事宜,业经完竣。查征求会章程,各队队长由本会会董会员担任之,各队应设之分队长队员,由各队长就同乡中自行敦请之。事关联络乡情,巩固团体,非群策群力不为功。兹定于阳历十一月八日即阴历九月廿二日(即星期日)下午二时在法租界平济利路定海会馆举行开幕成立征求会。所有各队之缴分成绩,应自开幕日起照章按期揭晓,以利进行。除分函外,诚恐未及周知,为再登报通告,务乞同乡诸公届期拨冗惠临指导一切,共襄厥成而增光□,至盼至祷。总队长朱佩珍、沈椿年、王恩溥,委员长许廷佐同启。

12月2日晚,出席各路商界总联合会各路议董紧急会议,并被该会推选为纳税华人会理事。报道说:

昨日下午七时各路商界总联合会召集各路议董举行紧急会议,列席者三十余人。邬志豪主席,议决案如下:(一)越界筑路案,结果:(甲)电外交部转公使团严重交涉。(乙)请交涉使向领团交涉。(丙)电南京孙督理严重交涉。(丁)举代表往警厅请派员前往保护。(二)民生奖券案,公决致函总商会请其表示再提交纳税大会付表决,又请各马路打图章表示反对。(三)爱国募金案,公决将各马路捐册收回结束。(四)纳税华人会选举理事案,公决提出被选十人虞洽卿、严谔声、俞国珍、严裕棠、陈勇三、许建屏、宋汉章、邬挺生、王才运、许廷佐。(五)新职员辞职问题,当时由钱龙章主席,公决局部改选定即日发票,下星期三开票。(《商总联会紧急会议记》,《申报》1925年12月4日)

1926 年上海各路商界总联合会各分会出席议董一览表

商界联合会名称	会 址	代表姓名	职 业	通讯住址	总会职
南京路	南京路民永里	余华龙	中华皮鞋公司	南京路	副会长
南京路	南京路民永里	蒋梦芸	模范工厂	南京路	议董
南京路	南京路民永里	陆文中	联益贸易公司	南京路	议董
南京路	南京路民永里	谢三希	大新舞台	四马路	总务主任
福建路	福建路345号	邬志豪	宝成衣庄	石路	会长
福建路	福建路345号	陈韵笙	正泰衣庄	石路	议董
福建路	福建路345号	邬培因	宝泰衣庄	石路	议董
五马路	五马路王大吉弄	王汉良	锦瑞记古玩号	江西路	副会长
五马路	五马路王大吉弄	杨涌润	恒章泰号	宝善街	议董
山东路	麦家圈天安堂后	钱龙章	鼎阳观号	带钩桥	议长
山东路	麦家圈天安堂后	何墨君	顾天仁号	麦家田	议董
江西路	江西路宁绍公司内	袁履登	宁绍公司	江西路	议董
江西路	江西路宁绍公司内	余克楷	宁绍公司	江西路	议董
新闻九路	西新康里1弄227号	严谔声	新闻报馆	三马路	副会长
沪北六路	甘肃路德兴坊714号	陆文韶	陆中和号	七浦路	议董
沪北六路	甘肃路德兴坊714号	成燮春	燮记书局	北西藏路洽兴里	议董
百老汇路	百老汇路百禄坊	许廷佐	益利号	百老汇路	议董
百老汇路	百老汇路百禄坊	刘仲英	商业公司	百老汇路	议董
山西路	昼锦里森源祥内	许云辉	森源祥珠号	昼锦里	议董
虹口六路	梧州路经纬里内	朱保罗	爱国学堂	嘉兴路	调查副主任
虹门六路	梧州路经纬里内	陈勇三	联益皮件公司	爱多亚路	会计主任
四川路	北四川路青云里	张横海	裕顺煤号	四川路	议董
四川路	北四川路青云里	陈受之	陈长记号	四川路	—
北城	侯家路福兴坊	萧效仁	—	城内穿心街116	议董
爱多亚路	麦家圈天安堂后	鲁廷建	老正和染坊	爱多亚路	会计副主任
沪东杨树浦	杨树桥东84号商社内	丁朝奎	德兴隆号	黄浦码头	议董

续表

商界联合会名称	会址	代表姓名	职业	通讯住址	总会职
沪东杨树浦	杨树桥东84号商社内	林仰之	万顾丰号	怡和厂对面	议董
沪东杨树浦	杨树桥东84号商社内	黄佐卿	四丰泰号	杨树浦桥下	议董
北山西路唐家弄	河南路南成太弄绍兴公学内	张振远	国闻通讯社	山东路	文书主任
沪北五区	北四川路大德里	蒋介民	时事新报馆	望平街	议董
民国路	福佑门华54号	吴亮生	—	福佑门内天官坊72号	议董
南北浙江路	浙江路斗鸡桥民厂	虞仲咸	—	爱文义路百寿里43号	交际副主任
曹家渡	曹家渡五角场	余玉卿	利泰烟纸号	曹家渡	议董
文监师路	蓬路德兴里529号	潘冬林		蓬路德兴里529号	交际主任
崇明路	崇明路45号	梁文基	梁北记号	崇明路青云里口	议董
汉璧礼路十一路	中虹桥老三官堂内	张贤芳	元生糖食号	东有恒路	调查副主任
海宁路	海宁路鸿安里	余仰圣	华英学校	海宁路鸿安里	教育副主任
闸北八路	闸北中兴路角洽兴里19号	吴仲裔	闸北沪太汽车公司	—	教育主任
河南路	带钩桥源泰里	程兰亭	永昌泰号	河南路	卫生副主任
河南路	带钩桥源泰里	陈芝寿	群益书局	棋盘街	议董
沪南六路	南火车站黄家阙	乐树滋	—	南市半淞园内	议董
沪西九路	马立师大沽路马安里	瞿振华	公大新未号	住康悌路132号	议董
虹镇	虹镇海华织造厂	袁士勋	虹镇海华织造厂	—	议董
引翔港华德路	华德路底引翔医院内	张子廉	三里棉铁厂	二马路	议董
引翔港华德路	华德路底引翔医院内	陈松亭	裕大酱园	引翔港	议董
西华德路	西华德路师善里	邱嘉梁	华美新号	西华德路	议董

续表

商界联合会名称	会　址	代表姓名	职　业	通讯住址	总会职
沪西四路	戈登路陈家桥三乐里	陈蔚文	寿康元酱园	爱文义路	议董
汉口路	汉口路鼎丰里	王延松	太昌绸庄	三马路	总务副主任
汉口路	汉口路鼎丰里	沈承甫	福晶绸庄	三马路	议董
七宝镇	七宝镇东永兴号	李友贤	东永兴号	七宝镇	议董
法租界	西新桥街德顺里	汪醒斋	—	八仙桥荫余里A9	调查主任
南阳桥	茄勒路义业里	张瑞琛	复泰木行	大平桥菜市路	议董
北京路	北京路敦贻里	沈田莘	—	北京路敦贻里	议董
静安寺九路	静安寺路关庙内	芮庆荣	—	黄河路海福里120号	议董
静安寺九路	静安寺路关庙内	王翰臣	—	信由会所内	议董
北福建路	北福建路小菜场徐医内	徐丽洲	徐丽洲医室	北福建路	议董
唐家湾	唐家湾平江里18号	方伯琴	春和煤号	唐家湾	议董
唐家湾	唐家湾平江里18号	程祝荪	祝华电机厂	唐家湾敦仁里	议董
湖北海口两路	三马路鼎丰里116号	王于炎	东南书局	西门宁康里	议董
九亩地	九亩地露香园路	冼冠生	冠生园号	九亩地	议董
西藏九江两路	西藏路平乐里	胡凤翔	联成公司	西藏路平乐里	总务副主任
中央九路	五马路清和坊豫章公	甘新民	豫章公行	五马路清和坊	议董
中城	县基路7号	童理章	—	南阳桥茄勒路义业里19号	议董
四川路	—	俞铭巽	中央电气公司	河南路	议董

资料来源：《上海各路商界总联合会各分会出席议董姓名、地址一览表》（铅印件），上海市工商联档案史料室藏。

1926年　45岁

1月4日晚，出席各界"还席"百汇国货公司之宴会并发表演讲。报道说：

提篮桥百汇国货公司开幕时，曾由其主人童耀德款宴各领袖，昨晚该领袖等在小有天酒楼还席，并摄影纪念。公推唤群书报社社长徐翰世主席，口占四言韵语致颂，继复演说，大致称童君之热心提倡国货，并望在座诸君一致提倡云云。次许廷佐、童理璋、鲍仲玉、杨玉成、刘春华、周纪发、林荣华、胡明之等相继演说，皆为提倡国货之扼要谈。末由童君耀德答谢，觥筹交错，颇极一时之盛。（《百汇国货公司之宴会》，《申报》1926年1月6日）

1月24日下午，主持百老汇路商联会职员常会。报道说：

百老汇路商界联合会昨日午后二时开职员常会，到者十余人。许廷佐主席，讨论事项如下：（一）书记员报告十四年份账略。（二）商业义务夜校议决夏历十二月十四日散学，由许廷佐、童耀德二君各捐洋四元，以作学生奖品之用。（三）百汇国货公司请求广用国产事，议决本会同人应极力提倡并致函南洋烟草公司请代为推销。（四）整顿会务问题，公决新春开会再议，至是散会。（《各商联会消息》，《申报》1926年1月26日）

3月4日下午，出席各马路商界联席会。报道说：

各马路商界联合会于四日下午在东唐家弄举行联席会议，到会者有各路代表朱保罗、陶乐勤、许廷佐代表等三十余人，并有该管捕房捕头亲自莅场及探捕等照料。三时振铃开会，公推徐子贤主席，首由主席报告开会宗旨毕，由余仰圣报告俞国珍组织西北垦务公司混用商界联合会名义经过事实，由到会者详细审查该公司简章及总会议案。朱保罗、谢惠庭、丁文龙等谓，以公司简章混称商界联合会，殊不合法。陆文中谓彼此同为商会联合会，不妨推出代表数人至总会再行调查办理。经众讨论（一）俞国珍组织垦务公司之简章混用商界联合会名义确系事实，今日到会者皆为商界联合会代表，极应声明否认。经主席付表决多数通过。（二）用二十七路商联会名义致函总会，请其明白答复议案及启事不符之点。主席付表决，全体赞成，遂散会。（《各商联会消息》，

（《申报》1926年3月6日）

3月前后，发起创办益利汽水公司，并于3月7日在《申报》发表开办宣言，文录于下：

华商益利汽水公司宣言

汽水一物具消积、润燥、解渴、避暑、涤烦、生津等种种功效，年来国人渐知注重。以中国幅员之广，人口之众，销场之大，需要之殷，而于纯粹华商组设之汽水公司独付阙如，诚憾事也。本主人有鉴于此，不惜巨资，在国内交通最便利之地方，购地建厂，并向外洋名厂办到最新式、最精良之机器，精选优美原料，聘请专门技师，制造各种汽水，规模宏大，品类众多，足供全国需求，不虞有所匮乏。现已工程告竣，不日出品，谨请各界尝试品评，

益利汽水厂"柠檬"汽水商标

精确比较，方知本厂注重卫生，配料适合，质量优良，滋味可口，实足与外货媲美。惟愿男女同胞热心提倡，鼎力揄扬，如有不周之处，尚祈进而教之，国货前途庶乎有夸。谨此宣言，伏希公鉴。创办人许廷佐谨启。

3月21日下午，主持百老汇路商联会紧急要会。报道说：

百老汇路商联会昨日午后一时，开紧急要会，到二十人。许廷佐主席，议案如下：（一）商业公司严善林报告房租增加，请本会代为请求酌减，当经议决，俟各店盖章后再派代表到工部局请求解决。（二）民生奖券盖章事，公决请叶少英为出席代表，并须吕静斋交还原印，到会道歉。（三）整顿会务并选举各节，刘仲英提议先定章程，然后选举，议毕散会。（《各商联会消息》，《申报》1926年3月22日）

同月，在定海筹办平民夜校。报道说：

廷佐平民夜校定期开办

定海南门外廷佐义务学校，为该邑旅申巨商许廷佐君出资创办，校长徐修

编,学识优良,成绩斐然,今年该校学生多至百四十余人,教员为俞冯徐俞等四人,大都品学兼优。日前校董许君,鉴于一般老幼贫苦失学者,殊堪痛悯,爰添设平民夜校一所,一切书籍学费,俱分文不取,现已着手进行,定于阴历二月十八日开办,届期并开演平民千字课幻灯,俾易于教授云。(《时事公报》,《申报》1926年3月30日)

4月8日晚,出席宁波旅沪同乡会宁波游乞教养所征募大会,《时事公报》报道说:

> 宁波七邑游民乞丐教养所于八日下午七时在宁波同乡会重开征募大会,由虞洽卿、方椒伯、袁履登、邬志豪邀请各队长等。到者楼恂如、陈蓉馆、俞遂莘、王皋孙、励建侯、乌崖琴、许廷佐、何鹿山、黄延芳、范回春、张继光、董杏生、袁庆云、潘冬林、朱世恩、郑筱舟、颜芹香、朱既醒、舒敏之诸君。由方椒伯君主席宣开会词,略谓教养所一举,关系桑梓治安贫民生计,自甲子年发起组织后,迭受时局影响,遂致停顿。惟吾甬人对于此举志在必成,同人等故抱此决心,继续进行。去年旅沪同乡认队者计八十余队,每队定捐款一千元,已缴者颇多,共计银一万二千余元,分存通商、劝工两银行及敦余、恒隆、赓余等庄,务希诸公群策群力共底于成云云。次邬志豪君报告筹备经过情形及办理种种计划,略谓经费一项,拟定由沪甬两处募集十万元,以三万元为开办费,其余七万元为基金,并以宁波商铺每年之乞丐捐及其他各种慈善与公益捐酌量补助之。至办所计划,对于所屋之建筑,固须注意管理上之便利与否,而于入所习艺者之生活与工作,亦宜加以考虑。除工作外,尤宜施以相当之教育,改良其品性,增高其智识,俾若辈艺成出所后不再蹈覆辙。并谓,志豪个人已捐出一千五百元,已用去筹备费八百余元,亦由鄙人捐助云云。次袁履登君演说,略谓,诸公今日热心莅会,非常钦佩,希望已缴捐款者积极劝募,如此共同猛进,必可早观厥成。现定下月初推代表返甬,邀同甬上人士共策进行,一面募款,一面购买所基,从事一切,建筑计划,更望诸公赞划。俟再宽筹经费,当另开一院以养残废者云云。次潘冬林君演说,略谓鄙人前次到苏参观刘正康君所办游民乞丐教养所成绩颇佳,市上不见游民乞丐之踪迹,盖均为教养所之收容故也。迨返

甬上,则游民乞丐比比皆是,而强乞之滋扰尤为可恶。睹此情形,教养所非速即成立不可,望同乡诸公力促其成云云。次俞遂莘君演说,略谓,办教养所以收容游民乞丐为自治之基础,实有速成之必要。倘宁波办有成效,则其他府属亦可仿办,以此推及全浙,不难为各省之模范也云云。次童亢聆君演说,谓教养所一举,即可使失业者或素无职业者得以习艺,又可使若辈得受相当教育,如此教养并重,殊为当今之要图,望吾甬人共促其成云。次邬志豪君报告捐款,计收一万二千六百余元,分存各银行钱庄生息。次聚餐,九时余尽欢而散。(《宁波游乞教养所征募大会纪》,《时事公报》1926年4月12日)

4月11日,《时事公报》以《廷佐平民夜校游行记》为题大幅报道定海廷佐平民夜校开学及其游行盛况:

  定海南门外廷佐平民夜校,于夏正二月十八夜开学(详情已略志前报)。是夜来校报名读书者,多达三四十人,由徐校长分给各生书籍纸笔墨等,不取分文,后开放幻灯教授,各生趣味很浓,教授时间,每夜自七时至八时半止。该校又于二十六日下午,全校师生一百三十人赴城厢各地,分发传单,各生手持小旗,上书"廷佐平民夜校开学了""请诸君快来读书,学费不收,书籍奉送"等等字样,广为宣传,由南门外半路亭,进南门直达,折而东,经状元桥,折而北,至公园稍憩息后,过西门直街,折而东,出西门,经大教场,过会头街,经石灰弄街,经大衙街,过衙头直街回校。录其《简单》如下(上略):中国衰竭是不用说的了,但是衰弱的原因很多,其中有一个很重要的问题,若不解决,中国是永远不会强盛的。中国的国民,号称四万万,这四万万之中,没有读书过的人,差不多要占百分之九十九,那么国势怎会强盛呢!同胞们,看那定海地方,不识字的人,大约是一般苦力人居多,他们因为没有读书过,所以处处吃亏,这是多么悲伤事情。本校校董许廷佐君,他知道办学就可以救国,便把私人的金钱,在定海的地方,日里办着义务学校,夜里还要办平民夜校。每夜六点半起至八点钟止,一切书籍笔墨纸等和学费,是分文不取的。凡是一般失学的人,无论年老年幼都可以来夜校读书,请你们不要错过机会呀。(《时事公报》《申报》1926年4月11日)

20 世纪 20 年代定海城区鸟瞰

4月18日晚,出席振华油漆公司为其出品参加费城赛会而举办的各界宴会。

4月23日晚,宁波旅沪同乡会第五届征求会员大会举行第二次揭晓,以300分的征求成绩名列前茅。报道说:

> 宁波旅沪同乡会第五届征求会员大会昨日举行第二次揭晓,队长队员到者计八九十人。推总队长陈良玉主席报告开会宗旨。该会二科主任乌崖琴报告上次各队分数及拟增设公学计划书毕,请日本西京帝国大学工业科毕业魏岩寿博士演讲酿造学大意,先讲酵素之发生及种类,次讲麦酒、葡萄酒酿造之程序,末讲酿造应注意之各点及中国酒改良之方法,解释详明,听者无不了然。复由该会公学女教员徐蜕红女士跳舞。末揭晓分数,共计二千九百四十二分。兹录分述如次:魏伯桢三五八分、童志孚三五八分、许廷佐三〇〇分、王公子二七〇分、袁孟德二七〇分、励建侯二六〇分、颜伯颖二一五分、乌崖琴一五〇分、刘廉巽一二〇分、何梅轩一〇〇分、林仰之八〇分、陶辉庭六八分、金开鉴六〇分、吴志芬五〇分、王心贯五〇分、陈才宝五〇分、童中莲五〇分、陈也桥三三分、顾予龄三〇分、柳咏雪二五分、冯孙眉二〇分、李韵希一三分、郑庭树七分、周月明五分,连第一次揭晓合计九二一四分。(《甬同乡会二次征求昨日揭晓》,《申报》1926年4月24日)

5月1日,《申报》报道益利汽水公司设立总发行所,"尽力推销"。报道说:

兹有本埠巨商纠集巨资组织益利汽水公司,选用国产材料,用科学方法制造各种汽水,设厂于华德路八十三号,购机制造,力求精良。设总发行所于百老汇路闵行路口,并招聘各埠经理,尽力推销。(《益利汽水公司设发行所》,1926年5月1日)

5月6日,《申报》报道其创办的益利汽水公司生产一片兴旺。报道说:

巨商许廷佐君因年来汽水一物销路颇广,惜多运自外洋,每年漏卮殊巨,爰独资创设益利汽水公司,拣选新鲜果子,精制各种汽水,自发售以来,本外埠批发者颇众。现因天气渐热,故日夜加赶制,以应市销。(《益利赶制各种汽水》,《申报》1926年5月6日)

5月下旬起,为扩大益利公司影响,邀请荷兰飞机在上海献技37天。报道说:

荷兰飞机将于本星期六(二十二)起,在沪东杨树浦底祥泰木行附近临时飞行场献技。荷飞行家璞落葛业已抵沪,计携来飞机两架,现置于临时飞机场内,正在装配,并髹漆各次广告。此项飞机将来献技时,只用一架,其一则留作预备之用。此项系由益利公司许廷佐君等承包一切,计定献技三十七天,璞落葛等共得洋一万元,其余一切开支及盈亏与否,概由许君等负责。据益利公司职员林君言,璞君之技,最堪惊人者,为于空中翻覆施舞。沪上各界人士,将来如欲一领御风而行之乐者,每人每次费洋二十元,即飞游上海一周,惟每次以二人为限。该公司即拟先行试演,邀请各界参观。又因正式献技后,各界之往参观者,必甚踊跃,故拟函请公共租界、电车公司及长途汽车公司届时加派车辆,方便游客。(《荷兰飞机定期正式献技》,《申报》1926年5月21日)

5月21日中午,举办介绍荷兰飞机表演之宴会并作翻译。报道说:

荷兰飞行家、第一飞厂主任璞落葛,飞机师汉脱林于今日起在沪献技。昨日中午由严慎予、蒋梦芸在虹口利益西饭店设宴介绍,招待本埠报界。届时到者有各报馆、各通信社记者二十余人,经理此事之许廷佐亦到场招待。先由璞落葛致词,谓今日蒙诸君光临,不胜荣幸。鄙人自明日起在杨树浦飞行场献技,极望诸君惠然肯来,以唤起贵国社会之注意。倘愿乘机飞行,尤愿免费,以资提倡,谨进一筋,以志感谢。璞氏用英语演说,由许廷佐翻译。次蒋梦芸致词,略谓今日蒙同人光降极感。璞落葛君为荷兰名飞行家,在远东有五年以上之飞行经验,稳健平安,并无危险。据璞君谓,六分钟即可飞行全上海一周。中国飞机事业尚极幼稚,实觉有提倡之必要。璞君虽属营业性质,实含有提倡中国飞行事业之深意,殊可佩服,尚祈同业诸君予以扶助云云。次陈冰伯等发言,表示愿乘坐机一试。最后璞君言,飞机并无危险,即万一不幸中途机器损坏,亦可自然下降。宴毕,由益利汽水公司送赠汽水。闻该项飞行定今日下午三时开始,场在杨树浦祥泰木行隔壁,八、九两路公共汽车可达。(《荷兰飞机今日起飞行》,《申报》1926年5月22日)

同日,益利汽水公司在《申报》刊登征文启事。文录于下:

益利汽水公司征文启事

本公司志在振兴国货,挽回利权,故特采用上等原料,根据科学方法,精制国货汽水。自出世以来,辱荷各界欢迎,曷胜庆幸。兹为酬答惠顾盛意,增进各界兴趣起见,爰征鸿文,以资提倡。倘承海内文豪不吝教则,一经品题,声价十倍,岂特本公司之幸,抑亦国货之荣。谨列条例,尚希公鉴:

(一)题目不限,立意宜包含国货益利汽水。(二)文字以简洁为主(以三四十字为最宜)。(三)赐应征者须附益利汽水瓶上之商标乙纸方为有效。(四)本公司特请当代文豪包天笑、余大雄、周瘦鹃、赵叔雍诸先生评判甲乙,酬以薄奖,计第一名奖现金三十元,第二名奖现金十五元,第三名奖现金五元,三名以下酌赠本公司益利汽水。(五)应征文稿请于登报日起二十天内径寄上海百老汇路闵行路口本公司征文部,来稿取否概不发还。(六)六月二十日在本报披露征文者姓名。(《申报》1926年5月21日)

6月5日,《申报》在《自由谈》栏目发表《纪逍遥茶舞会之盛况》的文章,介绍许廷佐主持的逍遥茶舞会之近况。报道说:

舞风东渐,舞潮迄犹奔放澎湃,几如江河决流,漫无涯涘。逍遥茶舞会为益利许廷佐君主持,一周仅舞两次,其旨在娱乐,固非穷日累月藉是以图牟利者可比。故前日开幕收费极廉,门票半元,奉送精美茶点,一客午餐一元,免购门票。不但入览者概无踢破之需索,且罗致妙龄中美英法俄舞女伴客跳舞,复佐以名贵游艺以助余兴。故参与开幕礼之贵宾竟多至无地可容,盛况概可想见。记者幸列末座,敢将当日盛况以告爱读《自由谈》者。

6月6日,作为定海同乡会代表,出席奉化、定海、镇海甬属三同乡会联席会议。报道说:

> 定海同乡会陈翊庭前提议以宁波同乡会四楼尚系空屋,拟联合镇海、奉化二同乡会迁入办公。凡关于小事,由县会解决,大事由甬同乡会联席解决,藉以联络乡谊,统一办事。业经该会理事会议决,于前日召集三同乡会开联席会议,计出席:(镇海)代表刘予醒四人,(定海)陈翊庭、陈人宝、许庭佐、程庆涛,(奉化)邬志豪(王廉方)、余华龙等。当经议决赞同,拟提交甬同乡会理事会议决后,即见实行。(《各同乡会消息》,《申报》1926年6月8日)

同日,《申报》以《益利汽水之畅销》为题报道益利汽水畅销消息,报道说:

> 百老汇路闵行路益利汽水公司经理许廷佐君独资创办,制造精良,汽力充足,饮之有益卫生。近日天时入夏,热度渐高,而沪上各界人士以该汽水既系国货之一种,复有滋味之可寻,故前往购备者异常踊跃。

6月15日,将是日飞机表演场券收入捐给江湾残废教养院。报道说:

> 本埠杨树浦荷兰飞机场经理许廷佐君,为赞助江湾残废教养院经费起见,允将本月十五日(即夏历初六日)所有飞机券悉充该院经费。入座券业经印就,分八角、四角二种,交百老汇路益利汽水公司暨西华德路九号亨利庄出售。购券者既饱眼福,又助慈善,诚属一举两得之事也。[1](《荷兰飞机赞助残废教养院》,《申报》1926年6月14日)

7月3日下午,主持百老汇路商界联合会临时职员会。报道说:

> 百老汇路商界联合会昨日下午三时开临时职员会。公推许廷佐君主席,议决各案例下:(一)报告总联合会加月费事,公众承认,当以全数缴纳。(二)选举事,候简章印就随即发办。(三)道路协会委办募捐事,各职员皆分派劝募,当尽力量营谋招集之。(四)义务夜校暑假定于本月九号散学,公众推选

---

[1] 据后来报道,此次共"捐本月十五日飞机券资大洋三十一元又一百四十四角并赠头等券一百五十张、二等券一百张"。(《江湾残废教养院鸣谢》,《申报》1926年6月18日)

督理,考试奖品之金当由本会提出英洋三元,并合前期奖余物品约八元之数。(五)施茶日期定阴历六月初一日为始。(六)纳税华人会事,公决派代表四人调查后再议。散会已钟鸣六时矣。(《各商联会消息》,《申报》1926年7月4日)

同日晚,由周显廷代表出席商总联会董事会。(《各商联会消息》,《申报》1926年7月5日)

7月4日下午,出席定海旅沪同乡会第三次征求会,并致开会词。报道说:

  定海旅沪同乡会昨日下午在法租界平济利路定海会馆举行第三次征求会。经主席沈任夫、许廷佐、陈翊廷致开会词,旋由各队长报告缴分成绩颇佳。兹将已缴各队之分数序列于后:崇清队二百四十分,得赠分六十分;荫篁队二百三十二分,得赠分四十分;廷佐队二百零九分,得赠分二十分;志鸿队二百分;子衡队二百分;舜玉队二百分;耕莘队二百分;任夫队一百分;弥卿队一百分;仙队一百分;廷松队一百分;钟章队一百分;馥庵队一百分;棠唐队一百分;义务队八十分;芝生队七十分;荣生队五十四分;雪塘队五十分;伯威队五十分;丰年队五十分;福祥队五十分;庆涛队三十九分;荣昌队三十六分;镜珊队三十三分;滋华队三十分;企梅队三十分;康甫队二十四分。总共二千八百九十七分。(《各同乡会消息并志》,《申报》1926年7月5日)

7月14日,租界商界总联合会举行成立大会,益利汽水厂等国货企业赠送出品[1],为此该会登报致谢。

      租界商界总联合会成立致谢

  本会于昨日假座安乐宫开成立大会,辱承各界来宾惠临指教,不胜荣幸,招待不周,诸希原谅。又蒙南洋烟草公司、家庭工业社、五洲大药房、益利汽水厂、天厨味精厂、根泰和合粉厂、益利糖果公司等惠赠精美出品,尤深感荷,除专函道谢外,合再登报广告。(《申报》1926年7月15日)

---

(1) 此后,此类赠送活动甚多,不再一一赘述。

7月17日晚，出席上海总商会及各商业团体为欢迎总商会赴日参观团回国而举办的宴会。

9月30日，被宁波旅沪同乡会推举为出席朱葆三追悼会筹备会代表。报道说：

朱葆三君追悼会定于本月一日下午四时开第一次筹备会，业经甬同乡会通知加入团体推定代表届时到会共商进行。闻加入之团体又增加七十余起。昨日甬同乡会邀集各理事开预备会，当决定推举方椒伯、孙梅棠、袁履登、洪贤舫、徐芹香、陈良玉、陈蓉馆、邬志豪、许庭佐、励建侯、乌崖琴十一人为出席代表，会同各团体联席会议，共同筹备追悼会事宜，共七十余团体。筹备会预定之会议秩序如下：（一）推举筹备主任及筹备员，（二）决定追悼会日期，（三）决定追悼会场所，（四）决定经费，（五）讨论追悼仪式，（六）拟定登报稿及通启，（七）其他提议事项。（《朱葆三追悼会筹备讯》，《申报》1926年9月30日）

10月3日下午，出席定海同乡会朱葆三追悼会并作演说。报道说：

定海旅沪同乡会、定海会馆、永庆会、祥生会、舟山轮船公司等五团体，发起朱葆三先生追悼会。昨在法租界平济利路定海会馆举行，定海同乡到者二千余人。兹将详情录次：

会场之布置：先期由五团体派员协同布置，定海会馆大门口，高搭松柏牌楼，旁挂朱公追悼大会白旗两面，中悬"国徽"，气象极为庄严。门内甬道两廊，满悬祭幛挽联，门楼内设军乐队奏乐，天井中上悬布幔，下设同乡坐位，正厅中座设礼堂，中安朱公遗像，松竹交柯，香花供养，左侧悬定海同乡会诔词，正厅两楹分悬定海同乡会挽联，于朱公一生事业及其造福同乡，赅括无遗，读之令人起敬。

该会本定下午三时开会，嗣因同乡来者络绎不绝，延至三点三刻开会。公推定海同乡会副会长王松堂主席，主席报告朱公事略，由沈纯甫代。次由孙弥卿读诔辞毕，全体起立三鞠躬，静默三分钟。即由张晓耕、许庭佐、陈翊廷三君演说，大抵述朱公热心公益而叹同乡之失屏障，末勉后起者善继朱公之志，为同乡光云云。闻者俱为动容，末由家族答谢，由贺寀唐代读答辞。礼毕摄影，散会已四时半矣，同乡略用茶点，始各逐渐散去。（《定海同乡追悼朱葆三先

生》,《申报》1926年10月3日)

10月20日,申请的益利汽水公司汽水商标在是日出版的商标局《商标公报》第83期上公布,审定商标6888号。

12月前后,将白俄兵舰"购作商轮",报道说:

> 停泊吴淞江内之白俄兵舰奥克虎号,前由舰长轧雷跑夫等,将该舰向华人许廷佐抵借洋五万余,延不归偿。许延律师朱斯蒂状诉上海地方审判厅,饬传两造当庭试行和解,将该舰作价六万元,归许廷佐承管,改作商轮,所有不足之数,由许缴洋补足。业经该厅派员协同许廷佐,前往接收,将舰移驻南黄埔中,一面谕令轧雷跑夫于本月七日到厅领取余款。(《白俄兵舰补价购作商轮》,《时报》1926年12月3日)

12月16日下午,百老汇路商界联合会职员会召开,会议披露该会会所此前一直由其义务提供。报道说:

> 百老汇路商界联合会前日下午三时开职员会,到十余人,公推王汉礼主席,议决案如下:(一)迁移会所,各职员公议本会屡蒙许君热忱,既有相当地位,理应退让。(二)淞沪教养院募捐事,公众推举王汉礼、邓志扬、许廷佐、童耀德等八人招待募捐员引导,议就通告,分发各店。(三)市民大会,各职员一致赞成加入,候下次开会当推举代表出席。(四)选举期间定于阳历一月四号开选。散会已钟鸣六句矣。(《各商联会消息》,《申报》1926年12月18日)

是年春,自行筹资在定海西堠门菜花山上建筑灯塔一座,"计用建筑及经常等费,共合规元八千二百五十八两五钱有零。"(《海关总税务司公署公函》,《航业月刊》第一卷第十期)

12月下旬,致力于为淞沪教养院募捐。报道说:

> 商总会为教养院募捐,昨仍继续在百老汇路进行。由该路商联会会长许庭佐君派员伴往,闻承余顺年捐三十元,百汇公司、顺康各五十元,老顺记二十元,其余各商店十元、五元、三元、一元不等,成绩颇佳。闻今日将至汉璧礼路或西华德路劝募云。(《教养院募捐昨闻》,《申报》1926年12月24日)

是年底,将益利饭店重新装饰,大加扩充。

1927 年　46 岁

1月,向上海联益善会"助洋十元"。

2月6日,《申报》大幅报道其创办的益利饭店扩充营业情况。报道说:

> 益利西饭店为甬巨商许廷佐君所设,位于虹口百老汇路闵行路口,创设已历四载。初范围极小,只营咖啡酒食。近年来营业日臻发达,乃于去岁兴工,大加扩充,面积较前可大三倍,装潢陈设,亦较前优美。楼高凡三层,有升降机以代步。底楼为酒吧间,可随意用点,价自三四角起不等。二楼特辟跳舞场,占地五千余方尺,地板光亮,旁置音乐台,于每晚十时后聘请著名音乐家及跳舞家登台奏艺。三楼为酒菜间,精致别式,分中菜、西菜及东洋菜,共二十余间,聘请上等厨司,专治其事,所用餐具,均系银制。闻只此一项,已近万金,店主许君精心结构,亦可见一斑。营业时间,不分昼夜,西式结婚者,亦可往假用。现该店已于去年底开始营业,自入新正以来,中西人士前往者颇多。惟三楼酒菜间,以尚未竣工,须于正月初十左右方可开放云。(《益利饭店扩充新讯》,《申报》1927年2月6日)

2月12日下午,出席淞沪残废乞丐游民教养院紧急会议并主动承担多项事务,当场向该院"捐助洋五百元",报道说:

> 淞沪残废乞丐游民教养院昨日下午三时开紧急会议,到者王彬彦、尹村夫、许廷佐、金式如、陆文诏、陈维翰、陆文中、范和笙、周麟峰等三十余人。公推尹村夫为主席,(一)张子廉报告十五年十二月止收支账略,计共收洋四万七千一百四十四元四角一分二厘,共支洋四万六千元二角七分八厘,应存洋一千一百四十四元一角三分四厘,结欠各店洋二万零一百六十五元七角八分八厘又元六十两;又报告本年一月分开支及还账计洋八千八百五十二元八角七分七厘。(一)王彬彦陈述去年旧历岁底为难情形及目前竟至食米无着,总务部长到此困难时间应请始终担任,勉为其难,一面请各发起人共同设法维持。又报告范回春君发起万国博览会奖券,已由彬彦商由范君在此券内提给本院经费,并在奖券名义上加入淞沪教养院字样,此事不久当可成为事实,一

面呈报各官厅请求补助。此为日后筹款方法,惟目前如何维持,应公同设法。经众讨论,主席即将:(甲)加入博览券问题是否同意,表决通过。(乙)呈请各官厅补助经费,表决通过。(一)提议目前救济方法:(子)函询商总会募捐情形及开支细账,(丑)应请商总会对于募捐开支应行撙节,规定于所募经费中提一成作为开支,(寅)请各路商联会分任募捐以期迅速,(卯)须募月捐、季捐、年捐作为经常经费,则收支可预算,公决通过,由筹备处致函商总会征求同意。(一)金拜仁报告接鲍咸昌君来函,每年承认年捐洋一百元;又许廷佐君当场捐助洋五百元;又陆端甫担任月捐洋五元,旧历正月份起。(一)许廷佐提议须向大资本家筹募大宗捐款,方可继久,如须到工部局等租界各官厅有事筹商可担任同去,如因院事请客可至益利西饭店,经费由我担任。公决酌定日期,与虞洽卿、邬志豪、许廷佐分头至工部局等机关筹商补助。(一)范和笙提议担任在经售米粮公会提议补助方法。(一)金式如提议一面劝各发起人自由认定月捐,通过,又提议征求会员,通过。(一)金拜仁报告接淞沪商埠卫生局第三科来函,定二月十四日上午到院布种牛痘,公决欢迎。(一)公举尹村夫、徐幼棠、金式如、陈维翰为负责干事,并公推尹村夫为兼文牍干事,时至七时许,遂散会。(《淞沪教养院紧急会纪》,《申报》1927年2月13日)

2月前后,担任上海基督教青年会第二十七周纪念征求大会征求队长,积极协助征求会员。报道说:

> 青年会第二十七周纪念征求大会开幕后,各队职员莫不争先恐后,希望极佳。惜以时局俶扰,又值新年初过,兼之为期过迫,且各队咸具奢望,盘马弯弓皆有所待,以致昨日第一期揭晓均无充分之缴入。下星期六即二十六号第二期揭晓预料必有一番激烈之竞争。兹将昨晚揭晓之人数照录于后:(一)鹦鹉队队长应书贵得分八一零分,加奖一百分。(二)鸳鸯队队长许廷佐得分七一七分,加奖七五分。(三)鸿雁队队长欧阳鸿钧得五二零分,加奖五零分。(四)黄莺队队长赵资惠得四八零分。(五)白鹤队队长周越然得四一零分。(六)芙蓉队队长马伯乐得四零五分。(七)翡翠队队长钱承绪得三五一分。(八)大鹏队队长李元信得三三二分。(九)孔雀队队长李暮得一零七分。

(十)鹈鹕队队长尤怀皋得一零五分,总共得分四四六二分,尚有三队未曾缴分云。(《青年会征求第一次揭晓》,《申报》1927年2月20日)

3月14日下午,出席淞沪残废乞丐游民教养院筹备会,被推举为征求队队长。报道说:

> 淞沪残废乞丐游民教养院,于昨日下午三时开筹备会,到者二十余人。公推杨仲言主席,(一)金拜仁报告,现在院中经费,异常困难,应急筹维持方法。(一)报告上次议决征求维持会员,所有手续,不日将筹备齐全,应先推举队长,以利进行。当举定杜月笙、邬志豪、鲍仲言、张子廉、范和笙、徐春荣、王彬彦、周麟峰、蔡治君、潘冬林、陆葆荪、顾竹轩、王茂卿、宋镇洋、陈翊庭、金式如、王汉礼、封伯成、许廷佐、诸同生、尹村夫、徐幼棠、张效良、康金宝、何绍庭、陈维翰、虞洽卿、陆端甫、李广珍、徐芹香、赵锦阶等为征求队队长。(一)提议收养院民简章十六条,逐条讨论,表决通过。(一)荣昌火柴公司虹口发行所主任吴仲甫函请在院内附设糊盒工厂,公决应即复函承认,通过,继议其他各案而散。(《淞沪教养院筹备会纪》,《申报》1927年3月15日)

3月28日,发起筹备虹口商民协会[1]分会。报道说:

> 本埠百老汇路商界重要份子许庭佐、刘仲英等四十余人,昨借该路商界联合会开会讨论组织商民协会虹口分会问题。公推刘君主席,议决各案如下:(一)主席报告组织经过事实,(二)征求会员,(三)公推各部委员十五人,(四)筹备联合各团体庆祝国民军胜利及欢迎蒋总司令,议决散会。(《各商协会消息》,《申报》1927年3月29日)

4月,参与发起成立上海特别市第五区百老汇路商民协会分会,并于4月19日发表相关启事:

上海特别市第五区百老汇路商民协会分会启事

> 本会应时势所趋,商民所系,爰依法根据国民政府颁布商民协会条例组织分会,业经成立,以固结团体,联络感情,力谋商民福利为宗旨。凡有职业商

---

[1] 商民协会是20世纪20年代后期国民党指导成立的以中小商人、店员、摊贩为主体的民众团体,试图利用新成立的商民协会取代各地的旧商会。

民,年在十六岁以上者一概欢迎入会。筹备委员:许廷佐、邓志扬、刘春华、王汉礼、费辅清、李孝义、杨镜如、童耀德、刘仲英、林荣华、周龙璋、陈恒元、周纪发、鲍仲禹、严善林。地址:百老汇路百禄坊内。百老汇路房客减租委员会同时成立,并此通告(地址:百老汇路百禄坊内)。

5月30日,向上海五卅纪念会赠送汽水一百打,"并捐洋二十元,以尽国民一份子之天职"。(《益利汽水公司效劳党国》,《申报》1927年6月3日)

6月10日,提倡国货救国会举行委员会会议,通过议决案多起,其中议决"通电各省市民一致采用益利汽水公司之汽水",报道说:

> 提倡国货救国会,于前日下午二时举行委员会,到六十八人,其议决案录下:(一)主席报告反对日本出兵华北,通电全国一致抵抗,全体通过。(二)宣讲提倡国货案,公决每逢星期日出发演讲。(三)南洋兄弟烟草公司所出各种卷烟,制造精良,出品优美,决请全国协力提倡,藉可挽回利权外溢。(四)益利汽水公司之汽水,质洁味美,颇合卫生,决通电各省市民,一致采用,增进国家富强。(五)五洲大药房之固本皂,经济耐用,十滴水,有起死回生之功,决通告各界购用,藉可助长国内实业发展。(六)五福肥皂公司之经济肥皂浆,价廉物美,洗衣迅速,决劝告市民提倡。(七)施德之神功济众水,原料地道,能愈各种急症,神效颇速,通告全国,协力倡用,并说明购者须往耀华药厂购买。(八)调查各烟公司案,推派调查部办理,(九)会计部报告收到中国卷烟维持会洋一百元,作为宣传提倡国货经费,决备函致谢。(十)讨论出发各埠举行国货大会,议定下月方可出发,议毕散会。(《商店消息》,《申报》1927年6月11日)

6月16日,上海提倡国货救国会为提倡益利汽水,通电全国市民暨各团体。报道说:

> 提倡国货救国会昨特通电全国市民暨各团体云,我国自海通以还,洋货输入与岁俱增,每年漏卮何止亿万,国计民生均受莫大影响。欲谋根本救国,舍提倡国货以挽利权而裕民生外,其道末由,况年来我国国产出品已有数百种之多,若人人誓用国货,则国富民强,可立而待。当今天气渐热,国货汽水极宜

提倡。若益利汽水公司之汽水,为吾国华商所创设,所出各种汽水质洁味美,颇合卫生,确可供上等社会所采用。务希爱国同胞协力提倡,藉可挽回利权外溢,发达本国国产,亦国家前途之福也云云。(《商场消息》《申报》1927年6月17日)

6月中旬,向庆祝北伐胜利大会"捐赠汽水一百打,泰丰公司赠饼干三百包"。(《今日举行庆祝北伐胜利大会》,《申报》1927年6月17日)

6月20日下午,上海基督教青年会组织参观益利汽水厂。报道说:

四川路青年会定本星期六午后二时参观益利汽水厂,该厂出品精良,厂中设备周详,久为社会所赞许。闻该会参观团定额三十名,有愿加入往观者,即向该会报名云。(《青年会参观益利汽水厂》,《申报》1927年6月16日)

6月27日,《小日报》在《每日一人》小栏目中推出《许廷佐》,文录于下:

许廷佐先生,他是浙江舟山人,是达利西饭店经理。去年发明汽水,挽回权利。许先生是一个极有思想的人,年纪约摸四十来岁,常穿西服。

同月,经董杏生[1]、方椒伯[2]介绍,加入上海总商会。(上海市工商业联合会编:《上海总商会议事录》,上海古籍出版社,2006年,第2443页)

8月底,当选为宁波旅沪同乡会第四届执行委员。报道说:

宁波旅沪同乡会第四届选举,职员初选当选人曾经揭晓,复选于三十日举行,三十一日开票。兹将复选当选人姓名录后:委员长虞洽卿,候补委员长方椒伯,监察委员十五人,签留陈蓉馆、徐芹香外,当选者谢蘅窗、冯味琴、李咏裳、屠康侯、徐庆云、邬振声、张云江、刘耀庭、郭外峰、贺寰唐、乐振葆、曹兰彬、沈任夫,候补石芝坤、魏伯桢、楼其梁、姜炳生、张钰章;执行委员

董杏生

---

[1] 镇海人,长期任上海总商会会董,为旅沪著名宁波商人。
[2] 镇海人,为著名宁波帮家族镇海方氏后人,多次担任上海总商会副会长。

方椒伯

三十五人,签留袁履登、钱雨岚、董杏生、王云甫、何楳轩、张炳生、王心贯外,当选者陈才宝、颜伯颖、李孤帆、许廷佐、徐可升、俞国珍、刘廉巽、谢其纲、穆子湘、项松茂、孙梅堂、袁孟德、胡孟嘉、童友香、范回春、冯子衡、陈翊庭、韩孝先、朱既醒、徐九成、方椒伯、陈叔良、胡咏德、李英年、邬志豪、陈良玉、周五明、张静乐,候补金舜卿、魏伯桢、江诚甫、毛鲁卿、石芝坤、蒋志刚、董生禧、吴志芬、向潜园、赵简青、陈甫昌、乐赓荣、张静庐、金润庠,基金委员签留楼恂如外,当选者陈子埙、秦润卿,候补孙衡甫、陈晓岚。(《宁波同乡会复选揭晓》,《申报》1927年9月1日)

9月3日下午,在上宝两县闸北商会第十次会董会上获准加入该商会。报道说:

上宝两县闸北商会于昨日下午四时开第十次会董会,到范和笙、陶子敢、王垚臣(俞钟芙代)、朱兆坼、赵镜若、陆瑞甫、陆景文、刘淦泉、顾竹轩(刘淦泉代)、陈翊廷、蒋石稚、王彬彦等十七人。会长王晓籁主席,王饮廉纪录。举行开会仪式后,讨论各案如下:(一)提议本会会员证书业已印就,惟内有应填介绍人一项,以前缴筹备费之会员无介绍人者居多,应如何补录期归一律案,决议所有缴筹备费无介绍人之旧会员应一律互相介绍,补填信约、介绍书送会,以便填注而完手续,交由总务科、调查科会同负责办理。(二)提议请领通行证案,决议本会会员请领通行证,前经拟就式样,呈奉戒严司令部核准,由会办理,未及查填送印,现在特别戒严,应由会备函向卫戍司令部请求援案办理,以便通行。(三)提议,范会董和笙、陈会董翊廷介绍益利汽水公司经理许廷佐入会请予通过案,决议通过。(四)主席报告,欢迎远东运动会职员选手大会于本月三日下午四时在江湾叶氏花园举行,在座会董应一致前往参加。议毕散会。(《闸北商会昨开会董会》,《申报》1927年9月4日)

9月18日,当选为宁波旅沪同乡会执行委员会常务委员。报道说:

宁波旅沪同乡会昨日下午三时,开新职员成立会。公推方椒伯君为主席,宣开会词。次由第一科主任励建候君报告会务。次第二科主任乌崖琴君报告会务暨各公学状况。次新职员宣告就职,并接收会务。次执行委员照章互选常务委员七人方椒伯、魏伯桢、陈才宝、许廷佐、胡咏德、徐芹香、袁孟德,次多数俞国珍、项松茂、陈翊庭、颜伯颖。次推举魏伯桢、陈良玉、方椒伯、颜伯颖、胡咏德五君为起草委员,起草会内各项规则,茗点散会已六时云。(《宁波同乡会新职员成立会纪》,《申报》1927年9月19日)

10月4日,出席宁波旅沪同乡会执监委员会会议,"讨论各项新修规则"。(《宁属两同乡会消息》,《申报》1927年10月5日)

10月7日,《申报》以《益利饭店扩充营业》为题报道该饭店营业之发达,称"其经理许庭佐君为商界闻人,善于辟划"。报道说:

> 虹口益利饭店创设已十数年,素负盛誉,近因营业发达,将范围扩充,大加刷新。除一楼本为酒排色白间及二楼之竟夜曼舞外,新辟三楼舞场,面积广凡五千方尺,俾供中西仕女参加舞蹈,内外布置壮丽灿烂。至于中西各菜及东洋料理精美清洁,烹调得宜。其经理许庭佐君为商界闻人,善于辟划,对于侍役招待及一切设施尤能考虑周到,故每晚高朋满座,凡有宴会皆乐就之云。(《商场消息》,《申报》1927年10月7日)

10月29日下午,出席第五区商民协会筹备会。报道说:

> 特别市第五区商民协会筹备处,昨日续假虹口三官堂内开会讨论各区分会成立问题,到会者许廷佐、陆文中、祝尊誉(代表成燮春)、刘仲英、陈定安、邱竹瞻、林仰之等十一人。秩序如仪,旋由祝尊誉(代表成燮春)主席,首由主席发言,略谓本会筹备经过已在上届会期报告,但嗣后应如何进行,亟须讨论办法,以期早日成立,现在最属重要厥惟各区分会成立问题。兹查本区分会呈报只第一、第五、第六、第八四分会,来呈报者尚未占半数以上。特别市商民协会迭次来函督促,虽经本会分函各分会从速将筹备员名单呈报,尤须召集全体委员开一重要会议,互商成立手续。其有未曾呈报者,于开会时间允宜将筹备情形详细报告,以便进行讨论,惟是否召集全体委员开一重要会议,请各委员表示意见。经众讨论,结果一致议决通过,会期定下星期二。旋由各委员提议如

下:(一)林仰之提议历届各委员每有因故缺席,致遇重要议案未能讨论,以后应请函知各委员如无特别事故,务须按期到会。议决由秘书处分函各委员知照。(二)刘仲英提议,嗣后各委员务须遵守时刻,按照本会通知书规定钟点准时到会。议决通过。(三)邱竹瞻提议,每届会期,本会通知应提前三日发出,免各委员每有不及接到因而缺席者,星期二会期是否仍用函面通知,议决由邱竹瞻君向各委员面洽。另有议案以时间不及,统留下届再议,五时半散会。(《第五区商民协会续开筹备会纪》,《申报》1927年10月30日)

11月4日下午,出席上海第五区商民协会筹备常会。报道说:

> 五区商民协会筹备处昨假虹口三官堂开筹备会常会,到十二人。由成燮春主席,提议各案如下:(一)成燮春提议未缴会费各委员应由本会派人收取,议决通过。(二)张贤芳提议前本会委员陈松亭对于社会事业素著热心,嗣因区域问题准其辞职,兹查陈君在本区内另有支店,应再去函请其担任筹备委员,议决通过。(三)成燮春提议许廷佐委员垫付款项将来由本会会费内拨还,惟现在仍请其继续垫付,议决通过。(四)邱嘉梁提议已加委各分会应先着手成立,未呈报者从速督促呈报,议决通过。(五)成燮春提议十二分会合并问题,今日人数未全,留俟下届再议,一致通过。(六)王公洁提议第七分会自陆文中担任筹备以来,因平日对于七分会区内各商店不甚熟悉,未能刻期呈报,素悉邱嘉梁君于七分会区域内谙知较详,故陆文中君拟请邱嘉梁君襄助办理,以期早日呈报,议决通过。(七)成燮春提议英美烟公司事,本会为民众团体,责任所在,应即检举该公司卷烟名称,切实劝告本区内各卷烟店停止发售,议决通过。(八)张贤芳提议市党部宣传部举行讨唐宣传,本会亦应派人参与,议决通过。末由俞铭巽报告第三分会筹备情形,陈少廉报告第二分会筹备情形,四时散会。(《五区商协会筹备处昨开常会》,《申报》1927年11月5日)

12月2日,以27票当选为出席租界纳税华人会代表大会商业团体代表。(《纳税会选出团体代表》,1927年12月3日)

是年,向镇海同义医院捐洋100元。(《历年捐款报告》,《镇海同义医院二十年汇志》,1938年印行,宁波市档案馆藏)

镇海同义医院是民国时期宁波一地著名的慈善医院

1928年 47岁

1月1日下午,出席各路商界总联合会新职员就职典礼。报道说:

上海各路商界总联合会于元旦日下午二时举行新职员就职典礼,到者王汉良、钱龙章、成燮春、陈翊庭、屠开征、张一尘、胡凤翔、俞铭巽、张子廉、杨涌润、许云辉、张贤芳、余仰圣、许廷佐等,农工商局特派代表冯柳堂君到场监誓。开会时公推邬志豪主席,郑葆元纪录。(一)振铃开会。(二)向党国旗及总理遗像行三鞠躬礼。(三)恭读遗嘱。(四)新职员宣誓就职,其宣誓云:同人等誓以至诚,接受本会之付托,自就职日起当秉承本会历来之主张,与恶势力努力奋斗,以达到解放商民痛苦之目的,谋公众之福利,如有言行不符,违反纲纪,愿受严厉之处分,谨此宣誓。(五)上海特别市党部训词。(六)上海特别市农工商局代表冯柳堂君致训词。(七)新职员答词及演说者有邬志豪、陈翊廷、王汉良、张子廉、成燮春、胡凤翔等。(八)茶点。(九)全体摄影。(十)散会。

又于大会后接开执行委员会,公推钱龙章主席,仍由郑葆元纪录。(一)恭嘱遗嘱,(二)常务委员分配案,当经决定(秘书部)陶乐勤、曹志功,(财政部)张一尘、俞铭巽,(组织部)胡凤翔、张子廉,(宣传部)刘仲英、王肇成,(调解部)许云辉、邱嘉梁,(调查部)张贤芳、朱保罗,(卫生部)屠开征、汪维英,(教育部)余仰圣、陆文韶。(三)沪南六路商联会请交涉勒收招牌捐案,公决先交调查科查复办理。(四)西华德路商联会函报,报告义大丰米号购西贡米四百担为海洋社诬告案,公产决交调查科查复核办。(五)胡凤翔提议新职员就职应发一督促市政宣言,王汉良谓应推而至于军事政治党国一切问题咸皆包括,以昭郑重。公决发表宣言,请陶乐勤起草。(六)俞铭巽报告对于财政之预定计划,许云辉提议如有特别支付应于会议通过施行。议毕散会。(《商总联会新职员就职典礼纪》,《申报》1928年1月4日)

2月3—4日下午,先后出席宁波旅沪同乡会第六届征求会征求委员会议。报道说:

> 宁波旅沪同乡会自上年改组委员制后,对于会务力图发展,其已决定者,添设第九公学于闸北青云路恒裕里,第十公学于劳合路宁波里,其他公益事业,正在计划中。并经第十四次常务委员会议决,自本年三月一日(即夏正二月初十日)起,举行第六届征求会会员大会,由各常务委员会同各科主任组织征求委员会,筹备一切。前昨午后四时,该会以征求在即,特邀集各征求委员开会讨论,到有方椒伯、许廷佐、徐芹香、袁孟德、励建侯、乌崖琴、邬培因诸君。由方椒伯君主席,通过征求会宣言及章程,其所定目的,为征集十万会员及十万会费,分作数期进行。第一期自三月一日起至三月三十一日,限定先征集十分之四。其征求方式采用队长制,设总队一,分队八十。总队所征集分数,概作奖给各分队之用;分队每队分数,额定五百分以上。至总队长及总参谋人选,以攸关全局,责任甚重,非声望隆崇者不足以资号召,公决,拟敦请徐君庆云为总队长,秦君润卿为总参谋,物望如二君,均深庆得人,将来成绩必有可观,现正在敦请中,所有各分队长,亦在接洽中。(《宁波同乡会筹备征求会》,《申报》1928年2月4日)

2月14日,华商壹圆烟草股份有限公司招股:

> 华商壹圆烟公司筹备多日,内容已布置就绪,刻下已开始招股。闻各界人士前往投资者甚形踊跃,因该公司筹备主任许廷佐经验宏富,创办实业素负盛名,且信用卓著,而赞成诸君皆系沪上商界巨子。并闻该公司为将来出品推销起见,对于烟纸业同行前往认股者尤为欢迎。筹备处在虹口百老汇路闵行

路口益利号内,电话七一三九。(《华商壹圆烟草股份有限公司招股》,《申报》1928年2月14日)

2月中旬,被推举为宁波同乡会第六届征求会征求队长。报道说:

> 宁波旅沪同乡会第六届征求会员大会,自聘定徐庆云为总队长、秦润卿为总参谋后,空气甚佳,八十队分队长,亦将次接洽就绪。闻已聘定者,为方椒伯、袁履登、陈蓉馆、孙梅堂、邬志豪、魏伯桢、许廷佐、俞国琛、沈文奎、王东园、戴枕淮、余华龙、金臻庠、陈器伯、何立卿、张延龄、刘长香、袁孟德、钱龙章、张百铭、汪舜山、毛春圃、张梅庵、周苇南、董生禧、金润庠、金成志、汪桂生、徐芹香、钱雨岚、胡咏德、徐可升、林仰之、马省学、乌崖琴、励建侯、高巽程、史世巨诸君,其余尚在接洽,不日即可聘定云。(《甬同乡会征求之进展》,《申报》1928年2月20日)

2月前后,发起创办华商壹圆烟草股份有限公司,并于2月16日在《申报》刊登招股通告。

华商壹圆烟草股份有限公司招股通告

> 启者,溯自海通以来,外货充斥,即纸烟一项岁漏卮何止千万。近年华商烟厂虽风起云涌,然终不能补救于万一。同人等有鉴于此,是以发起组织壹圆烟草股份有限公司,以资挽救,额定资本二万五千元,以十元为一股,一次缴足。除各发起人认足总额四分之一外,其余为谋合作起见,供诸大众。尚望各界人士踊跃投资,并广为劝募,以冀早日成立而利进行,凡吾热心同志盍兴乎来。(注意)前所定招股简章业已修改,发起人亦以今日本报所登为准,再前所发临时收据因未合手续,自本日起限十天内向筹备处掉换正式收据,特此附告。
>
> 赞成人:冯少山 石芝坤 张振远 虞洽卿 袁履登 邬志豪 王彬彦 孙梅堂 徐可升
>
> 发起人:许廷佐 钟燮章 蒋梦芸 王季球 徐永康 钱德润 俞家毅 陈廷才 王锦□ 郑杏荪 张友廷 许文贵 邬宝香 黄宝明 欧永康 李棣华 史麟芳 朱鸿高 李秀甫 胡益生 乐菊臣 陈钟毓 陈才富
>
> 筹备主任:许廷佐

筹备员：钟燮章　史麟芳　黄宝明　陈廷才　蒋梦芸　李秀甫　徐永康　陈才富

3月1日下午，出席宁波旅沪同乡会举行第六届征求会员大会开幕仪式，并出面组成廷佐队。报道说：

宁波旅沪同乡会昨日下午五时，在该会演讲厅举行第六届征求会员大会开幕仪式，到虞洽卿、徐庆云、方椒伯、袁履登、邬子豪、楼恂如、陈蓉馆、俞宗周、朱兰芳、王东园、钱雨岚、刘廉巽等五百人。依照秩序开列如下：（一）振铃。（二）向党国会旗行三鞠躬礼。（三）向总理遗像行三鞠躬礼。（四）恭读遗嘱。（五）静默三分钟。（六）主席徐总队长庆云致开幕词（词另录）。（七）演说，有虞洽卿、方椒伯、王东园、袁履登、俞宗周、朱兰芳、邬子豪诸君（说词录后）。（八）第三科主任报告征求经过情形（报告辞录后）。（九）各队长发表征求成绩（录后）。（十）礼成。（十一）摄影。（十二）聚餐。

徐总队长致词：庆云前承本会委员诸公谬承虚声，嘱任总队长，固辞不获，且感且愧。今征求大会开幕矣，与诸公欢聚一堂，快何如之，虽拙于辞，今固有不能已于言者。本会成立迄今，十有九年，举行征求，亦且六届，其光荣之历史，与夫优美之成绩，当为诸公所洞悉，无待庆云之赘述。惟此光荣历史，果何自而来，优美成绩，果何自而致。盖胥出于吾同乡之合衷共济与热忱毅力而已。故与其谓为光荣之历史，毋宁谓为团结之产物，与其谓为优美之成绩，毋宁谓为努力之结晶，此前吾同乡所可引以自慰者也。然而事无止境，贵其能继，莫为之后，虽盛弗传。今本会过去之事实固足增光乡邦，而继今以往，又将何以广大而发扬之，使本会之基础与时俱进，亿万斯年，永于无疆，是在吾同乡之各自奋勉，亦即本届征求大会之所由举行也。查本届征求第一期，原定六十队，征集会员四万人，会费四万元。庆云与秦总参谋润卿，深恐难达应征之目的，因扩充至八十队，仰赖诸公之热忱爱护，得以组织成立，私心庆幸，非可言喻，惟此次征求期仅一月，尚望诸公积极进行，共底于成，则所赐于本会者固无涯涘，即庆云躬逢其盛，亦与有荣焉。

演辞录要：虞洽卿君略谓，本届征求在未开幕前，已征集一万四千余分，可见同乡之热心爱护,继此协力同心,就是一百四十万分亦属易事云云。方椒伯君略谓,就此次征求情形推测,前途很有希望,本会事业发展,似可逆料。细溯从前开幕时,缴分无如此之踊跃。本届有如是优美之成绩,希望继续努力,则本会建设,可谋福利自溥云云。王东园君略谓,阿拉宁波人有一句俗语,热心的人叫做菩萨。今天诸位踊跃莅会,多么热心啊,所以我称诸位也是菩萨。菩萨应做的事情,大的捍卫国家,次之乐善好施,小的见义勇为。本会做的事业是爱护同乡。我希望诸位见义勇为,来帮助本会,只知有我是不对的,应知有两我,别一我就是阿拉,所以阿拉同乡应知阿拉就是我互相爱护,那么百事易举云云。袁履登君略谓,我同乡应当扶植本会、监督本会,使本会日进于完善之境。俞宗周君略谓,为人在世,有三大要素,智也、仁也、勇也,希望同乡以此三要素而求团结,使本会发展无量,我同乡亦蒙其利云云。邬子豪略谓,同乡会为同乡谋福利而设,希望同乡自动入会,毋须征求云云。

邬主任报告:第三科主任邬培因报告征求情形,本届征求原定六十队,嗣承徐总队长代聘队长十一人,秦总参谋代聘十人,因而扩充为八十队。又承各队长等之热忱踊跃进行,故能如期开幕,非常感激。并承常务委员方椒伯、魏伯桢、徐芹香、许廷佐、袁孟德诸君,随时指导,及同事励建侯、乌崖琴、高冀程诸君之襄助为理,差免陨越,亦所感激。此后尤望诸公继续奋进,非惟达到目的,且必有超过之希望,俾种种建设事业,得以次第举行,实为非常荣幸之举,并乞不时赐教,匡其不逮也。

分队提名:队名椒伯队、东园队、棣辉队、春圃队、五岳队、既醒队、贡禹队、新宁队、孤帆队、明德队、华龙队、立卿队、文奎队、舜山队、桂生队、兼三队、群力队、仰之队、静斋队、莆南队、五明队、润庠队、臻庠队、成志队、舜卿队、咏德队、国珍队、雁宾队、沧亭队、吟蓉队、梅堂队、履登队、健存队、懋堂队、伯熊队、博泉队、勤乡队、扶风队、公学队、共和队、万和队、子埙队、才宝队、器伯队、千百队、晨风队、汾阳队、廷佐队、延龄队、百铭队、炳生队、梅庵队、松茂队、平安队、斯仓队、锦德队、其霖队、顺懋队、建设队、孝水队、生禧队、赓荣队、增谊队、附骥队、敏斋队、耀庭队、长香队、大咸队、龙章队、子湘队、耕莘队、阶平队、枕淮队、信森队、蘅窗队、仲笙队、建侯队、伯桢队、芹香队、民生队。

徐芹香慨助赠品：该会常务委员勤乡队长徐芹香，为鼓励各队及本队队员征求起见，特购价值二百五十元之大号留声机一座，以备赠给本届征求各队个人得分数最多之一人。又中号留声机一座，以备赠给勤乡队队员得分最多之一人。热忱会务，实为难得，令人钦佩不置。

各队成绩记要：当各队报告征求成绩时，互相竞争，殊为热烈，结果，公学队以二千分获第一，懋堂队以一千九百零一分获第二，椒伯队以一千七百十四分获第三。徐总队长即照章奖给公学队一百分，懋堂队六十分，椒伯队四十分。徐总队长复为鼓励竞争起见，请其余各队再行竞争，愿给奖分。结果，增谊队以一千六百八十分获第四，得奖四十分；蘅窗队以一千一百五十分获第五，得奖三十分；东园队以七百八十六分获第六，得奖二十分。其余各队分数探录如下：舜卿队七一七分，扶风队七零三分，沧亭队六百分，建设队五五二分，敏斋队五五一分，资训队五五一分，伯熊队五三二分，群力队五三零分，建侯队五二四分，百铭队五零九分，健存队五零三分，兼三队五零二分，共和队五零一分，斯仓队五零零分，信森队五零零分，晨岚队五零零分，孝水队四五五分，勤乡队三一零分半，舜山队三零零分，博泉队三零零分，履登队二零零分，梅庵队二零零分，吟蓉队二零零分，器伯队二零零分。其余如五岳队、春圃队、锦德队、枕淮队、万和队、大咸队、龙章队、文奎队、梅堂队、生禧队、芹香队、千百队、贡禹队、附骥队、桂生队、咏德队，均或在一百分以上，或在数十分，共二万二千零八十六分半云。（《甬同乡会征求会昨日开幕》，《申报》，1928年3月2日）

3月14日，被补选为上海总商会执行委员。报道说：

总商会前日当选委员尚未足额，于本月十三日补行选举，仍于次日（十四）下午一时开票。由监察委员验封启匦，分甲乙两组唱票记数，结果以霍守华、沈燮臣、高秋眉、赵南公、邬志豪、赵晋卿、黄鸿钧、尤森庭、王鸿滨、黄首民、陈良玉、许庭佐、陈松源、乐振葆等十四人得票多数，当选为其他各业执行委员。内有王省三、乐振葆、孙梅堂三人系属同票，照第二十七条章程举行抽签法，结果以乐振葆君当选。又保险等联合黄候补委员，以黄擂臣、方椒伯、沈田莘三

君得票多数当选。(《总商会补选揭晓》,《申报》1928年3月15日)

3月22日下午,宁波同乡会第六届征求会征求成绩第三次揭晓,担任队长的廷佐队以五百分列第四。报道说:

> 宁波旅沪同乡会第六届征求会员大会,于三月二十一日举行第三次揭晓情形已志昨报。兹闻此次揭晓,各队竞争非常激烈,至二时之久始行结束。椒伯队方椒伯、公学队乌崖琴二君均以一千二百分列第一,由总队长、总参谋奖给每队各一百分。伯桢队魏伯桢君以七百零一分列第二,得奖六十分。顺懋队虞顺懋君以六百分列第三,廷佐队许廷佐君以五百分列第四,各得奖四十分。大咸队钱雨岚君以四百九十七分列第五,得奖三十分。梅堂队孙梅堂君以三百九十七分列第六,得奖二十分。此外如新宁队、资训队、东园队、懋棠队、舜卿队等均在二百分以上。如葡窗队、锦德队、建设队、敏斋队、百铭队、斯仓队、履登队、润庠队、千百队、生禧队、阶平队、棣辉队、耕莘队、雁宾队、臻庠队、明德队、既醒队、成志队、仰之队、国珍队、民生队、枕淮队、春圃队、吟蓉队、贡禹队、苇南队、桂生队、舜山队、勤乡队等,多者在百分以上,少者亦数十分。共计实收八千三百八十四分半,连奖分三百九十七分在内,则为八千七百七十四分半;将前两次揭晓分数并计,则为四万二千四百十一分,较之原定目的四万分,已超过二千余分。预料第四次揭晓,至少亦可实收数千分,其成绩之佳,于此可见,并足征徐总队长、秦总参谋号召力之伟大,与夫各队职员之热心资助云。(《甬同乡会征求第三次成绩揭晓》,《申报》1928年3月23日)

4月9日,上海租界华人纳税会第二次代表大会代表名单披露,许廷佐名列其中。

5月1日下午,作为新一届上海总商会执行委员,出席宣誓就职典礼。报道说:

> 总商会新选执行委员于昨日下午二时,在大厅举行宣誓就职典礼。到各团体领袖及官长共一百余人,由主席委员冯少山、赵晋卿、林康侯主席,由孙筹成司仪,朱新如纪录。兹将情形分志如下:
>
> 到会之委员:徐寄庼、徐庆云、王介安、徐补荪、陈翊庭、劳敬修、黄鸿钧、孙景西、袁履登、聂潞生、曹启明、陈才宝、尤森庭、吴蔚如、穆藕初、石芝坤、诸

文绮、沈燮臣、王鸿滨、陈玉书、叶扶霄、俞子章、闻兰亭、顾馨一、林康侯、沈承福、高秋眉、严均安、谢锡九、赵南公、许廷佐、裴云卿、黄磋玖、冯少山、陆凤竹、邬志豪、陈良玉、胡熙生、钱庠元、傅佐卫、陶梅生、叶惠钧、赵晋卿、陈松源。

市长之致辞：上海特别市市长张定璠致辞云，今天，上海总商会各位委员就职，兄弟前来观礼，是非常愉快的，应该有几句话贡献贡献。各位委员的人格和才能，是我们相信得过的，并且大半是前届委员，蝉联当选，对于振兴上海的商业谋商民的福利，都是试验过有很好成绩的。我虽想贡献几句话，又有什么话可说呢，但是，我听说今日资本帝国主义为已成熟之吃人主义，我因此感觉到我国经济问题的危险和商业地位的摇动。而上海之于我国最称商业繁盛，久成经济中心，各位委员又负有救济经济问题、维持商业地位的责任，且就今天各位委员就职的机会，与诸位讨论讨论，在资本帝国主义经济压迫政策之下的我国。总理在民族主义中，曾统括入口货等六项，为详确的计算，每年对外损失，其数约达十二万万元之巨。这好比生了一种痨病，在不知不觉之中，一天一天衰弱下去，我们再不赶快的医治，恐怕精血一枯，更无回生之望。我们要医治这个痨病，我们要知道他的病源，他的病源，就是总理所说的六项，我敢说我们对症下的医方，是离不了六味圣药，这六味圣药，就是废除关税条约，抵制外国银行，取得海上航权，取消租界和租借地，反对国内外国人特权营业，揭穿国内外国人投机事业。今天诸位就职，我的希望，只是这个医方，甚愿诸位领导着上海商人全体，做全国商人的救星，努力的制造这六味圣药，务必要将已成熟的吃人主义，根本的把他铲除，使吾国商业地位达到平等自由的境界，经济问题得到美满完善的解决，那末，诸位救起这个沉疴，要算是华陀扁鹊呢。

演词之记略：潘局长表示该局，对于劳资问题之方针，务求双方互利，增进工农消费能力，即所以为商人谋利益。次王延松、刘云、江家瑚及各省商联会代表周自昂、县商会代表方椒伯、闸北商会代表王晓籁相继演说，即由冯少山代表致答，并摄影而散。

执委之誓词：培熹等谬被公举，辱膺会务，怀惭谫陋，祇懔冰渊，今当革命将次告成，三民主义发扬光大之候，愿遵本总理遗教党治精神，对外谋全埠商业之发展,对内谋各项会务之整理,竭诚将事,罔敢有怠,以期无负于会员之付托,谨此宣誓。(《总商会新执委昨日宣誓就职》,《申报》1928年5月2日)

5月1日晚,出席宁波旅沪同乡会为救济奉化匪灾而举行的会议。报道说:

> 奉化栖凤、桐照先后被匪焚劫一空,死伤三十余人。吴家埠一村又因制匪时,被焚毁民房全村过半,三处灾民数千流离失所,哭泣载道,无以为生。该县旅甬同乡会特派代表应梦卿会同吴家埠灾民代表吴瑞尚于日前来沪,吁请宁波旅沪同乡会暨奉化旅沪同乡会设法救济。旅沪同乡据报告后,迭经开会讨论,并于昨晚在中央西菜社宴请同乡讨论赈恤办法,到者有邬志豪、徐庆云、谢蘅窗、朱守梅、许廷佐、周苇南、袁履登、孙梅堂、谢其潮、董杏生、魏伯桢、钱龙章、励建侯、乌崖琴、余华龙、王廉方、蒋国芳、陈中肯、孙经培、邬培因、陈思裕、谢其纲等。由邬志豪主席,报告宗旨。继由应梦卿、吴瑞尚报告被灾状况,嗣经各同乡讨论,结果应即速募巨款,以资救济。当由到会者纷纷认募,其数达五千余元,其余未到会同乡再行分别劝募。惟捐募需时,缓不济急,拟向宁波旅沪同乡会暂为垫借,以便汇甬放赈。当由魏伯桢、陈良玉、邬志豪、金舜卿、邬振磐、胡咏德、颜伯颖诸君函请该会。至所有捐集款项则公推乌崖琴代为收存,议至九时而散。(《奉化同乡为梓乡灾民募捐》,《申报》1928年5月3日)

5月5日,出席上海总商会新一届第一次执行委员会会议。报道说:

> 上海总商会昨日开第一次执行委员会,到冯少山、林康侯、赵晋卿、陆凤竹、石芝坤、胡熙生、徐寄庼、裴云卿、顾棣三、穆藕初、傅佐衡、陈翊廷、高秋眉、王鸿滨、陈玉书、黄首民、赵南公、叶惠钧、陈沧来、徐补荪、闻兰亭、吴蔚如、叶扶霄、钱庠元、谢锡九、邬志豪、许廷佐、陈良玉、沈承福、陆培之、郑锡棠、姚德馨、俞子章、聂潞生、施省之、陶梅生、沈燮臣、尤森庭、陈松源各委员。由冯少山主席,孙筹成纪录结果如下:(一)对于日兵在鲁惨杀华人案,议决致各友邦宣言,详述日本暴行,请主持公道,分电我国外交部及各省商会,请严重交涉,愿为后盾,电日本商业会议所及在野各党一致奋起,涤此污点,并推定闻兰亭、陈沧来、赵南公、陈良玉、聂潞生、陆培之、裴云卿七人为委员,专办此案(电文另详)。(二)通过本会各股委员会组织大纲。(三)公断处章程应否修改,交法

制股委员会办理。(四)对于农工商局所订职工退职待遇暂行章程,交法制股委员会讨论。(五)陈列所改善方法,交陈列所委员会酌办。(六)本会设立各股委员会需屋办公,请借屋各团体一律迁让,以便自用。(七)对于会员欠缴会费案,主去函请照缴并请交际股委员前往接洽。(八)对于江苏省政府救济灾荒委员会募捐案,主根据本会向不代人募捐旧案,将捐册送还。散会时,已钟鸣六下矣。(《总商会第一次执委会纪》,《申报》1928年5月6日)

5月初,向奉化孤儿院捐款。11日,接待该院董事王才运与捐务主任张泰荣。张在当天日记中写道:早上六时半起,至荣昌祥,同(王)才运先生访许廷佐,谓已捐在(邬)志豪处。(《张泰荣日记》,宁波出版社,2015年,第373页)

1927年奉化孤儿院毕业生合影

5月9日晚,出席宁波同乡会为筹募慰劳北伐将士经费而举行的宴会,并"作极诚恳之演说"。报道说:

旅沪甬同乡会,为慰劳北伐将士事,于昨晚六时,由委员长虞洽卿,在该会聚餐室宴请同乡,筹募经费。到者袁履登、方椒伯、陈蓉馆、孙梅堂、邬志豪、屠康侯、王东园、颜芹香、张百铭、陈子埙、许廷佐、陈翊庭等多人。由虞洽卿主席,报告筹募北伐将士慰劳经费。后由到会同乡踊跃认募,当场募集五千元。闻该会尚须印发捐册,以分发到会及各热心同乡,以期多多益善。是晚并有王东园、陈翊庭、邬志豪、许廷佐诸君,作极诚恳之演说云。(《甬同乡会筹募慰劳

北伐将士经费》,《申报》1928年5月11日)

5月19日下午,出席上海总商会第二次执行委员会会议。报道说:

上海总商会议事大厅

> 昨日(十九日)总商会,于下午四时开第二次执行委员会,到陈沧来、王介安、陈才宝、陈翊廷、蓝璧如、聂潞生、徐寄庼、诸文绮、赵晋卿、林康侯、石芝坤、陆凤竹、胡熙生、赵南公、许廷佐、陈良玉、童楚九、傅佐衡、邬志豪、黄敬修、谭海秋、严均安、冯少山、高秋眉、王鸿滨、徐庆云、沈承福、黄首民、裴云卿、尤森庭、袁履登、沈燮臣、蔡志阶、陶梅生、钱庠元。由冯少山主席、孙筹成纪录。议决:(一)星期四下午二时召集各帮各业入会团体代表,开会讨论详细办法。(二)图书馆委员会提议,划拨基金,增加开放时期案,议决交审计、财政、设计三股委员会开联席会议详加审核。(《总商会昨开二次执委会》,《申报》1928年5月20日)

是月,益利饭店创办跳舞传习所。报道说:

> 虹口百老汇路益利饭店系益利汽水厂主人许廷佐所创办,二楼兼设舞场,场内聘有法美英俄舞女数十人伴客跳舞。向来舞宾多系西人,近因海上舞潮勃兴,特派于星期六(六月二日)起举行逍遥茶舞会,加请著名中国舞星并约欧洲漫舞班莅场奏艺。此外又办一逍遥跳舞传习所,传授各种最新舞法,业已印发章程。凡欲学习跳舞者,不论男女一律免费云。技术之精,足以称霸海上,其余舞女一项亦经物色明星不少,于日内络绎登场,凡此皆足使该店分外生色云。(《益利饭店创办跳舞传习所》,《申报》1928年6月1日)

6月前后,参与维持《四明日报》[1]活动。报道说:

---

(1) 该报创办于1910年,是近代宁波人在宁波自办最早的一份大型日报。

旅沪甬人魏伯桢、励建侯、乌崖琴、邬培因等自发起维持宁波《四明日报》，连日由张静庐、洪雪帆、邬培因诸君偕同该报经理汪北平分赴同乡各要人处，请其担任维持董事，进行甚为顺利。兹悉虞洽卿、袁履登、洪雁宾、许廷佐诸君鉴于该报历史之悠久，舆论之良好，均已慨允为该报维持董事，并允介绍热心公益之各同乡一致加入，以资保存有地方历史关系之舆论机关云。（《旅沪甬人热心舆论》，《申报》1928年6月3日）

6月7日，《申报》以《益利汽水厂加工制造》为题报道益利汽水厂产销两旺。报道说：

本埠华德路益利汽水厂，日来加工制造，逐日出货约有二千余打之多，尚不敷应销。今岁该厂为求迅速出货计，特于厂后添新办制瓶厂所，闻每日亦能出四百余打之汽水玻璃瓶云。

6月10日下午，作为校董，出席上海普志学校校董就职典礼。（《上海普志学校欢迎校董就职典礼》，1928年6月10日）

6月16日下午，出席上海总商会第四次执行委员会会议，并在会上被推举为交际股委员。（上海市工商业联合会编：《上海总商会议事录》，上海古籍出版社，2006年，第2596页）

同月，向沪上征求物品助振会"代募方定中、方有庆善士捐助佛碑千尊"。（《征求物品助振会鸣谢捐助物品》，1928年6月19日）

6月23日，《申报》报道，因举办逍遥茶会，生意兴隆，益利饭店再次扩充营业。报道说：

虹口百老汇路益利饭店自创办逍遥茶会后，营业特增进展。该饭店主人许廷佐有鉴于此，即将三楼加以开辟，以三千五百两之代价，由汇公司计划装设精美茶室，仿巴黎安逸舞场格式，每室皆为不同之陈设。现已完全竣工，不日即行开幕。其二楼舞厅闻亦将以七千两之代价，委托汇公司计划布置，惟为夜间营业关系，规定分间陈设。自本星期起茶舞会暂行停止，预定一个半月竣工，故茶舞会定于九月一日再行举行云。（《商场消息》，《申报》1928年6月23日）

6月29日晚,与总商会主席委员冯少山联名宴请外交部长王正廷。报道说:

王正廷

> 昨日(廿九)下午七时总商会冯少山、许廷佐在益利西饭店欢迎外交部长王正廷博士,到者为部长秘书樊光、张维城、陈世光、吴凯声及经济会议会员、商会联合会代表五十余人。首由主席冯少山致欢迎辞。次由王博士演说,记其大略如下:外交问题须视国民与外交当局能否合作,此点关系重要。在座诸君皆各界领袖,于国民外交向称努力。所谓国民外交,在巴黎和会时知其力量极大,将来保护国权仍在国民之有力量。鄙人以为国内有二要件:(一)政府的组织如何,政府人员能否努力,有无公心。(二)人民对外交须一致。又一国最重要者在民生,希望有强大的民族,实行其民权,则须注意于民生,且望我国商家能联络工业家、农业家的力量,帮助政府云云。旋即宾主尽欢而散。(《商界昨晚欢宴王外长》,《申报》1928年6月30日)

对此,《新闻报》以《冯少山许廷佐昨晚宴请王部长》为题的报道更为详细,报道说:

> 外交部部长王正廷,自前日来沪,除按次在交署接见各国领事外,私人酬酢,亦甚忙碌。昨日下午六时,又应上海总商会主席委员冯少山、益利公司主人许廷佐二君之召请,赴百老汇路益利饭店晚餐。陪席者除外交部秘书樊光,秘书陈世光、吴凯声及交涉公署科长郭德华诸君外,商界有虞洽卿、林康侯、赵晋卿、穆藕初、王彬彦等数十人。席次由主席冯少山君致欢迎辞,略谓鄙人与许君今日以私人友谊,聊备杯酒,宴请王部长及诸位,辱蒙不弃,惠然肯来,十分荣幸。王部长下车伊始,其外交政见,已于前日总商会席次敬领一斑,今晚复得欢聚一堂,尤为难得之机会,尚愿续聆其伟论,以开茅塞云云。继王部长起立致辞,略谓今日承主人厚意,设席相待,实不敢当,同时鄙人又应静安寺路外国青年会费伍深先生之邀,参与该会开幕典礼,已有成约在先,又不得不往,

故鄙人于十分钟内，即须离席他去，不能与在座诸君作长时间会谈，非常抱歉。鄙人觉得外交方针，首在国内人民，能一致团结，一致努力，因人民不团结，办理外交者，即无所依靠，同时尤须注重于民生问题，因民生不充裕，民族即难期强盛，民族不强盛，更遑论民权，故民生问题，在三民主义中，实居首要。民生之缘何，即要发展工商事业，今日在座诸君，多工商界之领袖份子，对于民生问题，不但有深切之认识，且曾做过多时之工作。即如国民革命军自去年渡江北伐，至月前攻克京津止，所耗之饷粮，江浙两省，即供给一万数千两，此可见两省人民对于国事之热心，尚希以后仍能继续此精神，为国努力，则鄙人忝长外部，亦得追随诸君子之后，贯彻总理之主张也。王氏言至此，其随员已迭来促驾，即匆匆告辞而去。王氏去后，穆藕初、陈翊庭均有演说。末复由主人许君引众宾至二楼跳舞厅小坐，至九时开始尽欢而散。(《新闻报》1928年6月30日)

7月11日晚，出席虞洽卿为四明公所筹募赈材基金而举办的宴会，并作演讲。报道说：

> 昨晚六时，虞洽卿为四明公所筹募赈材基金，在中央西菜社，宴请旅沪同乡，到楼其梁、盛省传、李云书及王儒堂等，约计二百余人。由方椒伯报告筹募赈材基金之必要及种种办法。闻承认队长者极形踊跃，已达一百十余队之多。席间有王东园、陈良玉、许廷佐等演说，听者咸为动容，四壁插画标语，尤足劝人好善云。(《虞洽卿为四明公所募捐宴客》,《申报》1928年7月13日)

7月14日，益利轮船公司开通沪台航线。7月13日《申报》报道说：

> 益利公司新开沪台班航线，其使用船益利号，船身客位布置极优，有无线电音乐等，定明日在沪开头班。(《航讯零拾》,《申报》1928年7月13日)

8月8日下午，作为汽水业代表，出席虞洽卿与总商会发起的商业请愿团代表大会，会议决定组织商业请愿团赴南京请愿，反映"工商业之凋零及种种痛苦"。报道说：

> 沪商虞洽卿君发起总商会召集之商业请愿团，本月六日曾举行会议，讨论一切，昨日开第一次代表会议。兹将开会情形汇志于下：

到会代表：总商会冯少山、赵晋卿、林康侯、陆凤竹、石芝坤、胡熙生、徐寄庼，各省商联会冯少山、闻兰亭、苏民生，煤业陈玉书，面粉业赵鉴衡、杨键、李北涛，磁业董文卿、张子汉，北货业郑长庚、吴舻声，沪北五区王成栋、丁介仁，保险业刘石荪、黄泽生，卷烟业沈星德、沈维挺、陈良玉、陈翊廷，点春堂糖业及杂粮北货郑泽南，书业丁云亭，点春堂海味业郑宝兴、葛维庵、冯善庼，各路商总联会胡凤翔、陶乐勤、王汉良，盛泾绸业倪洪魁，纱业聂潞生，火柴业陈九如，丝茧业黄揩臣、陶纫千，纱业闻兰亭，闸北商会王晓籁，蚕业孔慎甫，纱业交易所联合会穆藕初，银行业贝淞荪，白蜡业杜惠生、范松生，沪北米业范和生，钱业裴云卿，震巽木业徐侠钧，云锦公所王介安，商协会诸文绮、成燮春、邬志豪，航业虞洽卿，木业马骥良，杂粮业叶惠钧，丝厂协会沈骅臣，汽水业许廷佐，报关业石芝坤，府绸业戴凌云等五十余人。

开会情形：冯少山主席，孙筹成纪录。主席恭读总理遗嘱，孙筹成报告各业团体代表人数，曹慕管宣读请愿书，王晓籁、闻兰亭、王介安、陶乐勤等相继发表意见。赵晋卿司长发表工商业之凋零及种种痛苦，并有面粉业代表赵鉴衡报告面粉业目下受新税之压迫，势将全体停业云云。语极悲痛激昂，议决案件：（一）赵晋卿提议，举五人为审查请愿书案，陈翊廷附议通过，推王晓籁、穆藕初、成燮春、徐侠钧、陶乐勤等五人为审查请愿书委员，曹慕管为原起草人，襄理一切。（二）代表团出发案，经众讨论，自由晋京，十一日（星期六）在南京总商会聚集，先到者须先至南京总商会签到。（三）代表团未赴京前，派员先往，以便照料。

今日续开会议：今日（九日）下午三时，在总商会继续开会，讨论当晚出发事宜。

卷烟业请愿团提早出发：卷烟业公会代表陈良玉、沈星德、路锡三、沈维挺、陈翊廷、陈才宝等六人，定今午出发晋京。（《商业请愿团今晚晋京》，《申报》1928年8月9日）

8月11—14日，作为上海商业请愿团成员，在南京进行请愿活动。"请愿团之目的在于解除商人之痛苦。请愿团抵京时，国府要员李协和氏亲自延见，同人并蒙极力赞助,请愿书除约在五中全会讨论外,其余之提议概在国府会议讨论……再孔部长蒋总司令刘市长等分宴同人。"(《商业请愿团昨日返沪》,《申报》1928年8月15日)

9月22日下午,出席上海总商会执行委员会临时会议。当讨论到日方要求中方庆祝日皇加冕礼,各委员均表示强烈不满,其中"许廷佐君述日人向其租借汽油船至普陀山,带有小刀,足见其无处不为恶"。(上海市工商业联合会编:《上海总商会议事录》,上海古籍出版社,2006年,第2616页)

10月6日下午,出席总商会、县商会、闸北商会三商会为讨论国货银行招募股款问题而召集各入会团体代表联席会议,议决各业自行开会认股。据总商会议事录记载,许廷佐在会上表示:鄙人已在提倡国货大同盟会内担任一万元。(上海市工商业联合会编:《上海总商会议事录》,上海古籍出版社,2006年,第2621页)

对于此会,《申报》报道说:

> 昨日(星期六)下午二时,三商会因讨论国货银行招募股款问题,在总商会召集各入会团体代表,开联席会议,到总商会赵晋卿、徐寄庼、冯少山,县商会闻兰亭、朱吟江,闸北商会陈翊廷、王彬彦等以及各业代表许廷佐、石芝坤、陆文韶、裴云卿等六十余人。由冯少山主席,孙筹成纪录,开会如仪,主席谓,今日开会宗旨,已详通告,请诸君发表高论。陈翊廷谓,国货大同盟会所认之五十万元,并入三商会内,以免劝募时之重复。陈才宝谓,卷烟业对于认股问题,本极踊跃,近因营业不振,未免减色,先由各业自行开会,亲定认款数,报告商会,然后汇总,并自愿代为奔走劝募。林康侯谓,国货银行以提倡国货为宗旨,凡属国民皆有入股之义务,自应竭力代为劝募,并详述各省已认之总数,及宋委员希望三商会代募三百万元之经过情形。王介安述绸缎业营业近况,林康侯赞成各业自行开会,希望多认股款,闻兰亭赞同林意,议决,由三商会将入股利益,函告各业,请其自行召集开会,认定股款,先期将开会日期,函告总商会,以便派员偕同国货银行筹备委员会内所派之代表,同往出席,详为报告国货银行有益国计民生之意,以期早集股款,即行开幕。(《三商会昨议国货银行招股办法》,《申报》1928年10月7日)

10月13日下午,出席在上海总商会举行的全国商会临时代表大会开幕式。报道说:

上海总商会等欢宴各省代表

全国商会临时代表大会,昨日下午三时,在上海总商会举行开幕式,柬邀官长来宾参预典礼,开会如仪,首由冯少山致开会词,次为工商部长孔庸之等演说,主席致答词。兹将各项盛况分志如下:

会场之布置:该会大门交悬党国旗,横布绸额,题曰:全国商会临时代表大会,自二门至会场,站有童子军维持秩序,会场门口彩缀"欢迎"横额,左右设签名领印刷品桌,派员专司其事。场前坐位中排为代表席,左右为来宾席,台上悬绸额,题字与大门内同。台前左为纪录席,右为记者席,台上交叉党国旗,中悬总理遗像,下列座椅成半环形,为官长席。

到会之官长:工商部长孔祥熙、国货银行筹备处宋渊源、江苏省政府朱文鑫、上海特别市长张定璠、临时法院长何世桢、江苏交涉公署郭德华、海军总司令部陈志、上海特别市指导委员会王延松、工商部驻沪办事处寿景伟、外交部驻沪办事处刘云舫、江海关王镜舜、地方法院姚之鼎、社会局长潘公展、公安局长戴石浮、上海县长江家瑨、土地局叶永鎏、航空同志会凌谔苏等及来宾许世英、杨吟秋、饶润圃、张振远、成幼梅、刘公余、陈玉书、顾子盘、陈才宝、谭海秋、陶拖生、许廷佐、林春于、范和笙、黄延芳、沈淑瑜、沈维挺、陈良玉、聂潞生、石炳扬、王鸿滨、裴云卿、尚慕姜等一百余人,由干事长徐可升、顾怀冰、葛夫豪、郑隽等分别招待。

开会之秩序:振铃开会,代表入席,党政长官来宾就席,主席就席(冯少山、苏民生、何创夏),奏乐,行礼,全体向国旗、党旗、总理遗像行三鞠躬礼,主席恭读总理遗嘱(冯少山),静默三分钟,主席致开会辞(冯少山),党政长官施训,来宾演说,主席致答辞,摄影,茶会,奏乐,摇铃闭会(下略)。(《全国商会临时代表大会开幕》,《申报》1928年10月14日)

11月14日,《申报》披露,被上海总商会县商会闸北商会推举为国货银行募股委员。(《三商会之国银募股员》,《申报》1928年11月14日)

11月中旬,入股美利烟公司,报道说:

> 本埠唐家路华商美利烟公司,为戎春棠、陈耕莘、叶瑞田、华达等所组设,资本五万元,开办迄今,已历数年。其各种出品,如小乔牌、赵云牌等香烟,因质佳价廉,颇受社会欢迎。该公司虽日夜制,尚患供不应求,该公司有鉴于斯,特由董事会议决,扩充营业,自建新厂,添置机器,改充股份二十万元,委经理张友庭君进行招募。昨张君特假益利饭店,宴请各界,到者计沈维挺、陈翊庭、许庭佐等二百余人,当场认股极形踊跃,共计十余万元云。(《美利烟公司添招新股》,《申报》1928年11月19日)

11月20日下午,出席提倡国货大同盟委员会召集的国货同盟会厂号代表会议,并被推举为上海国货出品展览筹备委员会委员。报道说:

> 提倡国货大同盟委员会,根据第十三次执委会议决案,于昨日午后二时,假座总商会常会室,召集全沪国货工厂商号代表,举行第三次会议,讨论远东马辰嘉年、暹逻、槟榔屿、西湖、广西、汕头等处展览会,征求上海国货出品具体办法。列席三星棉铁厂、大中华留声机公司、梁新记胜新手帕厂、国华制帽厂、商务印书馆、中华贸易公司、一心牙刷厂、陈源兴木梳厂、江南造纸厂、西湖茶叶公司、振华毛巾厂、同昌永毛巾厂、合众机器厂、瑞泰手帕厂、冯强橡皮厂、亚浦耳电灯泡厂、南洋烟公司、精业工艺厂、华东厂、昌兴烟公司、光明电器公司、烈烽火柴厂、三友实业社、裕泰丰绸缎庄等。公推陈翊庭主席,黄梦陀纪录,行礼如仪,首由主席报告开会宗旨,及各处展览会征集上海国货出品之趣旨,并请各代表发表征集具体办法,以利进行。次由各代表发表意见,林质茂谓,参加展览会以有切要关系为标准。叶惠钧谓,以工厂之力量与精神为参加范围。王汉强谓,参加展览须注重出品之高下,并由各工商厂代表详加讨论,后议决如下:(一)全沪工商厂出品一律参加各处展览会。(二)组织筹备委员

会。(三)公推陈水侠、张叔良、常必诚、张盖洲、仲学准、胡西园、劳敬修、沈叔瑜、何泽弘、陈翊庭、王介安、汪星一、王汉强、孙道胜、杨玉成、陈新、邬志豪、叶惠钧、林质茂、倪国卿、孙铮、周振宏、陈春生、徐赓华、黄祺生、钱世桢、许冀公、张炳、徐志咏、夏汉卿、陈万运、许庭佐等三十四人为筹备委员，负责办理。未由国货银行筹备委员宋渊源列席报告国货银行筹备经过情形，并要求工商厂代表，努力筹募股本，以冀总行早日成立。许世英代表叶承明发表国货银行与国货工商之关系，言多扼要。当由王介安、徐赓华、汪星一、许佐庭各代表相继发表意见，允为努力劝募，以尽提倡之责，并公推徐赓华、陈新、黄强三同志，分赴各厂劝募股本，散会已钟鸣六下矣。(《国货同盟会厂号代表会议》，《申报》1928年11月21日)

11月28日，出席国货银行招股委员会第二次会议，报道说：

中国国货银行招股募款委员会，昨假上海总商会三楼常会室，举行第二次会议，到主任陆凤竹、委员钟正卿、赵秋章、陶梅生、许廷佐、马骥良、陈翊周、冯仲容、王介安等十余人。由主任陆凤竹主席，行礼如仪，首由陆主任报告国货银行招股册已送到，请各委员尽力招募云。次各委员相继报告现况，并招得股款数目，及此后种种进行办法。闻昨日报告，已招募至十万元左右云。(《国货银行招股委员会昨开会议》，《申报》1928年11月29日)

12月22日下午，出席上海总商会县商会闸北商会欢迎卫生部部长薛笃弼会议，席间讨论甘豫陕三省赈灾事宜。报道说：

上海总商会、县商会、闸北商会于昨日下午地时，假总商会欢迎薛笃弼部长，到者各机关团体代表数十人。首由三商会代表冯少山主席致欢迎词，次薛部长答词，陕西林务总局局长孙维栋及林康侯、陆伯鸿、邬志豪、穆藕初、徐赓华等相继致词，继并讨论甘豫陕三省赈灾办法。兹将详情分录如下：

到会人物：卫生部长薛子良、工商次长穆藕初、陕西林务总局局长孙维栋、冯少山、林康侯、叶惠钧、许廷佐、石芝坤、陆凤竹、陈翊廷、吴文渊、沈仲英、邬志豪、王晓籁、陆伯鸿、朱吟江、董文卿、方椒伯、黄撂臣、沈叔瑜等，由徐可升等殷勤招待，由招待者迎至该会委员室。

开会情形：二时半薛部长到会，薛氏与欢迎者一一握手寒暄毕，并由孙维栋君出甘豫陕三省灾地照像及灾民食料示众，并详为说明灾地情形。三时主席冯少山请薛氏等至三楼会场举行欢迎会。

冯少山致欢迎词：今日敝会等谨具名点欢迎子良部长，荷蒙不弃，命驾莅临，曷胜荣幸。子良部长为革命先进，党国堂堂，历任中枢要职，政声卓著。前次长内政部时，对于整饬纲纪，维护民生，尤不遗余力，所谓公才公望一身兼之。自行政院成立，增设卫生部，荣膺新命，擢任今职，首先举行首都卫生运动大会，以为全国倡导。犹忆部长在运动大会致词，谓今日举行卫生运动大会，实行大扫除，其意义可分三点：一市面，二人身，三心理。言近指远，回环雒诵，曷胜钦仰。夫我国民俗素以整洁朴素为尚，洒扫应对列于小学，侍执巾栉著于经传。惟以提倡不得其道，致家自为政，所谓各人自扫门前雪。训至公众卫生运动极少注意，民族萎靡，国势衰颓。职此之由，今薛部长既颁行条例，示以准绳，复以实行市面、人身及心理大扫除，剀切指示，将见闻风兴起，于民族健康必日增光明。而敝会等窃谓三省之中尤以心理扫除为第一要义。盖中外通商，欧风东渐，衣食住行莫不踵事增华，媮靡成习。对于整洁朴素美德已无人注意，而公众卫生更乏人顾及。语云"国奢示俭"。薛部长谓吃喝嫖赌心理之污点，亦应加以大扫除，有此一语，古人之微言大义阐发无遗。如果全国国民群体斯旨，不特可以增裕私人经济，而以其撙节之费用诸于各种卫生设备，洗心革面，一振其萎靡之气，民族前运光明灿烂宁有限量。薛部长此次考察上海卫生市政，命驾来沪，幨帷暂驻。又蒙惠临指教，使敝会同人得以仰瞻丰采，用伸此义，聊资欢忭，谨举敬茶，祝薛部长健康，在座诸君健康，全国国民健康。再此次甘豫陕三省旱灾为空前未有之灾情，现薛部长及陕西到沪之孙维栋君列席，请二位详为指示及说明，并望在座诸君充分协助，有财者助财，有精神者助精神，使八百万灾民早得生路云云。（《三商会昨日欢迎薛笃弼》，1928年12月23日）

12月29日，根据执行委员许廷佐的建议，上海总商会呈文国民政府工商部，要求力促三门湾开埠。次日《申报》报道说：

总商会昨呈工商部,请速计划开辟三门湾。文云:国民政府工商部钧鉴,顷准敝会执行委员许廷佐函开,本月三日奉到大札,就审拙拟请求书,蒙代呈中央建设委员会在案。事关治港开埠,裕国利民,为此将开埠意见书,陈请备核,请为转递中央政府建设委员会,迅赐派员调查三门湾设埠事宜,并请函知浙江省政府建设厅,派员会同宁海商会同为履勘三门湾立埠地点,佐当派专轮迎送,以节政府帑币。盖民国九年侨商回国,后经星散,殊为可惜。今浙省又欲辟港,前派庄委员亲为查察,以设立水警立三门县为亟务。佐继续进行,妥筹办法,设埠立市,再召侨商回国兴实业。近接中国侨日商民,愿为投资造筑。佐于设埠之事,积极进行,为此将三门湾开埠事业,请求贵会详达工商部建设委员会,恳赐采纳,以便建设工程迅速进行,是为至祷等情。查三门湾为东南要港,果能招徕侨胞,投资兴业,蔚成一埠,实于国计民生大有关系,准函前因,相应据情转达,敬祈鉴核施行,实为公便。(《总商会促开三门湾》,《申报》1928年12月30日)

1929年　48岁

年初,拟就《三门湾辟埠指针》报告书并先后呈送上海总商会、国民政府,报告书辑录如下:

三门湾形势概要

三门湾处全国海岸之中心,为浙东之门户,湾内岛屿棋布星罗,成天然之屏蔽,位北极出地二十九度七分。为南洋热流所经,故气候温和,土地肥沃。湾口有鱼山,与琉球遥遥相对,昔为倭寇入境必经之地。今航海商轮由南洋及闽、粤各埠驶往上海、天津者,必以此山为航行之标的。湾内有满山,上有石碑,题曰"此路通东京",可见该湾早为外人所注目矣!湾北有岳井、胡陈、茶院、白峤诸港,西有旗门、一市、海游、健跳四港,均为通入内地之咽喉,诚海陆交通之要冲也。

海游港南岸之巡检司埠,村市相沿,交通便利。宁海东南二乡之山水,环绕于内;临海象山南田三县之山水,滢洄于外;谓为天台灵气,钟于三门,而巡检司一埠,为其主体也。该埠接近巡检司山,山上有古城,是唐代南北会防之所。明改设巡检司,专司防御倭寇入境之责。查该埠负山面海,东西三十里余,能造市房二万间,如能凿山通路,缘地造林,更与以适量之建筑,则自海上观之,宛若蓬莱仙岛,则烟台、青岛不能擅于前,澳门、香港,且以形势褊狭自郐矣。港口即蛇蟠、猫头、白礁三洋毗连,产鱼极多,先总理建国方略中,定该湾为东方第九渔业港。港南为制盐区域,质白价廉,产量亦旺,故鱼盐产额,为三门湾唯一大宗。

湾南为健跳港,港北即古之健跳所城。最近庄崧甫先生提议,开辟三门湾计划,以湾口之南田县迁移健跳,改为三门县,以发展实业。

三门湾交通概要

一、海上交通

三门湾每一昼夜,潮汐涨退二次,在潮涨时,内部水深约三十九呎,退潮时约二十五呎,如两岸筑造轮埠,二千吨以上之轮船,可以停泊,中部尤觉宽阔,即万吨以上之轮船,可以驶入无虑。由该湾巡检司埠起艇,可北达上海、天津,南通厦门、香港,并可往东西洋各国。此海上交通之大概也。

二、陆上交通

三门湾自巡检司埠起点,先筑环山马路,以便市上流通;次筑三义铁道,经海游镇、天台、东阳至义乌县,接萧常铁道,经金华、衢州,以通赣皖。其南北交通,则以海游镇为枢纽,南循沿海公路,经临海、黄岩至永嘉,北经宁海县东门,接奉化干路,以达宁波。一由天台经新昌、嵊县,接杭绍平汽车路,可抵杭州。此陆上交通之大概也。

三门湾农垦概略

(1)三门湾之北,五屿门之东,大湖之南,白礁洋之西,蛇蟠洋东北,约计荒涂三万五千六百亩。

(2)大佛头之西北,满山洋之东,约计荒涂二千余亩。

(3)猫头洋之北,由猫头山、大猫头白,至猫屿山一带,荒涂约计五千亩。

(4)蛇蟠洋之北,三山周围一带,荒涂约计面积四千七百亩。

（5）蜡屿以北,白峤港以西,约计荒涂三千亩。

（6）石明堂涂,为三门湾农垦之附体,由道士塘山嘴,至东白节,由东白节至双盘外下洋山嘴,约计荒涂二万七千亩。

（7）旗门港涂,由蛇蟠洋之朋江塘,由蛇蟠山、小蛇蟠山北至双盆下宋,南沿旗门港,至澜头山之东南,此为三门湾农垦区域之主体,约计荒涂面积五万余亩。

（8）象山埭涂,在一市港之西,牛腿村之东南,旗门港之北,约计荒涂一万亩。

（9）旗门港与正屿港之间,老人岩之东,约计荒涂面积九千七百亩。

（10）横港西北,正屿港之西,名谓永安塘外涂,约计荒涂面积五百亩。

（11）正屿涂为三门湾农垦区域之附体,拟定飞机场之地。在正屿港之南,海游港之北,涛头、正屿、连槌三山之间,约计荒涂一万二千亩,地较高。

（12）永安塘涂横港之西,海游港之北,永安塘之外,约计荒涂五百亩。

（13）健跳港青山之南,眠牛山之西,约计荒涂八百亩。

（14）朋江塘蛇蟠合称蛇蟠塘,在蛇蝎山之西,小蛇蟠山之东,旗门港之南,约计荒涂五千亩。

（15）白礁洋之东,三门山之西,约计荒涂面积一千亩。

上列十五区,核计荒涂面积共十六万五（六）千八百亩。

三门湾实业区域规划

（1）三门湾市区,海游镇之东,旗门港之南,狮口岭之北,此为浙江省政府勘立市之区域。

（2）商埠,巡检司。

（3）农垦区域,旗门港涂、石明塘涂、五屿门涂。

（4）产鱼场,蛇蟠洋、白礁洋、满山洋、鱼洋、猫头洋。

（5）渔轮埠,田湾山。

（6）制盐区,花屿塘外。

（7）农事试验场,旗门屿。

（8）实业港,海游港。

（9）海军港，旗门港。

（10）造林场，湫水山、狮子山、笔架山。

（11）畜牧场，东孔山、孙苗山、柘湾山。

（12）造船厂，蛇蟠岛。

（13）水厂，头岙港、柘湾塘。

（14）水电厂，沙柳港。

（15）金银矿，黄坛。

（16）煤矿，亭旁、白峤、珠岙。

（17）铁矿，亭旁。

（18）铅矿，亭旁。

（19）弗石矿，双盆山。

（20）砖瓦厂，西洞港口江边山脚。

（21）码头，巡检司埠西洞港口。

（22）飞机场，正屿涂。

（23）工厂，西渡塘、涛头塘。

（24）市房，小蒲塘、城下塘、昌盛塘。

（25）公园，巡检司。

三门湾辟埠计划概说

三门湾为宁、台交界，与象山军港相距匪遥。外通港、沪，内接皖、赣，其间岛屿星罗，水道极深，洵属天然良港。外人睹此，未有不生觊觎者。我国侨胞曾经一再请求辟埠，以兴实业，无如是项定议因循已久，未见实现。同人等仰体先总理遗教，俯察各国富强情形，均以开辟商埠振兴实业为惟一要图，爰有三门湾之考察。该湾三面接连内地，一面临海，列岛星罗，宛如屏障。港内水深类似南方之香港，陆路交通不逊东方之上海，然香港四面环水，缺乏陆路交通；上海黄浦水浅，难容大轮直达，惟该埠均有之，且陆有林矿之饶，海有鱼盐之利，更有十六万亩荒涂待垦，二十万剩余之劳力。如能按步开辟，诚我国东南实业良港也。对于开港一节，衡其工程之缓急，分为三步：

一、添置海轮以利海上交通,建筑码头轮埠、旅馆、堆栈、商店以利商旅,筑堤塘辟荒土,以工代赈,为初步。

二、建筑市房民房,以利移民农垦,改良食盐,以增国税,造路通车以达腹地,为第二步。

三、矿产之开采,工厂之设立,及设学校讲习所,分门研究制造改良之法,他如炼钢造船及电气事业,均可因地制宜,逐步设施,为第三步。

上列三步办法,欲使举行顺利,必先筹定钱款,然后经营无碍,已蒙国府明令准予商人许廷佐等承办开辟商埠,以私产抵押,向国府息借公债五十万元,以资初步建设。刻蒙行政院训令浙江省政府,准予许廷佐等抵借公债五十万元为建设初步,倘得国人及华侨信仰,一则移民垦殖荒土,再则集股经营工商事业,踊跃投资,共襄此举,则辟埠进行,岂复有留滞之患哉?总之,本埠工程兴筑需费约三千万元,据小规模建设拟工程经费三百万元,上为国家开发地方富源,下为民众提倡国产实业,本三民主义之大旨,为衣食住行之谋划,事关裕国利民,社会幸福,非个人弋利之途也。同人等资力有限,建设维艰。吾愿爱国同胞,尊主权,兴事业,携手同来开辟三门湾自主商埠,发扬中华民国民享精神,可以工代赈,救济数十万生灵。兹将本埠情形实地调查,拟具三步计划,按步进行:

第一计划

(一)测量

(甲)海道测量。三门湾居南北海航之中枢,航线曲折,长二百余里。最近据海军测量队所测,三门湾之水深,每日潮汐,涨退二次,高潮水深三九呎,低潮水深二五呎,湾中有四十余呎。海游港内低潮水深一百呎,一千吨以上之轮船可以进出无阻,高潮水深三六呎,港口为蛇蟠洋,水深十四五呎不等,高潮水深加一八呎,万吨以上之轮船往来无虑,并为避飓风之良港焉,此关于海上之测量也。

(乙)陆道测量。考陆军测量图及浙省公路路线图,知该湾扼金衢之要口,浙东之门户也。现据比国工程师测本埠靠巡检司山,该山面积计百五十九亩,高至八十米，山之东计陆地八百亩，隔西洞港计陆地四千二百亩，最东为花屿之区，计陆地万余亩。山之西即今初步立市之区，计平面积二千四百亩，又西之陆地为六千余亩。海游港南有熟地四千亩，荒涂一万二千亩，此就近测量之面积，为省府立市之区也。海游港之北为旗门港，港北有荒涂五万余亩，为农业区之主体。旗门港水深可泊巨舰，将来此海军港之地，并测巡检司埠至海游镇，由海游经天台、东阳至义乌筑三义铁道，共程一百二十哩，以吸收内地货物，此陆上测量之大概也。

（二）建筑防波堤。考潮流之速率及平均最大最小之潮差，可用混凝土及石块以建筑防波堤，避去风涛，以利轮泊。防波堤应分段建筑，先成巡检司埠一段，计十华里，拟工程建筑费三十万元，余俟商业发达再行扩充。

（三）建筑码头。将筑成之防波堤，划为公用码头、煤谷码头、危险物品及附属品码头，添置铁质船壳，计长十六丈，阔二十四呎，中有连桥，旁有铁桥，先设轮埠一处，每座轮埠计造价二万元，俟二三计划实现，每年能收码头租金十二万元，益利码头业已造成。

（四）建筑轮局堆栈。造楼屋五间，四围用垒石和水泥建筑，拟建筑费五千元，再造平屋十四间为堆栈，用水泥和钢骨平顶建筑，定建筑费五万元，益利堆栈已经告竣。

（五）建筑旅馆，三门湾循三义路直入即天台山，为浙江四大名山之一，风景壮丽，古迹极多，春秋夏，游人如织，如中西人士避暑与览胜者每人消费以三十元计之，则交通梗阻之今日，每年已有四千人往还，地方可得十二万金之挹注，况数不止此哉。现据三门湾临浦、永浦二轮装运，由石浦至海游，每年香客二十余万，本埠首当其冲。而接受行旌先以客舍为要，如日本之下车驿，亦当仿而行之，且目下正为政府提倡开辟之际，办事人员及经营工商业者，亦以旅馆为驻足之所。拟设一等旅馆于巡检司山东麓，二等旅馆于山上，共需建筑费二五万元，按年收获旅费二十万元，初步旅馆正在建筑中。

（六）建筑市房民房，按照第一计划建设图内所画之路线，沿山一带，依山势之凹凸，筑一环山马路，路旁左右次第建筑市房民房，为初步立市基础，余如东西马路之旁,另由侨民回国建筑之,拟初步建筑费为一百万元。

(七)海上交通,本埠海航线,实纽南北中枢,辟埠之先,首在发展海上交通。现有益利、新益利轮船为开辟三门湾港之首创,其余各轮不日相继驶埠。去冬益利轮埠、益利堆栈业已筑就,一俟旅馆造成,按班驶埠。现靠埠已有临浦、永浦、三门湾渡等,故逐日考察三门湾者踵相接,似此海上交通已有初基,将来陆道一通,则蔚成巨埠固意中事耳。

(八)陆上交通,陆道交通,马路与公路尚矣,三门湾马路,先筑环山马路,次辟东西二马路,均以巡检司山为标准,视市面之繁荣,作次第之建筑,并筑长途公路,先通汽车,后敷铁道,分述于下:

(甲)马路,环山马路分三期建筑:(1)自西洞港口起向西,环柘湾、巡检司、东孔、斗门、长湾诸山,至头岙山止为第一期,计路程十里,建筑费四万元。(2)再由西洞、七礁山、舜岩、花屿诸山,计程七里,建筑费二万七千元,是第二期之工程。(3)又东自花屿至猫头山一带,西自头岙至海游一带,计程三十里,建筑费六十万元,是第三期之建筑也。东马路在巡检司山之东,西马路在其西也,该马路可从缓进行,故不详述。

(乙)长途公路,自巡检司埠起点,筑一三义公路,自巡检司经海游镇至天台、东阳、义乌,计程百二十哩,铁道费九百万元,汽车路则三百万元足矣。此路一通,衔接萧常铁道,近运天台茶、油、豆、面、谷、木材、鱼网等由海门出口之货,运输金衢皖赣南枣、火腿、桐油、靛青、红糖、烟叶、豆、米、竹、木、茶、漆、瓷器等货,以通海运。再巡台盐运,每日役夫千名,由巡至台,计程百二十里,脚力洋每担一元,如改车运可省脚力一半,亦唯以人运之,故税借减收四角,今改车运则加四角,只与海门石浦一律而不为虐,则每年税增十六万元,如移此款借诸该埠建设,则因因相

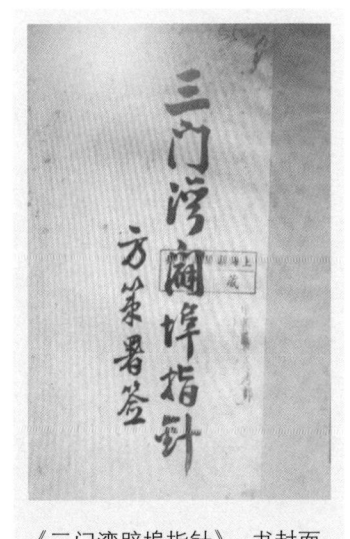

《三门湾辟埠指针》一书封面

生,利莫大焉。现在呈请浙江公路局归商人承办,先通汽车,后敷铁道,现已在经营中。

(九)设砖瓦厂,三门湾沿海多粘土,极宜制造砖瓦,所需柴炭仰给近山,价廉货旺,现西洞港口已有窑厂设立,足供当地之需。又拟在江边山脚设窑厂二十所,每厂资本一千,共计二万元,每年可得余利十余万元。

(十)开石岩,蛇蟠、涛头二山之石岩,现已开采,其石料运往上海、宁波各埠。察该湾之石山颇多,一经开采,则筑塘筑埠造屋及各项石料之需要,均可就近取用,省人工,省运费,收质良价廉之利也。

(十一)锯木公司,三门湾三面环山,林木深茂,质料坚致,如设锯木公司锯成木料,则市房民房之建造,取求至便,如投资二十万,当年收益可超过资本也。

(十二)整理储蓄饮料,三门湾饮料仰给山水,春夏有余,秋冬敷用,一旦人口增加,预宜设法整理。刻拟在小蒲塘低洼之地,划分六个池塘,预为储蓄。小蒲港山水供本埠饮料,又取头岙园里之水,引流会于西洞港之水,在柘湾塘西洞塘辟一饮料储蓄池,如此来源不绝,设立水厂,以解决商埠繁盛后之饮料。

第二计划

(一)经营农垦

(甲)设农垦公司,三门湾旗门港涂,为农垦之主体,石明塘、正屿塘为农垦之附体。本公司以该涂原垦地户集股合作,由公司经营筑塘垦荒,其资本以原垦地户地亩之多寡,按亩收股,为初步建筑农垦区域之基础。俟该塘筑成,或招徕华侨投资,作移民经营农垦之区,或租于佃农种植各种农作物,使资方与劳方平均获益,如是耕者有其田,资方收其利,则三门湾劳力过剩问题自然解决矣!一俟农民繁盛,则在蛇蟠岛附近立为市场,商业之兴,可以预卜,数十年之后,执三门湾之牛耳者亦未可量也。惟是项建筑费达一百万元,每年出息可获二百万元,民国八年华侨归国呈请政府辟为农场,政府特许该处为华侨自治模范农区,惜未实现。

（乙）建筑堤塘，旗门荒涂，南高而北低，由南岸澜头山脚之礁头山嘴，东至蛇蟠岛之佃头，筑一南堤，北岸由下洋山脚东至蛇蟠岛之市门筑一北堤，约计荒涂四万亩，又西自狮子山脚东至一市港口筑一绝港堤，引一市港之水为该涂内农民之饮料及灌溉之用，约计荒涂九千亩。倘三堤筑成，农民即可立足垦殖，故定该区为农垦之主体。余如正屿涂，合正屿旧塘、花鼓幔旧塘，以莲槌、燕窝二塘合称正屿塘。查该旧塘冲坍有年，业户无力修筑。惟地形较高，现该区有定为飞机场之说，约计荒涂一万三千亩，为农垦较易着手之区。又如石明塘涂地极低下，建筑较难，该涂须等主体垦植后，则潮泥冲积地质渐固，而建筑自易矣，约得良田二万余亩，此为最后垦植之农区也。上列一主体，二附体，先后开辟农区，尤须分别浚治河道，设闸防潮，以免旱潦。

（丙）农业试验场，旗门港涂建筑后，设立农事试验场，以谋农事之发展，如松土壤，选种子，除害虫，稻种二熟之改善，种种方法日臻完善，拟建筑费为五万元。

（丁）农产品市场，农民胼手胝足，终岁勤劳，汗血造成之农产品，往往可由农民手中为商人所攫取。今为农民根本着想，设农产品市场于三门湾麓，凡农产品一一陈列其中，由农民直接出售，是农民不患其谷贱伤农，特患其力不出于身也，拟建筑费五万元。

（二）经营渔业

设渔业公司于昌盛塘，我国沿海捕鱼，向用古法，以致日就式微，远不及各国之发达。三门湾附地洋面，致被日人用新捕鱼方法垄断东海上之渔业，良可惜也。查三门湾为产鱼之区，黄鱼、鳓鱼、带鱼之产量，较胜他处，先总理定为第九渔业港，良有以也。现定田湾山设立捕鱼场，先购渔轮四艘，逐渐推广至十艘，共费五十万元，并在公司内设水产讲习所，俾经营渔业者藉资学习，如是经营，每年能收渔利一百万元。附注：三门湾渔业利源之巨，事属惊人，据爪哇全岛在千九百十一年海关报告，计暹罗鱼进口有九百七十五万四千二百十二盾，若照现在人口增加计算，其数断不止此，假使三门湾鱼产制销爪哇一埠，为数已巨。尚有南洋群岛均为销鱼之区，果能达到目的，其利岂可胜言？

（三）精制细盐

设制盐厂于花屿塘一带，查该湾居民，以煮盐为业者约二千五百余家，每年产盐二十万担，盐质洁白，畅销颇广，前年西湖博览会甚赞许之。今拟建筑费五十万，设厂多所，以科学新方机制盐精，由三义路运销内地，取十倍之利，由海轮畅销国外，以塞漏卮，每年能收余利一百万元，诚裕国利民之大计也。附注：三门湾制盐，不外晒煮两种，配以廉值柴火，故盐利甚厚，而业渔者又以廉价之盐腌成鱼鲞，畅销遐迩，更藉盐电制造漂白粉，专销上海一埠，年得四十万，故盐实为三门湾之主要出产也。

（四）设制电厂

（甲）电报，本埠面水负山，利用沙柳新岭之瀑布泻水马力，制水电厂，取其电力设电报局，展线联络各处，由政府设立以利商业也。

（乙）电灯，由本埠设灯厂，供市民需要，拟建筑费十五万元。

（丙）电话，由本埠设立电话局，其材料暂由本埠创办，并设长途电话以利交通，拟建筑费五万元。

（五）设立工厂

工厂之设立，先以制作农产品为要，拟设工厂二三处，每处容五百人，如是逐步添设，则移民就业并驾齐驱，如能稍事辛勤，则衣食住行不患无着，每厂资本规定五万元。

（甲）油厂，如柏子、茶子可用水电力制油，所得油斤远胜土法，价廉销广，得利甚丰。

（乙）制造水果浆厂，采取本埠各山果子，可制果子露及果浆，又为制汽水之原料，均能销于国外。

（丙）麦粉厂漂白粉厂，吸收内地之大小麦，利用水电力及盐可制麦粉或漂白粉，其利甚厚。

（丁）玻璃厂，取三门湾之弗石及玻璃沙制玻璃及玻璃器具，抑制舶货以挽利权。

（戊）纱厂，由农垦区购买棉花，招工制造，既可开富源，又能提倡国货。

（己）罐头公司，以本地廉价物品装制罐头，输销外埠，其利自丰。

（庚）制冰厂，制冰以藏食物，不至腐烂，意至善也，本埠渔业甚盛，故对于制冰尤宜从速创办。

（辛）草帽厂，先在农区种草，供制草帽原料，其事甚便，其利亦厚，如十九年台湾灾区取吕宋草编作草帽，运销国外，达四百万元，而台湾灾民藉以维持生计者不少，其先例也。

（壬）制麻厂，本埠山肥植麻甚宜，设制麻厂造线，以资结网织布之用，利大而益多。

（癸）瓷器厂，取西洞山白泥，由厂制为瓷器，质美价廉，其利颇厚。

（子）石灰厂，本埠所出之蜊灰，销用甚溥，更能利用多量石灰厂烧为石灰，用宏利广。

（丑）制皮厂，取野兽牛羊等皮革，设厂置为红皮，利溥而用宏，更可为畜牧场产物之尾闾。

（寅）碾米厂，设厂碾米，以代手工而裕民食。

（六）造林场

由天台山山脉东行绕三门湾南西北三面，山土厚肥，本埠之南为湫水山，蔓延六十余里，一望荒山，无人培养，即北之盖苍、木峰、笔架、狮子诸山，亦莫不然。若能按步造林，五六年后，材木不可胜用矣。拟建筑费五万元，经六七年有百万元之收益，其利之大岂可言宣？

（七）畜牧场

耕牛为农垦必需，现三门湾内地多养牛耕田，秋冬放诸山上，生育不劳人力，惜未知畜牧之利耳，故宜设畜牧场以养牛牧羊饲鸡喂猪等，本轻利重事业。以养牛论，除耕田外，可取牛乳制乳油、奶酪、牛乳饼及浓质牛乳，其肉可制罐头食品，其角与皮可制器具，其油可供工业上之原料，况此项出品，概可畅销外国，即其他畜牧利亦甚溥，拟先在湫水山设一畜牧场，其资本定十万，年利在二十万元以上。

（八）苗圃

三门湾三面皆山，如盖苍、狮子、木峰、笔架、马鞍、湫水及龙山诸山，土质肥厚，凡外国所有树木无不有之。惜培植管理不善，不能产巨大材料，以制舶货，深为痛惜。故以治本计，应设立苗圃以培养各种树苗，移植各山，不日成林，不特为材料之需求，且为增风景调气候雨量，初步拟设苗圃于东孔、孙苗、狮子三山，拟建筑费五万。

第三计划

（一）发展矿业

三门湾系穷僻海湾，各种矿藏设非亲为先导，或加以改良开矿技术，不足以资招徕，今先择其易举者分述于后：

（甲）设彩银矿公司，三门湾之黄坛银矿，前宁波叶澄衷曾拟集资开采，因交通不便作罢，外人觊觎开矿，向民家租山开采，经政府禁止，徒费十万元。十八年十二月许廷佐等拟具计划，呈部准予备案在卷。倘能组织公司，俟一二计划实行，交通自然便利，政府予以赞同，则该矿之开采甚易事耳，拟工程建筑费八十万元，可得整个矿权专利。

（乙）设制铁厂，吾国矿务，向因主持乏人，又昧开采真谛，致鲜成效。同人等拟采用南洋开矿之术，先购新式炼铁机，在亭旁乡实行开掘矿藏，制为生熟铁二种，以副农工商各业之需要，拟工程建筑费五十万元。

（丙）设制铅厂，取亭旁之铅矿，由厂提炼成铅，运销上海一埠，每年可销六十万元，倘拟工程开采费为二十万元，每年可获红利十二万元。

（丁）设炼钢厂，在近代工业中为最重之原质者，厥惟钢铁，钢铁产于国外者固多，而发现于国内及三门湾各地者亦复不少。今拟在三门湾设炼钢厂，制炼钢铁，上为国家谋公共利益，下为农工商开发利益，拟建筑费五十万元。

（戊）设采煤矿公司，三门湾内之白峤港上游，黄坛洋靠岸以及亭旁、珠岙等处一带，富于煤矿，质地纯良，虽经一再开采，终以方法未周，交通阻碍中辍。现拟设法重开，所采煤料，不特供给本埠之需，尚可畅销上海、香港各埠，拟采矿费二十万元，每年可收三十万元之余利。

（己）设采硑石公司，三门湾之硑石矿已经开采者在涂岇数处。据化学家化验，该矿质老而精，可制为玻璃片及玻璃瓶之用，精者价亦廉，将采为益利玻璃厂之原料，先在巡检司埠设一分厂，添置费为五万元，每年由厂制而出口，其利年得二万五千元。

（庚）特种矿之开采，关于特种矿产如铁砂、铜矿、石灰、石英，均经发现于就近大莱、湫水诸山，一俟调查详确，则各种矿业可次第开办矣。

（二）发展工业

我国产业落后，就形式上观之，尚未流入阶级战争之中，大抵所谓工人者，通称为苦工，而其生活只以手为饭碗，稍投资本，若能成一小工店，予他等以工作者，将必欢迎之，且资本家甚少，苟能移于工业为机器，则产业发达未可限量，故将第二计划未进行事业继续扩充。

（三）造船厂

在实业上求海外营业之发达，须要航行海外之商船队及多数沿岸及内地之浅水运船，并须有无数之渔船，然后可敷运输之用，建造此项商船，拟在蛇蟠、崇屿设立造船厂。以我国廉价之劳工与材料，当比外国造费为廉，且置造航海商船队及内河浅水船、渔船，并能造一万吨级海轮而驶行海外，其资本视一二计划之盈利，逐步扩充，庶使将来占海上必要之企业。拟该厂初步工程建筑费为一百万元，预卜按年收利五倍。

（四）造无线电台及短波浪无线电台

该台南达海门，北通宁海，直达鄞县，西通兰溪，直接皖赣，至绍兴、杭州、温州、上海等，均可相继推广。

（五）添设公路

由海游镇南循绍平路，经临海、黄岩以达永嘉，北由一市港经宁海东门外接鄞奉路可通宁波，再由宁海经新昌接杭绍嵊汽车路，直通杭州。

（六）扩张各矿区公路与省道联接

一由亭旁铁矿、铅矿区筑公路接绍平路线，一由黄坛银矿、煤区筑公路接临海县城。

(七)扩张西部公路以通皖赣

(八)设机关车、客货车。(王钟萃编纂:《三门湾辟埠指针》,明星印刷厂印刷,1931年)

1月21日晚,出席南京路商界总联合会为筹赈豫陕甘三省灾民而举行的"宴叙"并当场承诺组织筹款。报道说:

> 南京路商界总联合会,为筹赈豫陕甘三省灾民,昨由该会邬志豪、钱龙章、成燮春、张一尘、许云辉、袁履登等,假座北东路功德林宴叙,到者如王公安局长、筹赈会驻沪主任王一亭,学界如胡越、陇体要、王志圣、周永义、周参等,工界如林培根,商界如冯少山、赵晋卿、郑崇慎、吴福庭,商民协会代表如陆文韶、潘旭升、吴文渊、诸文绮,又该会各路代表胡凤翔、邱嘉梁、朱保罗、陈济成、张贤芳、王肇成、余仰圣、陈蔚文、陶乐勤、王屏南、张子廉、王汉良、沈仲英、王靖东、陆祺生等,共一百余人。当经公推邬志豪主席,报告略称,现在三省灾情奇重,草根树皮,剥食已尽,而继之拾食雁烟花,灾黎数千万,饿毙者亦数千万,其一种待赈迫切情形,实非言可喻,务请我全国同胞、在座同志,本民族民生主义,抱博爱互助精神,共起为有效力之施救,鄙人当谨代灾黎九顿首以俟等语。工界林培根起立谓,当尽国民一份子义务,尽力援助。汪竹一谓,在学界地位,当尽宣传劝募之责。王公安局长谓,在职之日,当担任劝募义务。其次为筹捐主任王一亭报告驻沪处种种募捐方法,并深表谢忱。最后由王汉良、王屏南、袁履登等提出募捐办法,经在席讨论,公决组织筹款队,共分五十队,每队目的为二千元。当场承认组织筹款者,如福建路王屏南、王靖东,新闻王茂卿、王肇成,二马路胡凤翔,南京路张子廉、屠开征,山东路钱龙章,百老汇路许廷佐,汉口路朱邦佐,四马路陶乐勤,汉璧礼路张贤芳,山西路许云辉,蓬莱路陆昌荣,西华德路邱嘉梁、余仰圣,浙江路虞仲咸等,又市商民协会陆文韶君、虹口朱保罗、虹镇袁士勋谓,该会已有组织,并经公推十人,担任捐款等语,一时满堂鼓舞,义勇勃发,想将来结果,必能佳盛也。(《商总联会为三省筹赈宴叙纪》,《申报》1929年1月23日)

2月23日,被总商会推举为上海纳税华人会本届(第八届)选举管理员。报道说:

海上租界纳税华人会本届(第八届)选举,经该会先按址调查会员资格及宣示,并登报公布,有选举权与被选举权确定后,所有选举票,已于本月廿一日由上海特别市总商会暨上海各路商界总联合会两团体,分派林康侯、钱龙章两代表检对票数,监视邮务,送达该会。本届选举,计有选举权者一千一百六十人,有被选举权者一千二百十二人,共发选举票二千三百七十二张。定今日(二十七日)上午九时起,至下午五时止,在天后宫桥总商会投票,二十八日开票。并闻该会经二十三日第十次执行委员会议决,推举钱龙章、屠开征、许廷佐、赵南公为选举管理员,张一尘、袁近初、李祖虞、成燮春为选举监察员云。(《纳税会今日举行市民选举》,《申报》1929年2月27日)

2月28日下午,出席百老汇路商界联合会执监联席会议,其"辞职案,议决,许委员对本会効劳功高,辞职应无庸议,一致挽留"。报道说:

　　百老汇路商界联合会,昨日下午三时,召集执监联席会议,出席委员许廷佐、童耀德、周辅璋、刘春华、周纪发等二十余人。公推童耀德主席,行礼如仪,(一)报告事项:(甲)各方来函报告毕。(乙)经周委员辅璋报告一年经过会务之情形。(二)讨论提案:(子)许委员廷佐,因事辞职案,议决,许委员对本会効劳功高,辞职应无庸议,一致挽留,(通过)。(丑)会务发展案,议决,发起委员聚餐会,以便联络感情,共商进行,并推周辅璋主持一切会务,(通过)。(寅)本会义务英文夜校,仍照旧进行,于三月一号开学,议决,(通过)。(卯)工部局出售电气处应反对案,议决,根据总会办法,一致主张,(通过)。(辰)华董问题增加案,议决,工部局应以纳税比例原则,华董应产生九席,致电外交部力争,务达目的,以昭待遇公允,(通过),以及其他议案,至五时余散会。(《各商联会消息》,《申报》1929年3月1日)

3月13日,被宁波旅沪同乡会第四次执监联席会议留任为执行委员。(《各同乡会消息》,《申报》1929年3月14日)

3月22日,以20票当选为上海租界纳税华人会代表大会同乡团体代表。(《纳税会团体代表昨日选出》,《申报》1929年3月23日)

3月22日下午,出席闸北商会为国货银行筹募股款事而举行的谈话会。报道说:

闸北商会，昨日下午三时为国货银行筹募股款事，召集临时执委会，到王彬彦、范和笙、陈翊庭、许廷佐、刘淦泉、韦伯成等十余人，因出席未足法定数，改开谈话会。对上项重要议案，经讨论结果，拟定办法数点，定下星期二，决议进行，所有拟定各点如下：（一）闸北市廛梓比，工厂林立，尚无金融机关，现经商蒙国货银行，准就闸北添设分行，自应就地筹募股款，以为基金之准备。（二）闸北商会执委会，应全体担任筹募股款事宜，即以全体为募股委员，积极进行。（三）闸北分行之营业计划，除信用存放款外，得代各工厂给发薪工及发行工厂兑换券间接可以促成各工友之储蓄，就地各业商号，亦得便利往来，兼及普遍之营业。（四）闸北分行资本定五十万，就地筹募股款不足时，得由总行酌量拨给，议毕散会。（《闸北商会筹议国货银行募股》，《申报》1929年3月23日）

3月23日下午，出席沪上各商业团体为商会存废问题而举行的联席会议，议决再电请维持，并被推举为"晋京请愿"代表。报道说：

本埠银行公会、钱业公会、华商纱厂联合会、南北市报关公所等三十余团体，以商会存废问题，为切身利害关系，昨日下午三时，假总商会举行联席会议。兹将详情分志如下：

开会时情形：公推冯少山主席，郑鸿笙纪录，行礼如仪，（甲）报告事项：（一）报告各处询问函电。（二）宣读沪代表向三次大会提议之统一商民组织案。（三）宣读各省商会代表在京向三次大会请愿文。（四）总商会办事职员会来函，对付最后办法二条案。（乙）讨论事项，首由虞洽卿起立发言，略谓，商人现处于危难地位，应有互相协助之决心，外界人士亦应明了商人状况，商会在社会上，有良好成绩，对革命更有极大之协助，而此次第三次代表大会，竟有人提议，欲取销商会，此乃太以忘旧矣，鄙意商人终以团结为谋幸福之道云云。次诸文绮报告出席商民协会赴京请愿情形。闻兰亭、赵晋卿、朱吟江、陈翊廷、许廷佐继起立发言，对于沪代表提案及商民协会请愿解散商会，且诬商会土豪劣绅把持，勾结帝国主义军阀等语，愤激异常，誓必竭力奋斗。场内空气甚为紧张，一致议决拥护，电请三全大会主席团，俯察商情，予以维持；一面并推虞洽卿、谭海秋、闻兰亭、诸文绮、许廷佐等为代表，即日晋京请愿，并当场起草电稿,经全体到会代表通过,散会已七时许矣。

致蒋主席等电:南京分送第三次全国代表大会蒋主席谭主席胡主席孙主席陈主席古主席朱主席陈主席钧鉴,近阅报载,三全大会代表暨商协请愿团,有统一商人组织,撤销旧商会之提议,不胜骇异。商会系根据商会法所组织之法定团体,先总理手订国民会议办法,及第一次代表大会决定对外政策第七条,均明认商会为正当职业团体。自北伐军兴,筹措饷糈,资助革命,多赖商会所属会员。如果撤销,商界解体,于党国建设、经济发展,必多阻碍。且各国皆设商会,具有悠久历史,我国岂能独废。敝会等以此举关系重大,未便默尔。为此电请明公,俯察商情,力予维持,党国幸甚,商业幸甚。上海银行公会、钱业公会、航业公会、震巽木业公所、上海广肇公所、云锦公所、南北市报关公所、上海卷烟公会、上海煤炭公会、上海针织公会、华商纱厂联合会、上海纸业公会、旅沪潮州杂货联合会、潮惠会馆、洋货商业公会、上海金业公会、上宝整炼轴同业公会、沪北经售米粮公会、提倡国货大同盟会、花业吉云堂、江浙皖丝茧总公所、棉业联合会、铁业公会、磁业公会、华商皂业公会、典业公所、妆业公会、裘业公会、上海爆业公会、新药业公会、驻沪泰兴渔业公所、上海府绸公会、福建三山会馆等同叩梗(下略)。(《商人讨论商会存废问题》,《申报》1929年3月24日)

4月10日下午,出席上海租界纳税华人会第八届代表大会第一次会议。(《昨日纳税华人会大会记》,《申报》1929年4月11日)

同月,"拟具计划,由上海总商会具呈国民政府暨行政院,请以其个人资产向政府抵借公债五十万元,承办开辟三门湾以裕国计而利民生"。(王钟萃编纂:《三门湾辟埠指针》,明星印刷厂印刷,1931年)

4月15日下午,出席上海租界纳税华人会第一次执行委员会议。报道说:

上海租界纳税华人会,于昨日下午四时,在上海总商会举行第一次执行委员会议,到有孙景西、方椒伯、王延松、严谔声、胡凤翔、诸文绮、徐寄顺、成燮春、史量才、裴云卿、赵南公、王晓籁、石芝坤、赵晋卿、冯少山、张一尘、陆凤竹、陆文中、吴蕴斋、吴文渊、叶扶霄、许庭佐等二十二人,列席者虞洽卿、林康侯、秦润卿、袁履登、钱龙章、贝淞荪等六人。公推王晓籁为临时主席,主席恭读遗嘱后,即投票选举正副主席及常务委员,结果当选者正主席冯少山,副主席王晓籁,常务委员陆费伯鸿、吴蕴斋、成燮春。次讨论代表大会决议案执行方法,(甲)电气处出售一案,议决组织委员会研究,即推定赵晋卿、史量才、王廷松、邬志豪、方椒伯、荣宗敬、胡凤翔等七人为委员,并推定方椒伯为召集人。(乙)组织工部局警章研究会案,议决组织委员会研究,推定李祖虞、裴云卿、徐庆云、徐寄庼、陆文中、严谔声、叶扶霄等七人为委员并推定严谔声为召集人。(丙)取消二厘额外捐案,(丁)教养院经费案,以上两案,均交甲项委员会合并讨论。(戊)改良巡捕训练所案,议决交乙项委员会合并讨论。(己)增加华董案,议决积极进行。(《纳税会昨开第一次执委会议》,《申报》1929年4月16日)

4月中旬,作为宁波同乡会执行委员,参与同乡会改选委员监察活动。报道说:

宁波旅沪同乡会,现有职员,任期已满,除照章签留三分之一,应该选检查委员十人,执行委员二十四人,基金委员二人,特定于本月十五日起至二十日止,举行初选投票,每日请各委员分别莅会监察,以昭郑重。第一日为虞洽卿、徐庆云、楼其梁、陈才宝、颜伯颖、李孤帆、许廷佐、穆子湘、项松茂,第二日为谢蘅窗、俞国珍、冯叔琴、李咏裳、徐可升、刘廉巽、谢其渊、袁孟德、胡孟嘉,第三日为陈翊庭、屠康侯、邬振磐、刘耀庭、范回春、冯子冲、朱既醒、韩孝先、童友香,第四日为方椒伯、郭外峰、贺寀唐、楼恂如、胡咏德、沈九成、陈叔良、李英年,第五日为袁履登、邬志豪、乐振葆、陈子埙、董杏生、陈良玉、曹兰彬、周五明、张静乐,第六日为秦润卿、魏伯桢、王心贯、陈蓉馆、徐芹香、石芝坤、沈任夫、金舜卿、张炳生。其投票时间为每日上午九时至十二时,下午二时至五时,并定二十一日午后二时开票,请各委员全体莅会监视。业已分函各会员及委员查照,其因住址迁移或邮政误投而未收到会员题名录及选举票者,得持本人会证到会补领云。(《甬同乡会定期改选委员》,《申报》1929年4月17日)

20世纪30年代前后的许廷佐

6月,在三门湾巡检司建成益利码头,开辟上海至三门湾航线,10月航线延伸至温州。(台州地区志编纂委员会编:《台州地区志》,浙江人民出版社,1996年,第478页)

6月27日,行政院院长谭延闿对其三门湾开埠建议及计划作出批示,要求财政部、工商部建设委员会"迅予会同查案议复"。文录如下:

行政院批示第142号

具呈人许廷佐等呈送开辟三门湾商埠计划书,请鉴核转令部会提前办理由,呈及附件均悉。查此案昨据该民等呈由国民政府,交办到院。业经分令财政部、工商部建设委员会迅予会同查案议复,以凭核办在案,仰即知照,此批。附件存。

十八年六月二十七日　院长谭延闿(王钟萃编纂:《三门湾辟埠指针》,明星印刷厂印刷,1931年)

7月,参与发起中华国货消费合作社并联名于7月23日在《申报》刊登相关启事:

中华国货消费合作社筹备委员会启事

仝人等鉴于现今物价昂贵,生活程度日益提高,多数人民谋生艰难。原因虽多,莫大于中间人之从中操纵。兹为联合一般消费者,共谋经济上之互助,期与生产者直接往来,以改善生活,改造社会,爰有中华国货消费合作社之发起,业已组织筹委会进行一切,并为普及起见,每股股金定为两元。凡购一股者,即可享本社社员一切权利。惟值兹吾国受列强经济侵略外货充斥之际,发展本国实业,尤为人人应尽之天职。故经同人等议决,将来本社货品在可能范围内一律选备优美国货,以塞漏卮。为特登报通告,凡有国货工厂出品精良者,请于三日内来会接洽为幸。(会所)南京路望平街对门上海市民提倡国货会内。

发起人:	杜月笙	张庆发	江润生	陈冰侠	陈松源	孙道胜	董伯英
	袁松如	胡熙生	冼冠生	沈廷凯	钟汉亭	秦润卿	陈良玉	童耀德
	张德斋	叶惠钧	陈翊廷	许廷佐	佝逸云	顾馨一	王介安	张宝善
	毛雨生	虞洽卿	郑澄清	杨玉成	吴春泉	王晓籁	陆文韶	胡西园
	张传畴	王延松	沈叔瑜	郑缄三	钟衡平	徐寄庼	陈文彬	费燮侯

徐赓华　陆凤竹　沈田莘　王东园

7月下旬，益利汽水厂作为基本发起人，加入中华国货消费合作社。报道说：

中华国货消费合作社，筹备虽只兼旬，进行颇为顺利，自征求基本发起人消息露布后，近日签名加入者，颇形踊跃，为南阳烛皂厂、胜达呢绒厂、华东线造厂、亚浦耳电泡厂、华福制帽厂、光明热水瓶厂、冠生园食品公司、益丰搪瓷厂、梁新记牙刷厂、宝兴钢精厂、瑞泰手帕厂、利华棉线厂、德和丝袜厂、天厨味精厂、隆记料器厂、大茂桅灯厂、大华煤球厂、新大隆洋伞厂、光华汽灯厂、西湖茶叶公司、益利汽水厂、中国化学工艺社、义丰和绸厂、都锦生丝线厂等二十余家，手续未办齐者亦十余家，而继要求加入者，仍源源而来。现闻该社俟征求发起人事毕，即召集发起人大会云。（《中华国货消费合作社消息》，《申报》1929年7月29日）

8月6日，益利饭店在《申报》刊登优待华宾启事，辑录于下：

百老汇路闵行路口益利饭店优待华宾启事

上海各饭店之兼营舞场营业者，当以吾益利饭店为首起，不独地位宽广，陈设华丽，而烹调之精美，选料之慎密，尤为有口皆碑。惟往者专事招待西宾，故一切定价，俱以其他各大饭店为规范。兹自去年本饭店创办逍遥茶舞会后，华宾之莅临赐顾者，日见增多。本主人有鉴于此，特定八月六日起，对于舞场方面，除选聘中国及日俄著名舞星应客伴舞外，并新请全班菲列宾乐师，随舞奏乐，而餐厅方面，亦另为合于华宾之陈设，更于三楼，新辟雅室，请客宴友，足供清谈，并为优待起见，对于华宾菜价，另行订定，凡菜之选料，菜之名色，以及菜数量，俱与供给西宾者一式无二，而价则特别从廉，盖所以示优待，广招来也。凡欲尝试真正欧美口味之西菜者，请惠临百老汇路（闵行路口）本饭店，则竭诚招待，必能使各界仕女，无不欢乐满意也。（《申报》1929年8月6日）

8月初，参与发起七夕花灯赠品大会。报道说：

海上国货厂商联合美术家、新闻家等，发起七夕花灯赠品大会，加入厂商有三星棉铁厂、五洲大药房、华生电器厂、香亚化装品公司、胜德织造厂、冠生园、益丰搪瓷厂、江生化药厂、家庭工业社、义昌橡皮公司、梁新记牙刷厂、益利汽水厂等百余家。捐入赠品颇伙,最精美而价昂者,为华生厂之电风扇,最低廉者,亦为得用之品。会场在康脑脱路徐园,日期为古历七月初五日至初七日三天,并请灯彩专家桑栋臣精制鹊桥相会、九仙入浴及其他奇异灯彩。又有黄慧如与陆根荣之焰火,更为难得而可观也。闻券价为小洋四角,既尝奇趣,复有赠品,时乎不再,幸勿坐失,各厂商愿若是牺牲,其提倡国货之苦心,良可佩矣。(《万人空巷走徐园》,《申报》1929年8月8日)

8月下旬,益利汽水厂参加首都工商部国货陈列馆开幕纪念国货展览会。报道说:

> 市民提倡国货会,昨为国货工厂参加首都工商部国货陈列馆开幕纪念国货展览会事于下午二时,在该会召集工厂代表大会,到者各厂代表三十人。公推陈翊廷主席,李澹吾纪录,行礼如仪。兹录其议案如下:(一)加入工厂,有华东织造厂、宝兴钢精厂、瑞泰手帕厂、南洋烟公司、昌兴烟公司、益丰搪瓷厂、都锦生丝织厂、光明热水瓶厂、五卅国货伞厂、江南橡皮厂、益利汽水厂、仁昌永料器厂、利永公司、江西瓷器公司、福建彝开斋、如意祥电银器厂、松鹤轩陶器厂、陈源兴木梳厂、祥泰织造厂、亚浦耳、黄涌泰梳厂、精业工艺厂、西湖茶叶公司、兄弟工业社等二十六家。(二)赴京代表潘德春报告与工商部及首都国货机关接洽经过情形,甚为圆满。(三)推定徐定渊、沈叔瑜、潘德春者三君向路局接洽运输事宜。(四)推定陈翊廷、沈叔瑜、潘德春、林质茂、孙道胜五君为工商部国展会办事委员,函知该馆加聘。(五)组织旅行团,推举委员二十一人,当场推定沈叔瑜、胡西园、孙道胜三人起草旅行规则。(六)全体团员及各厂办事员,准二十四日乘上午八时五十分车出发,八时前,在北站叙齐,车票由会中代办,但二十一日即须来会登记缴费。(八)议决十六日下午二时,仍在本会举行第三次工厂代表大会,议毕会已六时矣。(《国货工厂代表大会参加工商部国货陈列馆开幕纪念国展会》,《申报》1929年8月14日)

8月15—24日,为切实察勘三门湾是否可以开辟商埠,并调查三门湾辟埠呈请人许廷佐资产是否确实,信用是否昭著,国民政府工商部建设委员会、浙江省政府分别派定金秉时、洪绅、陆凤书、朱会芳四人为专员,从事调查。先是四人于八月十四日赴沪会集,十五日及十六日考察该呈请人所创办之益利汽水厂、洽和冰厂及冷藏堆栈,十六日又陪同该呈请人许廷佐赴三门湾一带实地履勘,二十四日回沪。诸人勘察调查后,认为三门湾开发条件优越,许廷佐实力雄厚,办事有方,信誉昭著,可负此任。兹将会勘及调查结果摘要报告如下:

> 三门湾位于浙江省之东南,湾内岛屿林立,饶有渔盐,东临大海,可有水上交通之便利,东北与宁海、奉化,西南与天台、台州相联接,将来铁路建筑至三门湾时,则所有上述各处及其附近之旅客及货物,皆以该湾为陆路交通之终点,商务不难蒸蒸日上。三门湾实行开辟时,该呈请人愿将自置益利、舟山二轮行驶于上海、三门湾间,并在该处之巡检司地点筑造轮埠、堆栈、旅馆及民众住房,则水路交通已无问题,开辟商埠,具有步骤。至在铁路交通尚付缺如之际,自三门湾经海游镇而至天台之公路,与自三门湾经宁海而至奉化之公路,应由浙江公路局及创办三门湾港埠者共同商议,迅速筑成,果能于二三年内全行办竣,则三门湾之水路交通皆见便利,可由渔业港而为重要商港矣,此就三门湾交通上所当报告者一也。三门湾每二十四小时内,潮汐涨退二次,在潮涨时,约十五尺之谱,如此稍加开浚,二千万吨以上之轮船,可以停泊。该湾中部尚觉宽阔,万吨以上之轮船,可驶入无虑,此就三门湾水之深浅上所当报告者二也。三门湾有二三群岛,位在其口,可以建筑炮台,其内部如旗门湾附近,可以建筑海军船坞,而承造万吨左右之战舰,故三门湾除可以作为次要商港外,兼能用为次要军港,此就三门湾海军港设备上所当报告者三也。三门湾之北部,如一市港以东,七市街以南,旗门港以北,约有十万左右沙地,尚未开垦,前往担任垦殖事务,垦殖时并不妨碍其他工作,五年后当可收受许多地利,此就三门湾垦殖上所当报告者四也。三门湾周围多山,轮船停泊其内,可有遮蔽风雨之利,且湾面积尚广,可以停泊许多轮船,此就三门湾航务上所当报告者五也。三门湾近有溪水二处,泻差各仅二十尺左右,远有瀑布,其泻差可设法作成百尺左右,在沙柳镇建筑规模较大之水电厂以应需要,但在开辟商港湾之先,可使附近溪水荟萃一处,以充日用饮料,以作炉锅给水尚无不足之处,此就三门湾水之供给问题所当报告者六也。三门湾以盐鱼著名,则在开辟港埠时,

对于渔业应竭力提倡,多时鱼捞物品轮运至沪。对于盐业,应创办精盐工厂,以改良食盐,一以供给民众需要,一以享受经济利益,此就三门湾特殊出品上所当报告者七也。三门湾既有开辟商埠之价值,则着手开辟之先,应将各种需要区域,详为规定,如码头、堆栈、市政机关、工业、商业、公众事业、垦殖事业、海军设备等项,当概别划分。现经同人等详加讨论,预为决定,俟领得海军部海道测量局及浙江陆军测量局关于三门湾之详图后,当再在图上详细表示,以资研究,此就三门湾之区域问题所当报告者八也。

该呈请人曾于四五年内独资购置益利、舟山二轮,分别行驶于上海与海门间及上海与温州间,用去七十余万元之谱,承购益利汽水厂,并扩充该厂附属之玻璃工厂,约需三十万元之谱,其他合股开设冾和冰厂及冷藏堆栈,亦有数万元之谱。是原呈所称资产百余万元一节,并无不合。该呈请人贫苦起家,经营商业,能于四十年内积聚百万元资产,殊属不易,信用昭著,自有公论。该呈请人立志远大,愿在实业及公益方面奋勉有为,以期挽回利权,且办事有条不紊,该呈请人愿以个人资产抵借款项,以作开辟三门湾之初步,热心毅力,实为常人所不及。吾国自开商埠,尚无先例,三门湾能于政府监督之下,统由民众力量奋斗辟成,确是一种重要建设。同人等履勘告竣,以后深愿该处开辟港埠之举,早见施行。(王钟萃编纂:《三门湾辟埠指针》,明星印刷厂印刷,1931年)

同月,被推举为国货消费合作社征求队长。

同月,作为上海群治大学校董,被推举为董事会临时常务委员并联名发布相关启事,"依法行使校董职权"。

上海群治大学校董会临时常务委员会启事

本会校董人多散居各处,自民十五以来,迄未正式在沪组织成立。兹为法理事实需要起见,暂就旅沪校董组织临时常务委员会,依法行使校董职权。除关于教务行政应由本校职员主办外,所有校务行政如预算决算筹款等事,均由本会办理责任,各有专司校务庶有纪律,一俟人会成立,本会责任即行解除,合并声明。常务委员刘永滇、江一平、叶开鑫、许廷佐、刘净因等,候补委员严独鹤、栗戡时、胡曜、胡庆培、江天铎等。特启。(《申报》1929年8月20日)

9月5日上午,益利汽水厂等上海国货工商厂家,组织国货旅行团,赴南京参与国货陈列馆开幕纪念展览会。报道说:

上海市民提倡国货会,前应工商部国货陈列馆之邀,领导全沪国货工商厂,组织国货旅行团,参加开幕纪念展览会,业已筹备就绪,于昨日上午七时零五分,乘早班快车出发赴京,全体职员二百五十六人,制服整齐,徽章鲜明,各机关各团体纷纷派员欢送,旗帜飞扬,爆竹竞鸣,极形热闹。国货周报并派职员朱世德到站分赠欢送特刊。兹将各种情形分述于后:

车站布置一瞥:该团庶务股主任虞金水,于天甫黎明时,即督同工役到站,布置一切,"上海国货旅行团"大旗两面,凌空飞舞,"提倡国货"之大油画数幅,及"努力唤起民众提倡国货"之各种标语,遍处张贴,殊予各界提倡国货深刻之印象,并分设临时办公处、报到处、招待处、行李保管处,各派职员司理,秩序井然。六时后欢送旗帜纷至沓来,满插车站,迎风招展,实为空前盛举。

参加工厂题名:南洋兄弟烟草公司、祥泰织造厂、华东织造厂、黄涌泰木梳厂、宝兴钢精厂、亚浦耳电泡厂、瑞泰手帕厂、隆兴祥铜器厂、昌兴烟草公司、西湖茶叶公司、益丰搪瓷厂、兄弟工业社、都锦生丝织厂、启文丝织厂、大华钢铁厂、中华工业厂、天一味母厂、天祥织布厂、江南橡皮厂、华福制帽厂、益利汽水厂、新大陆洋伞厂、仁昌永科器厂、五卅国货伞厂、利永陶器公司、金城丝袜厂、福建彝鼎斋、中发丝袜厂、如意祥电镀铜器厂、明和化妆品厂、松鹤轩陶器厂、华通电泡厂、陈源兴梳篦厂、森林藤器厂、冠生园食品公司、梁新记牙刷厂、三五工业社、森源祥珠钻号、华丰棉织厂、胜德织造厂、江西瓷器厂、精业工艺社、联益丝巾厂、苏州国产绸缎工业联合团、福建姚传鸿漆器厂、宝发酱油精厂、越东染织厂、中国呢绒厂发行所。

欢送开车情形:六时后,各团体各机关各工商厂欢送代表,纷纷戾止,由该团主任陈翊廷、胡西园,及招待股职员程幼之、徐赓华、陆宝善、潘德春等分别招待,延入招待室,款以茶点。迨七时,各代表公推国货同盟会代表致祝词,大意祝颂该团介绍上海出品,予首都各界认识国货之机会,而开辟销路,实行得到提倡国货推广贸易之效力,满载出品而去,当满载荣誉而归云云。该团主任答词道谢,全体起立一鞠躬,送欢送至站台,互相握手,迨车笛三鸣,全体团员相继登车,徐徐开行,草帽与手帕齐飞,爆竹与掌声竞响,各代表咸扬旗高呼,极形热烈,车上各职员微笑点首,表示答谢,车行十里,爆声犹不绝于耳,迨不见车影,各代表始纷纷散归。

旅行团职员表:总务股主任陈翊廷,委员戎葆山、王承兴、韩文龙,秘书股主任沈叔瑜、委员孙道胜、张传畴,运输股主任林质茂、委员徐建范、毛雨生、潘德春,场务股主任杨玉成,委员牟月秋、钟汉亭、蔡明正、陈春生,会计股股主任张宝善、委员董伯英,庶务股主任虞金水,委员胡宏仁、丁洪川、陈天一,审查股主任胡西园、委员费晓初。

旅行团之宣言:同胞们、同志们,晓得我们此番赴京的任务么,工商部为什么要设立国货陈列馆,在开幕时又为什么要开展览会,我们想同志们一定要急急于晓得的。听我们道来,我们中国久受帝国主义者的压迫,最重要的原因,却是经济侵略,侵略最利害的,即是将我国产生的原料,廉价买去,一转移间,又将出品输入,重价售出,再加以种种宣传,于是同胞们震其美名,不知不觉坠其术中,竟以舶来品为时尚矣,如此年复一年,那有不民穷财尽之理,则国家前途更可想而知。如欲挽回此劫,第一步须唤起民众,对于外货实行不买不卖主义,第二步则竭力提倡国货,一方促进社会,革新工业,以期抵抗外货,一方使人人得认识国货的机会自愿地竞买,此为本会的素来职志,亦即此番赴京的任务,加之工商部号呼于上,设一国货陈列馆不足,又开一展览会,就是叫大家于游观宴乐之际,不忘记根本救国之道。同胞们,同志们,我们不买货则已,买货必须要买国货,像新战败的德国,不多几时,就慢慢地恢复战前原状,这是什么道理,就是民众不买外货,我们为什么不跟德国学呢,现在俄方扰乱边围,日又呈其阴谋,而其余种种不平等之条约,又受束缚于关系各国。我们虽无执干戈以卫社稷之力,亦当另觅他途,筹救国之策,厥策维何,即从国货上着想,以谋经济之抵制,我们敢代表全国同胞而致辞曰,不救国则已,救国当自提倡国货始,愿我同胞同志,三复斯言。

同车之三代表:工商部国货陈列馆定期九九开幕,函邀上海国货各团体参加典礼。兹悉提倡国货大同盟委员会,特推主席陈鹏携带"陈列物产,提倡国货,富强之策,实莫是过"之颂轴一幅,中华国货维持会特推委员徐赓华胡西园携带"通商惠工,土产倡提,裕民富国,猛着先鞭"之颂轴一幅,同行旅行团特挂车辆,前赴首都,参与盛典。(《国货旅行团昨晨晋京》,《申报》1929年9月6日)

9月27日,《申报》报道,浙江省建设厅根据工商部建设委员会派员会查三门湾辟埠与许廷佐相关计划书,令委人员"克日前往会勘"。(《杭州快信》,《申报》1929年9月27日)

10月16日,国民政府主席蒋中正对上海总商会开辟三门湾呈文作出批示,认为"三门湾地方确有开辟港埠之价值,许廷佐具有相当资力及信用,所拟计划,亦属妥善,自可准其承办"。文录如下:

国民政府指令第 12305 号

令行政院

呈复奉交上海市总商会呈请开辟三门湾港埠及许廷佐呈送该项计划一案,经交由工商部、建设委员会呈报,派员会勘,三门湾地方确有开辟港埠之价值,许廷佐具有相当资力及信用,所拟计划,亦属妥善,自可准其承办,转请鉴核备案由。呈及附件均悉,准予备案。附件存。此令。

民国十八年十月十六日

主席蒋中正

(王钟萃编纂:《三门湾辟埠指针》,明星印刷厂印刷,1931年)

11月17日下午,出席宁波同乡会第七次执行委员会会议,会上议决函致各轮船公司保护沪甬航路安全等事项。报道说:

宁波旅沪同乡会,昨开第七次执行委员会,出席委员方椒伯、乌冶臣、吴志芬、童志孚、毛和源、邱嘉梁、柯子佩、冯子衡、韩孝先、胡咏骐、颜伯颖、毛春圃、袁孟德、许廷佐、张继光、袁履登(胡咏骐代)、周苏葊(乌冶臣代)。开会如仪,公推主席方椒伯君。(甲)报告事项,宣读第六次执行委员会议决案。(乙)讨论事项:1.分股委员会未经推出常务之各股,请定变通办法案。议决,开列名单,送各股委员通讯推举,并派员敦促。2.拟请各轮船公司,对行驶沪甬各船,特别警备,以保行旅安全案。议决,函致宁绍、三北、招商、太古四公司,添设护勇,特别警备,照所拟函稿缮发(函稿另录)。3.本会及公学经费案,议决,请各委员设法募集,如再不足,交由会务主任与常务委员及基金委员设法商借,以明年征求所得偿还。(丙)临时动议,1.乌学务主任崖琴声请辞职案,议决,慰留。2.旅沪全浙救灾会函请捐助案,议决,以该会租借之房租全部捐助。附致各轮船公司函:径启者,迩来海盗猖獗,航轮被劫,时有所闻。欲谋行旅之安全,须有充分之保护。沪甬航轮朝夕往返,旅客以同乡为多,值此海氛不靖,尤宜未雨绸缪。兹经敝会执行委员会议决,函请贵公司,对于沪甬航轮,迅予添设武装护勇,随船保护,以安行旅等因。准此,相应录案奉达,即希查照办理,并希示覆为荷云云。(《甬同乡会昨开执委会》,《申报》1929年11月18日)

是月,致函海员工会总会,要求"派员面叙工友郑振生因五卅运动被捕经过情形"。该会于23日第一一六次常会上议决"饬上海分会知照"。(《海员总会》,《申报》1929年11月24日)

是月,向台属急赈捐洋1000元。(《台属急赈经募人李士珍谨代表灾民鸣谢大善士启事》,《申报》1929年11月15日)

12月12日,《申报》报道,许廷佐以私人相当价值之资产向政府抵借公债五十万元,承办开辟三门湾商埠获国民政府批准,"行政院令饬财政部遵办"。该报同时登载相关批文。报道说:

> 前上海总商会于本年三月间,据商民许廷佐呈请,该商愿以私人相当价值之资产向政府抵借公债五十万元,承办开辟三门湾商埠一案,关系人民之生计、国家之富强至大至重,业经行政院批交浙省政府暨工商财政建设委员会各关系部会,调查履勘设计后,办理在案。兹闻浙省府暨各部会关于上项手续早已告竣,嗣因财政部迄未拨发公债款项,致该埠开辟计划,迟迟未能兴工。而该埠第一期内之工作,均系设施建筑事业,需款既多,势难中辍,故对于抵借公债一则,经该商许廷佐再具呈请行政院,令催财政部提前拨发,俾裕国利民之

辟埠事业，得早日观成，使国家人民两有裨益。行政院据呈后，除批示呈悉，仰候令行财政部，速予会函商拨，俾利进行可也。兹将行政院批令探录如左：

训发财政部：为令饬事，案据许廷佐呈称，窃具呈人等于本年三月间，拟具计划，由上海总商会具呈国民政府暨行政院，请以廷佐资产向政府抵借公债五十万元，承办开辟三门湾以裕国计，而利民生在案。本年十月间在政府公报第二九六期登载，国府第二三零号指令暨行政公报第九二期奉悉钧院以二八九八号指令，工商部建设委员会对于开辟港埠一案准由廷佐承办各在案。惟迄今一月具呈人未奉明文，即对于抵借公债一节，亦未蒙财政部依照原案办理，曾于本年十月二十九日具呈钧院，请求令行工商、财政二部暨建设委员会依照院令，提前办理。本月七日，奉钧院第二四六号批云，呈悉，查此案前据该商呈请，并奉国府交办到院，经交财政部建设委员会会同议复，旋经工商部建设委员会呈报，派员会勘三门湾情形，准令该商开辟前来，业经本院核定，准其承办，并呈奉国府指令，准予备案，已令知建设委员会并转知工商部在案。兹据来呈，除交建设委员会、工商部核明办理外，仰即知照，此批，等因。奉此，查具呈人承办辟埠未奉明令一节，已蒙钧院转令工商部暨建设委员会核明办理。下情无任感激，惟拨借公债部分，未依照原案，令行财政部，催其查照本年八月一日第八六五五号批提前设法办理，致承办人对于辟埠事业、设施各项建筑工程，行将无从着手。查是项抵借之公债，关于辟埠工程至大至重，廷佐愿以私人相当价值之资产，抵借承办。依照计划，各项工程不止此数，余由具呈人等另行设法筹集之，分期五年归还，每年拨还现洋十万元及利率（其详情已详计划书内），以重公帑。此次辟埠比前不同，纯由我国政府准廷佐承办开辟、提倡于先，民众集资、经营于后，并无外人侧足

相关报道影印件

其间。倘办理得有成效，非独为民众之幸，亦我党国建设之光。倘承办无成，系承办人之责，在我政府不问辟埠事业之成效如何，对于拨借公债一节，依照归还定期，每年收回现洋十万元及利率，廷佐并无异议，愿牺牲个人之资产而已，与国家人民均不损丝毫，此系承办人奋发公益责任之心，绝非希望独断经营之图。况本案既经钧院核定，又蒙财政部第八六五五号批，俟工商部建设委员会调查履勘设计后办理等因。现部令暨浙江省政府查履勘设计早已告竣，国府暨钧院命令亦经公布，关系政府之威信、辟埠之工程、人民之生计、国家之富强，至大至重。而承办人对于辟埠第一期内之工作均系设施建筑事业，需款既多，势难中辍，故对于抵借公债一节，亟应请求钧院查明原案，令催财政部提前办理，俾裕国利民之辟埠事业，得早日观成，使国家人民两有裨益。为此具呈仰祈鉴核施行等情。据此，除批呈悉，查该商呈请拨借浙江省公债五十万元一节，前据工商部建设委员会称，已准财政部函复，俟三门湾建筑港埠案核准后，再行会同函达，浙江省政府酌予设法补助。现在开港案经府院核准照办，仰候令行财政部速予会函商拨，俾利进行可也。此批即发外，合行令仰该部即便遵照办理。此令。

批示许廷佐：具呈人许廷佐等，呈为奉令开辟三门湾港埠借款未拨，请令催财政部查照原案提前办理由，呈悉。查该商呈请拨借浙省公债五十万元一节，前据工商部建设委员会呈称，已准财政部函复，俟三门湾建筑港埠案核准后，再行会同函达，浙江省政府酌予设法补助。现在开港案经府院核准照办，仰候令行财政部速予会函商拨，俾利进行可也，此批。(《许廷佐承办开辟三门湾商埠》，《申报》1929年12月12日)

同月，以益利公司名义向上海台灾急振会捐款500元。(《上海台灾急振会收到捐款振品鸣谢》，《申报》1929年12月29日)

是年，担任上海平民医院董事会董事。(《上海平民医院筹募建筑基金捐册》，《申报》1929年12月3日)

是年，宁波华美医院于1923年发起建筑新院舍募捐活动圆满结束，"总计，募捐经过为时凡六年，为程数万里，实得捐洋拾壹万九千肆百陆拾三元陆角伍分"。

期间，许廷佐以益利公司名义捐洋100元。(《宁波华美医院建筑新院扩充设备募捐经过状况》碑，此碑现存宁波市中国科学院大学宁波华美医院)

20世纪20年代末落成的宁波华美医院新院舍

1930年　49岁

2月13日下午，出席欢送前工部局电气处英人敖尔祺退休回国茶会并与其他商界闻人一起向其捐赠金鼎。报道说：

> 前工部局电气处现上海电力公司敖尔祺君，供职于公共电气事业，已历二十八年，事迹勋劳，全沪共悉。兹闻已辞职退休，定于本星期六(十五日)遄返英伦，由商界虞洽卿先生发起，征求个人捐资，铸赠金鼎一座，以志去思。列名捐赠者，已有钱龙章、袁履登、吴蕴斋、李馥荪、徐新之、徐寄庼、孙景西、贝淞荪、林康侯、王晓籁、徐补荪、徐庆云、许庭佐、徐通浩、冯炳南诸君等，并定于今日(十三日)下午五时，在福州路十七号四楼万国商团俱乐部官长室，举行茶会送行云。(《电力公司敖尔祺君定期返国》，《申报》1930年2月13日)

3月11日，《时事公报》报道，许廷佐为开发三门湾，将自行募集商款，建筑汽车道。报道说：

> 三门湾开辟事宜，迭志本报。最近商民许廷佐等又愿自行募集商款，于该

湾内建筑汽车道，以利生产之运输，业已呈请建厅转奉省府令准，详细办法交由审查会审查。一俟实行，交通便利，农民受益良多，亟愿早日审定办法，以便订期开工云。"（《三门湾将建汽车道》，《时事公报》1930年3月11日）

3月28日下午，益利轮船公司之益利轮在浦东下江行驶，被英商太古洋行之重庆轮撞坏。为求得赔偿，公司多方奔走近一年，"不得要领"。为此"具函向上海市商会及航业公会呼吁，请求主张公道，以安我商航业"。《申报》报道说：

> 去年（十九年）三月二十八日下午六时十分钟，华商益利轮船公司之益利轮由南市大达码头解揽起锚，向对岸浦东方面下江顺水出口，行驶甚缓，经过陆家嘴水警趸船时，同时有英商太古洋行之重庆轮亦靠近浦东方面上江进口。益利船以该轮不应走此海道，恐致碰撞，即鸣汽笛一声，使其注意避让。不料该轮因欲靠泊浦东码头，即答汽笛二声，表示不愿改道，仍直向益利轮迎面驶来，益利又继续鸣笛三声，并开驶倒车，遂立即抛锚，而重庆轮虽亦下锚，然已猛向益利轮撞来。当时益利轮颇受重伤，计修理费元一万九千余两，重庆轮则略受微创，照常出口。事后益利公司即开单向太古洋行要求赔偿修理费洋一万九千余两，无如该行不允赔偿，而益利公司本拟欲诉诸法院，因英国在华领判权尚未实行裁撤，则必须径向其驻沪法庭起诉，但稽诸往事，我国人向外国法庭诉追，其结果终不能得公允之裁判，故不得已要求太古洋行请公证人公断，并主张请第三国人担任，而太古洋行仍未允诺，交涉再三，未得要领。乃请淞沪领港英人罗生辄雷者（译音）担任公断，旋该公断书发表后，不但太古不赔益利公司损失，反欲益利赔偿重庆轮修理费四千元。现该公司已具函向上海市商会及航业公会呼吁，请求主张公道，以安我商航业云（国闻社）。（《益利与重庆轮相撞案》，《申报》1932年2月6日）

4月7日，以36票当选为上海租界纳税华人会代表大会商业团体代表。（《昨日纳税会选出团体代表》，《申报》1930年4月9日）

4月16日下午，出席公共租界纳税华人会第三届代表大会，会议选出华董五人、华委六人、执委二十七人。（《纳税华人会昨日代表大会》，《申报》1930年4月17日）

5月21日，《申报》报道，益利汽水公司举行大赠送活动。报道说：

益利汽水公司宣称,本公司纯粹为华人组织,历年所造各种汽水,以价廉物美著称于时。自本年度始更用蒸溜水科学灭菌制造,出品冠绝一时。本月十六十七十八三日为纪念出品成功起见,特假座新世界举行大赠送,来宾十余万人,赠出汽水总计七百八十四箱,社会人士之热烈欢迎,可见一斑,是亦国货界之好现象也云云。(《商场消息》,1930年5月21日)

5月23日,《申报》报道其开发三门湾进展情况,报道说:

开辟三门湾兴工有日

三门湾开辟港埠一案,经侨商许庭佐等呈准中央,将私人财产押抵公债五十万元,作为第一期建筑工程一部分之费,并由中央令知浙省府知照在案。顷悉许廷佐等,将于日内赴省向省政府暨建设厅商陈一切,以便早日兴工。其开辟第一计划,即建筑海轮码头、轮局、堆栈、宿舍、旅舍等,以资提倡,工程预算数约一百多万。

同月,宁波同乡会第六届征求会征求开始,被推举为征求队长。报道说:

宁波旅沪同乡会,第七届征求会员大会,订期六月一日举行开幕,并商请甬籍票友会串京剧,送志本报。兹探得该会聘定征求队长姓名如下:总队长王伯元君,总参谋张继光君、毛志切君、洪沧亭君、洪雁宾君,队长袁履登、邬志豪、许廷佐、孙梅棠、方椒伯、陈子埙、秦润卿、何立卿、毛和源、冯味琴、王东园、何耿星、郑式宜、谢蘅窗、曹兰彬、毛春圃、穆子湘、柯子佩、马省学、项松茂、俞国珍、李竹仙、张静乐、戴敦嘉、胡咏德、胡咏骐、关权琴、王问涵、毛懋卿、楼恂如、徐芹香、陈良玉、刘廉巽、郑宜亭、王心贯、胡甸苏、叶墨君、颜伯颖、刘聘三、周大烈、徐圣神、陈南琴、童志孚、俞佐庭、周巽斋、孙性之、金臻群、张锡堂、董纪堂、虞雨亭、戚燮林、项莲孙、朱旭昌、周五明、叶翔皋、胡生甫、张耿伯、王文奎、乌荇舫、刘申生、林梅卿、周亭苏、吴志芬、邱嘉梁、汪丹苏、刘耀庭、毛鲁卿、张葆灵、沈任夫、刘寄亭、蔡琴苏、庄鸿皋、韩季良、周梅亭、蔡仁初、周子材、缪璜芝、刘镇泰、应廷赓、王瑞龙、金善镛、徐永炎、张友豪、朱贡禹、叶恭伦、徐可升、郭外峰、陈春伯、林孟垂、严慧锋、戴耕莘、董明德、陈器伯、周德斋、洪雪帆、励树雄、朱晋椒、张运济、孙美鸿、董志初、陈九皋、刘敏斋、秦绥如、张宝善、陈东海、杨柳亭、张延龄、徐懋棠、王皋荪、陈晓岚、虞顺恩、李咏裳、竺梅先、李安绥、李祖楠、陈翔亭、顾少卿、洪渭亭、周志清、殷和卿、张鸣皋、谢定黻、周和甫、乌崖琴。(《甬同乡会征求会队长题名》,《申报》1930年5月25日)

7月6日,定海旅沪同乡会第七届常年大会举行,在当选委员中名列首位。报道说:

> 定海旅沪同乡会昨日下午在宁波同乡会开第七届常年大会,由到会会员公推孙弥卿君主席,报告会务经过情形。继由会计报告账略,并举行选举委员开票事宜。兹将当选各委员姓名依次列左:许廷佐、贺寀唐、乐葆庭、刘鸿生、朱子奎、沈任夫、水福祥、陈翊廷、张康甫、朱子衡、王崇清、程庆涛、丁慎之、韩芸根、王建范、孙弥卿、丁慎庵、颜舜玉、胡馥庵、刘吉生、范锦章、陈耕莘、金慕鲁、王启宇、武棣森、刘宝余、武镜珊、贺其良、钱德润、朱宝峰、孙伯威、徐翔笙、蒋昌圭、康荣昌、林良佐、蒋昌林、陈人宝、赵廷松、周让三、傅志鸿、朱子昭、何友笙、洪裘卿、戴承志、马佑康、朱德元、蒋柯亭、何泳昌、周椒青、丁滋华、丁紫垣、蒋仰山、李祥麟、金成志、吴企梅、朱芝苏、胡象美、陈长寿、袁永庭、舒雄华。(《定海同乡会选举委员揭晓》,《申报》1930年7月7日)

乐葆庭

7月10日下午,出席上海市商会临时执委会议并被推举为提倡国货委员会委员。

是日,列名发起上海各界赈济战地灾民慰劳前方将士会。(《昨日各界大会》,《申报》1930年7月17日)

12月16日下午,出席上海公共租界纳税华人会为自来水加价案而召集的紧急第四次代表大会。议决"水价暂照公司账单缴付,减价问题由专委会研究"。(《自来水案结果》,《申报》1930年12月17日)

20世纪30年代前后的上海已成为远东经济中心，图为当年繁华的上海外滩

12月27日，被推举为宁波七邑教养所驻沪董事会常务董事。报道说：

宁波七邑教养所驻沪董事会，昨假旅沪同乡会，开第一次会议，到董事邬志豪、方椒伯、周枕琴、楼恂如、张继光、张申之及教养所主任钟咏麟等五十余人。公推邬志豪主席，行礼如仪，首由邬志豪报告略谓，宁波方面去年拨去银一万元，建筑总所，早已落成，进行事宜，请诸位讨论云。次钟咏麟报告，建筑状况及现办情形。次楼恂如报告经手捐款，计收入总数洋一万四千八百十七元一角，加存庄利息至本年十二月二十五日止，共计洋一万七千二百九十四元五角七分，除去年拨付总所建筑费一万元外，尚存洋七千二百九十四元五角七分云。次公推张申之、方椒伯、虞洽卿、邬志豪、张继光、乌崖琴、楼恂如、孙梅堂、王廉方、洪雁宾、袁履登、何绍庭、秦润卿、许廷佐、董杏生等为常务董事，并推邬志豪为常务董事会主席，楼恂如为经济董事。次决议，（一）定名为宁波七邑教养所，（二）组织宁波本埠董事会，（三）拨银三千元添筑总所，（四）收取已志未缴捐款，（五）分设七邑临时收容处，（六）收容外埠流落同乡办法等各案，散会。（《宁波七邑教养所董事会记》，《申报》1930年12月28日）

是年，在三门湾巡检司码头放映无声电影，为本地电影放映之先声。（台州地区志编纂委员会编《台州地区志》，浙江人民出版社，1996年，第728页）

是年前后，"于定海之磨盘礁及西后（堠）门各造灯塔一，以便行旅"。（张原炜《许君廷佐行状》）

对于磨盘山灯塔，成书于20世纪30年代初的《台州府志》称：自永利、新三江口（轮船）相继失事，甬人许廷佐出资修筑大竹山灯塔，其塔即在海门口外，土人名为磨盘山。（喻长霖主编《台州府志》，浙江人民出版社，2015年影印本，第835页）

1931年　50岁

1月前后,开始三门湾开发首期工程。报道说:

浙省三门湾开辟商埠关系人民生计国家富强,前经商民许廷佐呈请愿以资产向政府抵借公债五十万元,承办开辟该湾事宜,迭由中央会同浙省调查履勘设计竣事,而财部因值此军事初定,百端待理,财政方面实无法可想。许亦洞悉此情,故已向侨胞筹集款项,先行开始第一期工程。除海塘闸坝工程已着手兴工外,并优先规划屯垦区域,以便移农春耕。(《三门湾开辟已兴工》,《申报》1931年1月12日)

1月29日下午,出席宁波旅沪同乡会第十八届执行委员会会议。报道说:

宁波旅沪同乡会,昨日下午三时在该会所内,召开第十八届执行委员会,到毛和源、胡咏骐、张继光、韩孝先、吴志莘、许廷佐、金舜卿、柯子佩、戴敦嘉、邱嘉梁、乌崖琴、何绍庭(张申之代)、颜伯颖(乌崖琴代)等十三人。公推何绍庭主席,议决要案如下,四明公所函告,周浦浙宁公所被驻军占住,请为设法以维公益案,议决应予援助。浙省政府难先主席,实行紧缩政策节省浮滥开支,载并骈枝机关予浙人以休养生息,该会应否有同情之表示案,议决,应通电表示。决定召集会员大会日期案,议决定期三月二十九日下午两时举行,四五两案暂秘。本会保险银两请额定案,议决,总额定为十二万两并整理各家保险单起讫日期,一律定四月一日起。(《甬同乡会昨开执委会》,《申报》1931年1月30日)

4月3日,律师项峋在《申报》刊登通告,许廷佐续聘其为常年法律顾问。

4月10日,《申报》继续报道益利汽水厂迅速发展情况,报道说:

益利汽水厂本年大加扩充

益利汽水公司,规模宏大,资本雄厚,为国人自办成功实业之一,其出品之精,与销路之广,殊足为舶来汽水之劲敌。本年度复大加扩充,置办德式新机多种,设备亦益臻完美,不特使该厂成一国内模范工厂,即出品亦足称雄国内云。(《申报》1931年4月10日)

5月9日,因兼理之新鸿庆船遭日轮撞损,致函市商会,要求予以交涉。报道说:

市商会昨呈市政府云,呈为呈请事,本月九日,接益利号许廷佐函称,敝号兼理之新鸿庆船,于本年二月十二日午后二时五十分离仁记路码头,向上游行驶,途次张家浜码头,忽闻一声汽笛,来自左舷。当时老大见有龙华丸在后行驶,距离约一百五十呎,即开速力,回以一声,并使新鸿庆竭力右倾,嗣龙华丸又鸣笛一声,而新鸿庆亦报一声。当时新鸿庆右倾,几近南京路码头之诸汽船,已无再让之余地。乃龙华丸不变其方向,依旧赶来,其船首龙骨,遂致触击新鸿庆之左舷中部,船梁之后三十度,被其碰伤。斯时龙华丸鸣汽笛二声,竟自去矣,而新鸿庆因伤过重,不能行驶,只得拖至苏州河停泊浅处,以免下沉。当时由薛鸿记出面报告水警局,次晨复报港务司并派代表史旦公司函知日本邮船会社,迄今多日,均无效果。又请江海关监督据批,向主管机关依法起诉,以致新鸿庆损失七百余两之巨,长此以往,为害更难胜计。窃新鸿庆在前行驶,龙华丸从后追来,新鸿庆竭力右倾,而龙华丸速率既快,又不稍改其方向。揆诸万国海上避撞法内第二十四条之规定,龙华丸应负赔偿之责。至其蔑视我国主权,在内河上横行不法,似非徒新鸿庆船损失已耳。既念依法起诉,前由史旦公司函请尚且不理,诉请亦未见效。为此备文叩请贵会协助,声请主管机关,追还损失等语到会。查从前新大明案,以官厅协助之力,不用司法手续处理,稍收成效。新康案以用起诉手续,悬案至今未决。是该号对于本案,请求官厅协助交涉,不用起诉手续,未为无见。理合备文呈请钧府鉴核,俯赐函致日领,转饬议赔,实为公便。(《日轮撞损鸿庆轮案》,《申报》1931年5月12日)

5月22日,益利汽水厂在《申报》刊登《益利汽水厂向爱国同胞宣言》,向各界展示企业形象并推销产品。文录于下:

益利汽水厂向爱国同胞宣言

本公司资本雄厚规模宏大,为国人经营之最大汽水制造厂,机械之新,设备之周,均足与欧陆诸厂互相媲美,而出品之精良,社会自有定评,本公司庸敢自夸。盖本公司夙以提倡实业救国抵制外货侵略为己任,复以汽水一物关系于人民卫生至大,殊较他项工业为甚。为特广聘专家潜心研索,务使出品得以精进不已,对于洗瓶消毒工作亦三加致意。前岁采用德国新式蒸馏机器制造汽水,实开国内先河,销路因之而激增,订货函电日积盈尺,大有供不应求之势。乃于去冬派员遄赴德京添办最新机械,刻已运送至沪开工制造,复将工厂大加扩充,美奂美轮,气象一新。本年出品务与舶来外货相竞角逐决,争一日之长,推销方面并委下列诸大商号特约经理,赐顾诸君幸各注意及祷。

华商益利汽水公司:总发行所虹口百老汇路,电话四〇一四〇号,经理处(下略)。

5月24日下午,在宁波旅沪同乡会第六届新任委员就职典礼上递补为执行委员。报道说:

宁波旅沪同乡会昨日在该会所举行第六届新任执行、监察、基金委员就职典礼,出席委员张继光、毛和源、陈忠皋、徐圣禅、李权时、戴成祥、俞佐廷、刘廉巽、陈楚湘、徐芹香、方椒伯、吴志芬、胡咏骐、陈松源、邱嘉梁、邵宝兴、穆子湘、楼恂如、盛安孙、王心贯、颜伯颖、柯子佩、孙梅堂、石芝坤、陈翊庭、蔡仁初等二十余人。公推方委员椒伯为临时主席,纪录赵揆一,司仪董心琴,行礼如仪。首由主席致欢迎词。次票选虞洽卿君为委员长,张继光、陈松源、方椒伯、孙梅堂、王东园、毛和源、徐芹香诸君为常务委员。次讨论邬监察委员挺生、王执行委员启宇函请辞职案,议决照准,以张咏霓君递补监察委员,许廷佐君递补执行委员。次茶点散会。(《宁波同乡会新职员就职礼》,《申报》1931年5月23日)

6月17日,致函上海市商会,认为美国大来公司轮船服务稳妥,运价亦极公道,要求向各业介绍。报道说:

新声社云,市商会会员许廷佐,昨函市商会,以美国大来公司轮船为航行美国之商轮,规模宏大,船只颇多,每周进口,规定四艘,按班驶埠,毫无迟误。且该公司经营航业,经验丰富,办事认真,对客货,非常保重,无偷漏遗失之弊,运价亦极公道。对于乘客,招待周到,舱位宽大,饮食适口,更因船身坚固,行驶海中,安若泰山,请为通函各业,代为绍介云。(《大来航轮服务稳妥》,《申

报》1931年6月18日）

7月15日，在《申报》刊登《退保声明》，照录于下：

退保声明

径启者，鄙人前为诸亲友作保，或盖名章或用店戳，每因次数过多易于忘却，似非尽责保证之道。兹特郑重声明，所有从前为人保证事件，不问当时用何名义，概行取消。嗣后被保人之行为，鄙人或鄙人所创办之益利号、益利汽水公司、益利轮船有限公司、益利玻璃厂均不负责，希受保证书人及被保证人鉴谅查照。除登报声明外，恕不另具其他手续。如诸亲友以事关紧要，仍以保证见嘱者，请枉驾另行接洽可也。特此声明。益利公司许廷佐谨启。

同月，积极参与所在的市民联合会第七区分会会务筹备工作。报道说：

市民联合会第七区分会，前日下午八时，开筹备会。主席刘仲英，开会如仪，首由筹委周辅璋报告筹备会场各情毕。讨论事项，（一）办理会务，请郑君负责案，通过。（二）征求会员案，经筹委许廷佐赞助，督促本路商号，一致参加，非常踊跃。（三）限一星期内，征求完毕。（四）会所不敷办公，须觅相当处所，以应工作。（五）举办义务学校，即日招生。（六）订八月五日举行成立。（七）各筹委应努力反日援侨工作案：（甲）根据反日援侨大会决议，由市联会通告，遵照执行。（乙）通告会员商店，来会登记日期，自七月二十三至八月八日止，请接洽。（丙）被检查之日货，应报告，以资查考。（《市联会区分会消息》，《申报》1931年7月27日）

7月17日，天津《大公报》以"正在开辟之三门湾之概况"为题，大幅报道开发三门湾情况，称这里"岛屿星布，物产富饶，大好垦植渔牧之区，现由沪商许廷佐承办开发"。

8月30日，为救济长江水灾灾民，在《申报》刊登启事：益利汽水公司门市收入"连本助赈"。

8月底，妥善处理新益利轮与美舰相撞事故。《申报》先后报道说：

新益利轮昨因舵损潮急误触美舰

新声社云，本埠益利轮船公司新益利轮，昨日试车至吴淞，与停泊在爱多亚路外滩浦江中之美国钦差舰阿斯皮儿号相撞,美舰头部受伤,该轮无恙。当由该公司与该舰长及司令会商办法,结果,由该公司为之修理,定今日再会同讨论修理办法。兹将各项情形,分志如下:

新益利略史:益利公司新益利轮,系于去年十一月,向奥国政府购来,原系奥国输送舰,载重八百吨,来沪后由江南造船厂修理,改为商轮,预备将来行驶温州、汕头、厦门之间。前因轮内水汀转舵机,稍有损坏,协昌祥机器厂修理,现已修理完竣,停泊在十六铺大达码头。

相撞之原因:昨日新益利轮试车至吴淞,于上午八时三十分,由大达码头起椗,行驶至爱多亚路外滩附近时,在上午九时十分,因水汀转舵机损坏,不能转动,加以潮水紧急,一时无法避让,与停泊该处之美国阿斯皮儿号钦差舰接触,该舰头部铁板受微伤,新益利轮则幸无恙。

善后之办法:美舰长及司令黑利(译音)当请益利轮船公司,派代表前往会商办法。该公司主人许廷佐乃亲自前往该舰长及司令晤谈,因双方私人感情,素来融洽,且此事虽出意外,然损伤甚微,故均愿和平解决。结果,因美舰停泊在浦江中,即由益利公司雇工为之修理,定今日双方再会商修理办法。新益利轮,昨仍停泊在大达码头,俟各汀转舵机修理完竣后,即将驶往温州云。(《申报》1931年8月28日)

新益利轮误撞美舰案昨解决由益利公司负责修理

本埠益利轮船公司新益利轮,前日上午因转舵机损坏及潮急,与停泊在爱多亚路外滩浦江中之美国钦差舰阿斯皮儿号相撞后。昨日上午九时,益利公司主人许廷佐,与驻华美国海军总司令马克威(译音)及驻华美国海军坐办司令科而勃(译音)在该舰上会商进行修理办法,双方与协大昌、鸿翔兴、祥生等厂估价修理,结果由祥生厂修理,计修理费一千二百两,今日起工作,限四天完工。新益利轮水汀转舵机,昨日亦修理完后,定今日驶往温州云。(《申报》1931年8月29日)

同月,由黄岩方有度调查、义乌王钟萃编纂、明星印刷厂印刷的《三门湾辟埠指针》印刷发行,许廷佐为之作序。兹录弁言与序于下:

弁言
王钟萃

稽自军事底定，百废待举，欲裕民生，胥重实业。浙江素称繁庶，物产丰富，徒以囿于山川，限于财力，坐令工商不振，产业落后。讵知国以工商为战，民以食货为天，懋迁化居，克不容缓，乃知实业建设，实为当务之急。而三门湾实业港之建议，又为时势所趋也。唯兹事体大，民九华侨有志于斯，嗣以遏于齐卢之役作罢，厥后虽有二三明达建议，唤醒社会，终以困于财力，不得要领。庸知言论乃事实之基，毅力为成功之母也。不才秉知难行易之旨，适当许君廷佐发起承办开辟三门湾港埠，意在利用天然良港，助长实业之发达，既浚三门湾之富源，又开浙东运输之门户，况如此巨大建设，亦可解决浙东劳力过剩问题，似于国计民生，互得其益。不才即应发起函邀，由胡君佩珍导往三门湾，翔实调查，佥以三门湾之开辟，确为发展交通、振兴实业、巩固国防至大问题。惟开辟之权，操之在我，则利权不至外溢，且可免订约开埠之受人束缚。再经方君有度，设计调查，不才再三考察，百维心计，四易寒暑，爰敢不辞绵薄，拟具计划，汇成此编。厚望国人直起亟图，开辟自主商埠，发展本国实业，俾产业幼稚之中国，一跃而兴。初版，调查黄岩方有度，编者义乌王钟萃，印刷者明星印刷厂。

序
许廷佐

自海禁大开，东西新兴诸国，莫不以我国为其产业过剩之尾闾，据我要地，割我港湾，踞我海关，以贯彻其经济侵略之主张。试观全国海岸线上，宁有自主港埠乎！宜其积贫难反也。廷佐浙海鄙人，妄知大计，重以童龄失怙，弱冠夺学，来沪经商养母，先后开办益利五金店、益利西饭店、益利轮船、益利汽水厂、益利玻璃厂，冀挽利权于万一。三十年来，饱经忧患，迭更世故，乃知非发展海上交通及号召开辟港埠不为功。爰集资购舟山轮船，驶行申台线，复于该线筑灯塔，以利航行，又置益利轮船，为开港之初步运输。民十八由上海总商会呈请国府，推廷佐为承办三门湾商埠之发起人。先时曾由廷佐带比国工程师杨森到三门湾考察全湾形势,初拟蛇蟠山开埠,后勘知矿区,更拟健跳,而港水苦不深稳,三勘旗门上游,水急易挟淤积塞港,且两岸均属海涂,建筑维艰,抑陆上交通又多不便,终勘海游港巡检使埠为最适宜。该埠港水甚深,能容巨轮,将来北通津沪,南通闽广,更能与东方大港相联络,则上海不足匹也。而陆地穿金衢以入赣,经钱江达苏皖,亦复甚便。于是开辟三门湾之志益决,嗣邀方策、李骏、方有度、胡佩珍、武守鹤、邵锦芳、王钟萃等为发起人。同年六月呈请国府,批准承办开辟三门湾商埠,并附呈辟埠计划,以私产向政府息借公债五十万元为辟埠基金。越二月国府派工商部科长金秉时、建设委员会科长洪绅,会同浙建厅委员陆凤书、朱会芳,同廷佐由益利轮自沪直放巡检使埠,备受该地民众欢迎。各委乃详察亭旁矿区、沙柳瀑布、花屿盐场及农垦渔业等项,会衔报告三门湾有辟埠价值,许廷佐有相当资格。后蒙国府明令,准予承办,并蒙行政院令工商部,拟具设施计划,令财政部拨借五十万公债,为第一步建设之需。嗣浙江省政府,拟具官商合办计划呈部,拟定海游镇以东、旗门港以南、狮口岭以北为立市区域。久视省府经费支绌,部方计划未颁,乃以私资在巡检使埠,建筑益利码头、益利堆栈、三门湾初步旅馆,并测量三义路线,为通入内地筑路初步,复定益利轮班,刻期驶埠以繁荣之。唯开手伊始,期待方殷,甚望海内贤达、实业名家与以无量助力,俾三门湾港埠早观厥成,不独廷佐一人私衷庆幸,抑亦国人公意,不只福利民生,抑亦攸关国计。凡我同志,盍归乎来。(王钟萃编纂:《三门湾辟埠指针》,明星印刷厂印刷,1931年)

9月24日,由上海华侨建设三门湾委员会组织的视察团第一次视察三门湾活动"启程"。早日《申报》对此作了报道,照录于下:

> 视察团明日出发:华侨建设三门湾委员会视察团第一次视察日期业已确定本月二十四日,即明日由沪启程。浙江省政府张主席特电饬外海水上警察局届期派泰安兵舰随行保护。兹将外海水警局复电及该团组织人员团员须知、视察日程等采志如下:
>
> 水警局电:杭州省政府主席张钧鉴:七〇二九号训令并皓电均敬奉悉,当经效电呈报在案。兹以职考验超武兵舰,年久失修,恐机件发生危险,拟改派

泰安兵舰,以求坚固。遵于二十四日以前,驶赴石浦,专候华侨,谨复,王文翰叩皓印。

组织人员:全权代表徐信孚,名誉团长王阁臣,团长柴连复,副团长陈鉴深、刘士木,秘书徐欣夫,总干事刘秉森,会计主干柴廉夫,干事顾善鸣,庶务主干刘卓之,干事夏寿祺、刘敏,文书主干刘司牧,干事顾浩章,设计徐子戡,医务主干王慕耕,摄影主干刘实干,领导员胡常瑛。

团员人数:郑爆生、曾万铺、谢生顺、许有志、陈其英、方杯南、黄丕安、邓瑞人、邓金程、邓少甫、李学圃、刘宝余、周梅阁、桂未辛、王奔川、凌士钧、吕蒿渔、魏颂唐、李遂良、叶道渊、周尚、王勋、柴廉夫、陈鉴深、刘士木等三十余人。

团员须知:①参加团员,请在本团办事处预缴视察费用,大洋五十元。②团员需带毛毯、薄被、枕头、毛巾、牙刷、雨具、软底布鞋、热水瓶、手杖、望远镜、摄影器等,若喜欢水浴者请带游泳衣。③缴费以后,请于出发前一日到办事处领取证章、印刷品等。④视察日期定于九月二十四日下午三时,搭益利快轮出发,届期有本团旗帜为标记,并派员在码头招待,为轮船起碇,恕不守候。⑤船上指定舱位,不得随意更换,以维秩序。⑥本团为利便团员起见,特设临时办事处于船上,如有接洽,竭为办理。⑦团员上岸下轮,请守秩序,免蹈危险。⑧团员如非健步者,可以雇舆代步,惟须预向临时办事处接洽。⑨团员视察时,请循领队员沿途所立行程标记方向进行。⑩团员证章,务请佩挂衣领,以资识别而便招待。

视察日程:(一)九月二十四日下午四时以前,请团员直接至南市十六铺益利码头,乘益利快轮出发。(二)二十五日下午二时,轮抵三门湾口石浦,及换乘浙江省政府派来保护之超武兵舰,本日即在石浦一带视察形势及渔业市况。(三)二十六日视察岳井港石矿盐场,及云山石磁铁矿。(四)二十七日视察胡陈港飞机场、盖苍山林场。(五)十八日视察白桥港农垦区及石矿、煤矿、银矿。(六)二十九日视察旗门港蛇盘石矿渔场及林场。(七)三十日视察海游港、亭旁各种矿山与林场及三义路线。(八)十月一日视察码头、商埠区域、市政区域及畜牧场等。(九)十月二日视察健跳港渔场及海水浴场等。(十)十月三日乘兵舰抵舟山，参观省立水产学校与制盐场，下午二时，搭乘商轮返沪。(《建设三门湾视察团明日出发》，《申报》1931年9月23日)

同月，出版的《宁波旅沪同乡会月刊》第98期在以"定海旅沪巨商许廷佐等开辟三门湾之积极进行"为题大幅报道许廷佐开发三门湾进展情况。报道说，巡检使埠头已经筑有轮埠、堆栈、旅舍，鱼盐垦牧砖瓦商店等实业已经举办，通天台、义乌各县之汽车路将动工。文录于下：

相关报道书影

> 浙东三门湾埠，介于象南区宁四县之间，为吾国东方良港，港水深广，可容巨舶，港内地广人稀，土脉肥美，品产以米麦为大宗，木料尤伙。其山地宜于牧畜，矿产甚富，沿海饶渔盐，其利至溥，若谋开辟，必成巨埠。民十八年间，定海旅沪巨商许廷佐等呈请承办开辟该湾，业蒙中央明令照准在案。去冬，上海益利轮公司（系许君独出资创办）建筑码头于巡检使埠头，并筑堆栈旅舍数百间，工作积极进行，不日即可告成。许君得开辟该湾以来，迄今已两载有余，耗资已六七万金。现与许共同计划者，为浙省委方策之介弟方有度君以及义乌实业家王钟萃等，煞费心机，务期必成。上月间，沪杭各实业专家数十人，特发起往该湾考察，考察结果，各实业专家颇为满意，一时闻风而来加入者，踵趾相接，如国府要人张学良、张之江、庄菘甫等，以及上海牛惠霖医生、杭州徐信孚等。牛医生拟在该湾建筑大规模之疗养病院，又闻万国飞机场亦将在此建筑云。

组织兴业公司　先办实业四部

> 上月间，许君与张之江、方有度、王钟萃、徐信孚等所发起之三门兴业股份有限公司，以鱼盐垦牧制造及运销各项物品为营业目的，资本额定国币十万元，股本业已缴足。就其现时可得利益者先行举办四部（一）鱼盐，（二）垦牧，

(三)砖瓦,(四)商店。各部地址如下:鱼盐部,晒鲞在健跳,鱼船集合于健跳港中。垦牧部在小蒲市与西洞村二坂,因该处气候温和,海风□过。砖瓦部在江边山脚西首,出口近便,柴价低廉,泥质粘渗。商店部,巡检使已由上海益利轮船公司建筑码头、堆栈,轮舶由沪直达。俟以上四部办有成效,渐谋扩充。总公司设在上海百老汇路七十四号益利号,分办事处在三门湾巡检使埠头。

三义长途汽车不日动工建筑

最近许君所创办之三义长途汽车路,第一段路线,业已测量完竣,计自沿码头起,经海游镇,至天台县门止,共长一百三十华里。其第二三四段经天台、东阳至义乌县境,接萧常铁路而通江西,各路线亦已继续进行测量中。许君现推方有度、王钟萃、胡牧南、徐信孚等,与天津和记兴筑公司张占元、张兴礼、王聘三、刘其文等,订立全路包筑合同,限明年四月底完成三门湾至天台县城北门外天台山麓国清寺第一段工程,联络新嵊绍公路而达杭州。明春游览天台山胜景者,可由上海而至三门湾,直入天台矣。(《宁波旅沪同乡会月刊》第98期)

10月18日下午,当选为上海市民联合会第七区分会执行委员。报道说:

上海市民联合会第七区分会,昨日下午二时,举行成立大会。公推主席团刘仲英、史久麟、周辅璋等,开会行礼如仪,(甲)报告与来宾演说毕。(乙)举行选举典礼,由上级监视开票,当选揭晓,以周辅璋、刘春华、史久麟、许廷佐、刘仲英、费辅卿、钱芳洲、王锦昌、侯祥流等当选为执行委员,次多数严善林、周锡祥、简玉阶为候补。选举毕,讨论抗日救国问题,次及茶点摄影,钟鸣五下而散。(《市联七区分会成立》,《申报》1931年10月19日)

11月3日,天津《大公报》大幅报道许廷佐开辟三门湾的举措,认为其"一切都在建设发轫"。文录如下:

(杭州通讯)浙东之三门湾,为天然渔盐区域,亦极好之商业良港,系浙省唯一之大好富源地,屡经开辟,均未成功。现浙人许廷佐氏已经部准开港筑埠,外侨已几次莅临考察,亦均认土地肥沃,气候温和,宜于垦殖。刻下华侨投资组织公司者,已有数处,同时在进行者,更为难数,故该处已达于积极之时期,一切都在建设发轫。爰将最近情形志之:

航行便利：上海至三门湾间航行不便，轮渡仅驶至石浦而止，即须换海船前进，现在开埠人许廷佐氏，以欲使该湾繁荣，先宜便利交通，故租赁快轮一艘，定名益利快轮，独门行驶上海至三门湾之间，从此该湾交通愈觉便利，而同时在开埠之进行上，亦愈觉迅速矣。

农垦事业：三门湾幅员广袤，多至数百万亩，弥望平原，土质肥沃，宜于耕植，可垦之土，有数十万亩之多，在中央腹部，山岭重迭，冈峦起伏，荒山老树，到处皆是。现办事处已着手组织三门湾农垦公司，呈请当局注册，以利进行，而该公司唯一主旨，拟将各省灾民移往垦植云。

货物转运：三门湾出产丰富，如木材、山货、牲畜、砖瓦、渔盐等，曩以运输不便，均由海船输运各地，时日甚多，而价亦甚巨。自益利轮行驶后，上海方面每日运往者有千余件之多，而输出者亦多改用轮运，故许廷佐氏对于轮运事业，另组三门湾轮运公司，专司其事，以收实效。

三门旅馆：许廷佐氏以各项事业逐渐繁兴，而每日益利轮载来旅客，亦有千余人之多，对于旅馆事业，为开埠兴市之要政，庶来埠之客商，有托足之地，故组织三门湾旅馆，由许君设计，正在建筑，不日可以竣工，从此到埠客商，不至感受困难，有实至如归之荣矣。（《三门湾开辟近况》，《大公报》1931年11月3日）

11月18日下午，三门湾华侨建设委员会举行第一次会议，被推选为监委。报道说：

三门湾华侨建设委员会十八日下午三时，假上海北四川路克明里九号兴业股份有限公司开第一次会。到会员三十六人，开会如仪，全体摄影。公推徐信孚为临时主席，记录徐伯陶。（甲）主席报告经过情形，客岁十月，柴连复、周梅阁两君自备川资，前往南洋群岛宣传，召集侨胞归国，共同合作，开辟三门湾，直到今日，方始成立。建设委员会费却不少精神，厥后组织视察团到湾考察，结果大家都认为有开辟可能，因此本会之成立，愈益不能缓云云。（乙）主席恭读宣言章程。（丙）讨论执监委员人数，议决：执委定为九人、监委三人，多数通过。（丁）推选执监委员，推定黄丕安、柴连复、刘宝余、徐信孚、谢生顺、陈其英、袁法章、王阁臣、陈鉴深九人为执委，刘士木、许廷佐、叶锷三人为监委，徐维绘、刘秉森、金季襄、王奔川、桂末辛五人为候补执委，胡常瑛为候补监委。(戊)推举审查宣言章程，刘士木、陈其英、刘宝余三人为审查委员。(己)临时动议：徐维绘提议，移垦赈济委员会有成立之必要，请到会诸君加入，众赞成，全体加入，并以建设委员会签名簿签名为准，全体通过。王钟萃提议，三义公路应即开始建筑，请大家注意。王阁臣谓将来须组织三义公路建筑委员会负责办理，所有公路测定图案，今暂由本会全部接受保管，众赞成，通过。散会时，已钟鸣七下矣。(《三门湾华侨建设委员会昨在沪开第一次会》，《申报》1931年11月20日)

11月20日下午，出席三门湾兴业公司发起人改组会议，"结果甚佳"，并被推举为筹备委员。报道说：

> 三门湾兴业股份有限公司发起人前日下午七时，北四川路克明里九号该公司，开改组会议。到发起人徐维绘、柴连复、叶孝铡、袁法章、王阁臣、胡牧南、王钟萃、金季襄、刘秉森、李劳勃、黄丕安、谢生顺、严春堂（龚天健代）、徐信孚、林文镇、刘宝余、刘士木、许廷佐。(甲)推举徐信孚君为临时主席，记录徐伯陶。(乙)主席报告经过及改组原因并决定收股期限，略谓，本公司筹备数月，因种种原因，尚未正式成立，嗣得海外侨胞连袂归国，组织三门湾华侨视察团，进湾考察之后，一时殊感无从下手，中由柴连复先生奔走联络，加入本公司，而华侨亦深表同情，自愿投资合作，所以本公司有改组必要，自应扩充组织，以谋发展。特此招集新旧发起人到会，实行改组，务请到会诸君，发表意见，以利进行，应如何改组及缴收股款期限，请公决云云。(丙)议决重行改组筹备委员会，交股期限在本年十一月底以前缴足，十九日即发通知书，逾期不缴，作为自认放弃权利，发起人名义，应即取消。(戊)推举徐信孚、刘宝余、王阁臣、许廷佐、柴连复、郑瑞人、胡常瑛七人为筹备委员，全体通过。(庚)推举徐信孚、柴连复为审查委员，修改章程及办事细则，通过。钟鸣十下，散会。

(《三门湾兴业公司昨开发起人改组会议》，《申报》1931年11月21日)

11月22日下午，由王钟萃代表出席三门湾华侨建设委员第一次执监联席会议。报道说：

> 三门湾华侨建设委员会于本月二十二日下午三时，假上海北四川路克明里兴业公司开第一次执监联席会，到会员柴连复、徐信孚、袁法章、王阁臣、刘士木、许廷佐（王钟萃代）、黄丕安、陈其英、徐维绘、刘秉森等。开会如仪，公推徐信孚为临时主席，记录王钟萃，（甲）提议事件：（一）推举常务委员，公推陈凿深、柴连复、徐信孚为常务委员。（二）函请各界闻人一律加入本会，议决，欢迎海内外同志，一致加入。（三）推举组织法及办事细则起草员及订定会内办事职员，规定开支数目，议决，均由常务委员负责办理。（四）修正呈浙省政府报告第一次视察三门湾情形文，议决由常务委员修正通过。（五）推举代表赴杭晋谒张主席，面商三门湾投资事宜，议决，推举柴连复、徐信孚两君为赴杭代表。（乙）临时动议：（一）柴连复、刘士木提议组织无定期刊及通函南洋华侨各报社加入宣传，议决，通过。（二）刘士木提议，决定第二次视察团进湾日期，议决定阳历年底举行。（三）王阁臣提议，柴连复附议，三义路办法函达许廷佐，将手续交来，议决，通过。议毕散会。（《三门湾华侨建设委员会在沪开会》，《申报》1931年11月27日）

11月25日下午，出席市民联合会第七区分会第一次执行委员会会议并被推举担任调解职务。报道说：

> 市民联合会第七区分会，日昨下午二时举行第一次执行委员会，并宣誓就职典礼，到市党部代表钟权，市联会代表张一尘，及全体委员十余人。刘仲英主席，委员就职宣誓礼毕。（甲）分配职务案，推毕周辅璋、刘仲英、史久麟为常务，刘春华、严善林为总务，简玉阶、侯祥流为组织，许廷佐、钱芳洲、费辅清为调解，王锦昌、周锡祥为宣传，刘仲英、周辅璋、史久麟为出席代表，推郑东山为秘书。次上级指导后，（乙）讨论提案，（一）救国问题报告检查日货经过，及成立义勇军，定期检阅，以整军纪案，议决十二月五日举行。（二）国局危急，从速驱除日寇案，议决，电请蒋总司令北上效命，迅速履行。（三）张学良为东二省丧失之罪魁，人民应表示案，议决，电中央否认为当选监委，并撤职惩办，绳以国法以平民心。（四）马占山效忠疆场，应慰劳并请政府援黑御日案，议决，电国国府

动员援黑，及电慰劳马将军。（五）国联应申张公理，限日撤兵，以重公约而维威信案，议决，电国联理事会制裁暴日。（六）人民应有居住权，应主张案，议决，请市联合注意外联各区分会，一致主张，以保商人切身之痛苦。（七）请张发奎军长效马占山效军人职责，速北上效命案，议决，电向张军长，迅予讨日。次及其他各案，至四时余散会。（《市联会会议汇志》，《申报》1931年11月26日）

同月，《宁波旅沪同乡会月刊》第100期报道三门湾开埠建设近况。文录如下：

  浙东三门湾，现经部准开港筑埠，加惠农工，以实现总理实业救国之主张，前（廿二）日辟埠人许廷左租赁益利快轮，开始航行三门湾与上海间，并经浙省府派有兵队驻三门湾保护，其情形已志本刊。兹探得该埠最近之建设，述之于后。

  农垦公司着手组织：三门湾幅员广阔，弥望平原，土质肥沃，宜于耕植，可垦之土，约有数十万亩，中央腹地，山岭重迭，岗峦起伏，荒山老树触目皆是。现开埠办事处业已着手组织三门湾农垦公司，一面呈请当局注册。闻该公司创设之本旨，因年来各地灾荒迭现，匪患频仍，以俟流离失所之灾民，前来垦植云。

  转运公司开始筹组：日前益利轮由沪开驶该埠，有大批搭客等，案系实业家居多，而装来之货品，不下数千件，次日该轮开回，装出之山货亦巨。兹悉开埠人许廷佐，有鉴于此，爰发起组织三门湾转运公司，派定张周两君主持一切。将来该埠输出之山货、砖瓦、渔盐、牲畜等，以及由沪运来之各货建筑材料等，均可由该公司转为转运输送，以收事半功倍之效。

  三门旅馆不日动工：该埠开创伊始，仅房屋数百间，俱系各公司之堆栈厂房等，而客商驻足处尚付缺如，故住宿颇感困难。前月间，许君又创设三门湾旅馆，式样仿照各埠大旅社，资本定万余金，并委叶君设计，定日内动工建筑。将来旅客托足有方，而无出门难之慨矣。

  三义公路业已兴筑：又三义长途汽车路，其路线由三门湾起，经天台东阳至义乌，以接通萧常铁路，而通江西，业由许君计议建筑，测量早经完竣，现已由天津和记筑路公司得标承筑，业已开工。此路筑通后，浙东浙南两部物产，陆运均得畅通沪杭，而将来浙皖赣三省交通与工商业，必日益进展云。（《三门湾辟埠中之新建设》，《宁波旅沪同乡会月刊》第100期）

是年冬,许廷佐所属之益利轮船在三门湾海面遭海盗抢劫,损失惨重。

1932 年　51 岁

5月6日,《申报》报道益利汽水厂业务扩展情况。报道说:

> 益利汽水厂,为国人自营大实业之一,其出品经中央卫生试验所及美国化验局给照证明,驻泊沪美意葡等国军舰领馆,均采用之。本年该厂为求出品精益求精,特聘请德国化学家亨倍教授及国内名化学家范凤源君,任化验改良专员,俾出品足以凌驾舶来,并将设分厂比陇、新金山等国外大埠云。(《益利汽水厂业务扩展》,《申报》1932年5月6日)

5月,被推举为国难储金筹备员,此事系上海一二八抗战后,"各业忍痛开市后,为政府作长期抵抗而发起"。(《国难储金陆续推出筹备员》,《申报》1932年5月15日)

6月,益利汽水公司发起"悬赏400元征求童话故事"活动。

6月9日下午,出席上海市民提倡国货会联合中华国货维持会而举行的慰劳上海一二八之役英雄王陈大会。报道说:

> 上海市民提倡国货会法律顾问王屏南、第十二届常务委员陈炳辉,热心爱国,激于义愤,担任上海市民义勇军大队长,率军参加十九路军,抗日杀敌,颇著劳绩。该会联合中华国货维持会,于昨日下午三时,在九亩地会所,举行慰劳大会,详情分志于下:
>
> 会场布置:会场设国货维持会大礼堂,额题"安慰王屏南陈炳辉两同志卫国御侮的劳苦精神",中供总理遗像,下陈鲜花及纪念品,四壁张悬"王屏南陈炳辉两同志是卫国御侮的领导者""王屏南陈炳辉两同志参加抗日工作是争存国货界光荣与人格""王屏南陈炳辉两同志努力杀敌,是表示勇敢的民族精神""国货界一致拥护忠勇救国的王屏南陈炳辉两同志"等标语。
>
> 参加代表:徐缄若、徐赓华、王汉强、方剑阁、张德齐、李佩英、吴念农、丁洪川、梁士雄、张益洲、杨玉成、刘仲英、许廷佐、董伯英、顾炳元、潘德春、胡西园、吴春泉、陈翊廷、杨筱庵等二百余人,公推王介安、陈翊廷、方剑阁为主席

团,徐缄若为司仪。

开会秩序:1.振铃入席,2.全体向党国旗总理遗像行三鞠躬礼,3.恭读遗嘱,4.为抗日死难烈士静默志哀,5.主席报告开会宗旨,6.主席读慰劳词,7.王陈两同志报告抗日战绩,8.各代表演说,9.主席致闭会词,10.摄影,11.叙餐,12.振铃散会。(《昨开慰劳王陈大会》,《申报》1932年6月10日)

6月18日,作为商店会员代表,出席上海市商会第三次会员代表大会,"会议讨论重要议案共计十九件,改选执行委员七人,监察委员三人。即日发表宣言三通:1.表示本年工作应注重废止内战及提倡国货,2.反对上海设置自由市,3.反对鸦片公卖。"(《市商会昨日开代表大会》,《申报》1932年6月19日)

6月24—29日,三门湾华侨建设委员会组织第二次实地视察三门湾。6月30日至7月1日《申报》分两次刊文介绍此次考察情况,文中多次提到许廷佐开发三门湾情形。报道说:

(一)由沪启程沿途视察东门岛灯塔之历史

浙东之三门湾为吾国著名良港之一。民国十八年,上海总商会呈准中央,开辟自主商埠,复由中央政府及浙江省政府会勘委员勘定全湾行政、商场、农垦、制盐、住宅等各区域,于是规划粗备。各地华侨对三门湾之建设,尤感有莫大之兴趣,特组织三门湾华侨建设委员会,从事积极进行,以民众之力量,与政府分工合作。去年九月二十四日,该会集合各界代表,曾赴三门湾,作第一次实地之视察。六月二十四日,该会代表等复有第二次视察之举。由上海出发,经定海、石浦,而达三门湾,二十九日始返沪。本报记者亦参与斯役,谨就所得,笔述于次。国内不乏有志之士,或能闻风兴起,共输财力,庶东方第一大港之使命,得早观厥成焉。

观察团之组织:视察团之组织,以三门湾华侨建设委员会为主体,另聘美国开堆辟拉筑路工程师美人华纳尔及礼和洋行机械电器工程师刘忠昌,偕往视察全湾筑路筑塘工程。视察团一行共十八人,计为三门湾华侨建设委员会代表周耐盦、胡常瑛、周柳庭、陈心渊、李镜如,杭州无线电台主任余连品,同毅祥绸厂代表杨卓群,华原同生丝织厂代表吴伟民,美工程师华纳尔,华工程师刘忠昌及本报记者钱华。闻尚有浙江省政府及各界代表等十余人，因时间匆促，未及果往。浙江外海水上警察局局长王文翰为保护视察团安全起见，特派兵舰一艘，先在石浦迎候，专备视察团乘往三门湾之用。

上海至三门湾：由上海至三门湾，乘轮直放，十八小时即可到达。每星期内停泊十六铺码头之舟山、穿山、大华、达兴、台州、德利等六轮，均可经由定海，到达三门湾口之石浦，然后换乘永浦、临浦小轮至三门湾海游港辟埠区域。视察团一行，于本月二十四日上午五时，由十六铺码头，乘达兴轮启程，翌晨四时抵定海。定海俗称舟山，为浙东最大之岛屿，四周滨海，不与陆地衔接，居民多业鱼制盐，商事繁盛，其风景尤极明媚，青山碧水，仿佛画中。邻近小岛，星罗棋布，群山环拱，成为天然屏藩，俗谓舟山门户十六重，想见其地势之佳。全团因登岸观光，步行数百步，登东岳山顶之东岳庙，俯瞰全市，历历在目，旋折赴城内，环游一周返轮。晨七时，达兴轮离埠南行，开往三门湾口之石浦镇，轮行群岛丛山间，曲折蜿蜒，凭船远眺，飘飘欲仙。据航海者言，由定海沿内海行，航途险恶，礁石遍地，海流湍急，稍一不慎，即触礁倾覆。十时三时分，轮抵铜瓦门，石浦之门户也。远望群山衔接，成一字形，骤视之似属航路阻断，无可通行。迨舟行逼近山麓，始发觉一线航路，诚天险也。入铜瓦门后，半小时即到达石浦码头。石浦虽仅小镇，然为浙东航行之必经之途，故商市辐辏，居户繁盛，有电灯无线电之设备，山腰间屋宇鳞次栉比，拾级登高，别具景色。是时泰安轮已停泊江心，舰长孙显和前来接洽，遂于二十五日晚十时，全团登舰休息。二十六日晨二时，启碇开赴三门湾。

东门岛之灯塔：浙东内海各地礁石林立，航海者视为畏途，而各险要处，复无灯塔之设置，轮船倾覆，时有所闻。石浦渔人任筱和、任筱孚昆仲，以身受切肤之痛，因于民国三年，在石浦之东门岛上毁家制造灯塔一座。即以每月捕鱼所入，充灯塔之经常费，有余资则兴土木，谋扩充。至近年灯塔建筑，已焕然一新，先后共费万余金，复在塔旁建住宅七楹，昆仲即栖息其间，终年服务。自灯塔建立迄今，轮舟均平安经过，无一肇祸者。邑人慕其义，因立碑于塔旁，复榜其居曰二难，示不忘也。视察团抵石浦后，因于是日下午三时雇小舟，往东门岛灯塔参观,由任筱孚君亲出招待。任君满面慈祥之气,自言年已五十有四岁,其兄五十七,曾在私塾中诵读三年。建筑灯塔盖为同业中人造福耳,余兄弟自幼业渔,非素封之家,数十年辛勤所得,尽在于斯矣。现有大渔船二艘,月可获利一百数十元,适足敷灯塔之开支。然余昆仲年力已衰,百年以后,灯塔终将无以为继,故正设法筹划置田产,以为永久基金,此志未识何日得伸,不无耿耿于怀耳云云。其为公益牺牲之精神,足以愧今世之士大夫焉。塔旁住宅,虽极简陋,而布置优雅,花木满园,芬芳四溢,海风吹来,胸襟开爽,几疑置身神仙岛中也。闻邑绅曾代任氏上书财部,请求补助。民国十九年曾由浙海关拨付一年津贴一千五百元,然兹后以国家财政困难为言,遂停止拨付。是日虽大雨倾盆,而参观者之兴趣,以任君之义风,愈益增高。塔旁立碑,系黄岩名书家喻长霖君所书,文曰:东门岛兀峙海中,为象山石浦屏蔽,旧志所称天门山者是也。唐设昌国卫城于此,群岛罗列,岛北港口曰铜瓦门,南港口曰老东门桅。三门湾航路要津,每遇天雾夜霾,港门莫辨咫尺。海舶过此惊涛险恶,咸视为畏途焉。岁乙卯春,岛人任筱和筱孚兄弟,酿金建灯塔于岛之东南,指迷航路,遂庆安澜。已未秋,役人勿戒,塔屋被毁。筱和昆仲复商纪君传长等集资,扩筑三层灯塔,就塔旁造屋七楹,以为司灯栖息之所,庖厨备具,工坚且固,前后共费万余金。不惜毁家以成善举,从此海波不惊,商人歌颂。而任氏兄弟乐善好义之风,遂与斯塔并垂不朽,亿万年无终极。长霖亦浙人,同庆焉,遂焉之记,以诏方来,垂后世。甲子孟秋之月,黄岩喻长霖并书。

(二)企业公司分往投资——华侨拟有远大计划

三门湾之现状:泰安舰由石浦驶行三小时即抵三门湾内之海游港,丛山迭加,碧波不兴,景色之佳,允称独步。视察团下船,转乘小艇登陆,时大雨淋漓,道路泥泞,视察开埠区域一周,衣履尽湿。沿途阡陌纵横,一望无际,想见土地之肥沃,农作物之富盛。又至巡检司,参观许廷佐所建之码头及三门湾旅馆。附近有保安队一排驻扎,乡民安居乐业,诚桃源仙境也。十一时返船,复开往湾内之岳井洋,视察筑塘工程。下午五时离三门湾,复返石浦,而视察之任务于焉告终,泰安舰在石浦因避风停泊一宵,二十七日晨四时启椗往普陀游览,二十九日乘甬轮返沪(下略)。

开辟计划一斑:依照国民政府及浙江省政府会勘委员所指定,以海游港为三门湾之中心商港,沿港南岸建筑三义长途汽车路,以接杭江铁路,贯通浙皖赣三省,且北通沪津,南达闽粤,适居水道中枢。规划花否至猫头山一带,为商场区域,以巡检司鳌山花屿间为市政中心,沿港建筑轮船码头。拟设市政府于尖坑塘,设公安局于渔山,设水警局于小渔山。现驻保安队于巡检司,保卫团于花市街。沿海游一带涂地,均可建筑万吨以上轮埠。猫头山沿海为沙滩,规定为建筑海水浴场。海游港之北、正屿港之南,划为住宅区域。正屿港之北,旗门港之南,地势狭长,最适于建造船坞之用。旗门港以北迄于胡陈港,则为农垦区域及工厂区域。胡陈港之东,蛇蟠洋之东北,则划为避暑区域及水陆飞机场。岳井洋之西及渔洋之北,均划为制造区域,蛇蟠洋、满山洋之间诸小岛,均划为渔埠。

四十人合作社:海游港南岸之商埠区域,已有道南拓殖公司购定优美熟地数千亩,信衡公司以购定蛇蟠洋沿岸最深处一带涂地、拟筑外洋巨轮停泊之码头。最近尚有兴业公司亦购置大批地产,拟建设砖瓦厂、精盐厂、碾米厂、锯木厂及兴业商场等。永传公司拟在燕窝山筹建造林场。此外,私人方面及南洋侨胞,亦已购定鳌山村南一带地方,为建筑住屋及兴办工厂之用。故该处收用地价,每亩已在百元以上。至盐场之地,每亩须三百元。又有商人许廷佐集资在三门湾巡检司左近购地,筑码头,设堆栈,建旅馆,开商店,并创办益利商轮,由上海转三门湾,以利交通。近复有徐信孚、周耐盦等发起四十人合作社,以期群策群力,众擎易举。其办法则每人纳资二千五百元,四十人合共十万元,即以此十万元基金,向道南拓殖公司购熟地一千顷,在未开商埠前,将此多年垦熟之地,专种瓜菜两顷。据谓,可保在三五年内收回成本。其法至善,苟使国人能集合若干小团体,投以少数之资本,向生产丰富利益雄厚之事业上做去,则三门湾之发达,在指顾间耳。闻四十人合作社已告成立,而华侨建设委员会方面,亦拥有远大计划,筹有雄厚资本,努力开发三门湾,所望政府当局,勿再徒尚空论,坐令良港芜废,应速筹备的款,力谋实行,上下合力,众擎易举,

则三门湾之开辟,期以相当年月,当有成效也。(《三门湾视察记》,《申报》1932年6月30日—7月1日)

7月前后,接受宁波《时事公报》记者采访,"告以开辟三门湾之经过甚详"。后该报分三次大幅报道三门湾开埠历史及现状。文录如下:

(本报特派记者霭堂)定海旅沪巨商许廷佐君,于民十八年间,受上海总商会推举,发起开辟三门湾以来,敦请方有度、王钟萃两君协助进行。同年十月,奉中央明令承办开辟三门湾埠港准予备案,爰设总办事处于虹口百老汇路七十四号,设分办事处于三门湾巡检使埠,次馆建设,具有相当成绩。不料本年一二八沪变发生,总办事处地当战区,职员星散,工作因以停顿。兹沪案解决,许君贯彻初衷起见,有现任国府军政部长何应钦氏、前任吴淞要察司令邓振铨氏等,合出资本五十万元,余如中央要人暨富商大贾以及实业专家等,或投以巨资,或出其学识,与许合作者,颇不乏人。记者日前往沪,谒见老友许廷佐君,晤谈甚欢,承告以开辟三门湾之经过甚详,并谓下月间,三门湾银行将成立,总行设上海,分行设石浦,资本额为五百万元,现实收到全数资本四分之一强。谈次,并出示存据一纸。睹此开埠金融机关行将成立,则将来一切建设费,而无周转不灵之虞矣。嗣王钟萃君由外来,出其开埠计划另一册,指示甚详。记者一时为好奇心所动,又以百闻不如一见,欲往实地考察。许王诸君闻之甚为欢心。王谈君此行可用总办事处职员名义,一切较为便利。王又备函嘱记者投递分办事处主任叶永清暨就地绅耆丁德三等。故此行蒙叶丁等照拂,备受优待。当路过石浦埠,蒙友人许焕文、邓丽生陪往抵目的地,整日考察各处。无如天不做美,霪雨连朝,惟以兴趣殊浓,虽处此栉风沐雨中亦不感到不愉快,而向导丁德三君,八字其口,谈吐滑稽,一举一动,绝似舞台上一小丑,解慰吾人岑寂不少,诚旅行中之良伴也。兹将该埠之舆志暨开埠之经过及现状,拉杂志之,以作关心三门湾之企业家之一助焉。

方舆志要

一、疆界:三门湾包有宁海、象山、南田、临海四县地面,东至檀头山,南至鱼山,西至海游镇,北至宁属石墙头、象属昌石镇、临属芙蓉镇止,主体巡检使埠，属宁海南乡。石浦则象山巨埠，湾江则为南田辖境矣。

二、形势：三门湾北西南三面环山，东南列岛屏障，形如□鲍口，由海中瞭望，俨若三门，此命名所由起也。外有大佛岛，其形如神，内有五屿门，湾内可容一千吨至一万吨巨轮，且可避东海飓风焉。

三、区域：健跳、尖坑、小蒲、西洞、花屿、正屿、陶头、蛇蟠、沙柳、旗门、长街、古渡、大湖、岳井、石浦、海游、窦岙、桃渚、小清、南田、晏站、牛腿村、东岙、黄泥洞、崇屿、调头、舜岩、小莆市、长湾、茶院、胡陈。

四、地利：土地肥沃，宜种稻棉豆等，低地可种席草、咸青，防御则有明筑长堤及陡门，陌道则自巡检使城麓，至小蒲、西洞两村，有三丈阔大道，河渠能蓄湫水山之水，再引出水灌溉田亩，亢旱不灾。

五、物产（略）。

六、户口：全湾计七万三千户，三十余万人。

七、气候：气候温和，冬较上海暖十度，夏较上海凉十度，虽至严冬，罕见结冰，即人所曰"三日经霜暖如汤"也。

八、风俗：民族俭朴，教育幼稚，男多蓄发，女多缠足，一逢渔汛□市，则人多事杂，每易滋生事端。年来灾祸频仍，时患萑苻蜂起，讼狱不兴，甘受乡曲武断，烟酒之风未除，工厂之业不振，如不化莠为良，以工代赈，则来日大难未知伊于胡底也。

九、名胜及古迹：古迹则巡检使山古城，辟门四座，台隍尚存，亦为唐代南北会防之所，明设巡检司，防倭寇，城内有城隍庙、社稷祠、泰伯庙，更有唐建敦煌，明万历所凿石坞及现改业柱学校之文昌阁，现驻军警之司署及防营。题有此路通东京之满山石碑。名胜则沙柳瀑布，泻水极盛，小蒲瀑布，则由峰峦叠翠中泻出，秀丽可爱，景致绝佳，后有古石梁，叠石如环，泉流急湍，惜不辨其建筑年代矣。

十、关隘：巡检使东隅有炮位、瞭望台，旗门港叵驻海军，五屿门为天然要塞，明兵部左侍郎驻兵于此，江海关造灯塔于三门湾口外之鱼山上，即海图所谓黑山也。邑民任氏筱和、筱甫后造灯塔于东门，即汉书地理志所谓天门山也。前年许廷佐造磨盘灯塔于附近，较吴淞炮台灯塔式样稍大，嗣后航行三门湾者，可以灯塔为准矣。

建设事业

一、交通：三门湾位于浙省之东南，湾内岛屿林立，渔盐之利甚溥，东临大海，得有水上交通之便利，东北与宁海、奉化，西南与天台、临海相联接，将来铁路建筑至三门湾时，则上述各地，及其附近之旅客货物，皆以该湾为陆路交通之终点，商务发达，可操左券。现辟埠人许廷佐君，拆资数万，有巡检司埠，筑造轮埠、堆栈及民众住房，并将自置之益利轮，由沪行驶该埠，则水路交通，殊稍便利。又自三门湾经海游镇，而至天台，与自三门湾经宁海而至奉化，与自天台经东阳至义乌等公路路线，上年早经测量完竣，现由天津和记建筑公司投标承筑，动工之期，已不远矣。

二、商业：巡检司埠近筑有三门湾大旅社，背山面海，风景幽胜，登楼远眺，湾内全景，一览无遗。社屋系洋楼式，精舍十余，陈设整洁，一切设备，俱为适宜，诸凡铜铁床榻，红木器具，绸缎被褥，毛巾布枕等，应有尽有，其房价之低廉，饭菜之可口，侍者招待之周到，尤其余事。社主名叶永清，青田人，曾充军界职暨开化县县长，现挈眷住此，有久居意。旅社之下层，为叶永记南货铺、杂货铺，亦系叶所创设者，营业频发达。其他商店有甬人史春芳、方承模与湾商丁德三合开之三家布店，资本雄厚，百物咸备，营业状况，有蒸蒸日上之势，计每日晴天在百数十金以上，雨天亦达四五十金，因系现洋交易，故获利丰厚。丁德三所设之肉铺，每两日可售出白猪一头。余为陈某所设之国药铺，叶某所设之茶店，李某所设之织机厂，以及码头饭店，巡检客栈等等，营业颇为不恶，各店主于指筹握算之下，均欣欣然有喜色。据三泰布店主甬人史春芳谈，本人此次返籍，已与甬上各商接洽就绪，将于短期间在湾内集股开大规模之商肆，故日内大兴土木，从事建筑店房，亦想见史君振兴市面之热情矣。

三、渔牧及工业：渔盐场在健跳，畜牧场在小蒲市与西洞村（两场距巡检司埠仅三四里），复源砖瓦厂，在西洞港口。以上各店厂，虽经营伊始，成效未见大著，而主持者俱抱万分热心，实事求是，则将来有志者事竟成，事业之发

达，可翘足待也。(《三门湾开埠声中考察记》,《时事公报》1932年7月7—9日)

7月前后，为推进三门湾开发事业，发起组织两合公司，积极办理开发事宜。报道说：

> 浙东三门湾为我国东南良港，当海疆要冲，陆有林矿之饶，海具渔盐之利，孙中山先生曾躬至其地考查，定为实业要港，详志建国方略。民国十八年，上海总商会决议，推举巨商许廷佐先生，出任开辟该港埠事宜，即由许君拟具详细计划书，呈送国府及浙省府察核。旋经工商部建设委员会、浙江省政府派员会勘，认为确有开辟港埠价值，由行政院批令，特准许廷佐承办。许君即按照步骤，切实经营，不遗余力，所有轮埠、堆栈、旅馆、商店等项，均次第兴办完妥，其余经营，正在积极进行。兹闻许君以开辟港埠，为物质建设，乃今日切要之急需，尤与民生发展，关系至巨，爰本斯旨，约同发起人邓镜寰、王钟萃、陈伯阳、谌秉直、王逸曙、方有度、喻星侯、郭新晴等，于前日中午，假一枝香会商组织公司，俾众擎易举，早观厥成。闻会商结果，依公司法组织股份两合公司，即由许廷佐、邓镜寰等，负无限股东责任，并聘律师张耀曾、会计师谢霖为顾问。议席间，张谢二君贡献意见，关于公司初次备案手续，及一切法益保障，即委托张谢二君依法代办。闻该公司资本总额，仍照原拟计划，为国币三百万元，除由无限责任股东及发起人认定若干分外，其余股额，拟向热心建设国家同胞中劝募足数。将来该公司组织完备，其成功之伟大，事业之发展，当未可限量，而于国计民生，尤多利赖云。(《沪商进行三门湾辟埠》,《申报》1932年7月3日)

7月14日，沪上善会——集义善会虹口时疫医院在《申报》刊登"敬谢"启事，披露许廷佐为该院院董并捐洋二百元。

8月10日起，在《申报》连续刊登《三门湾辟埠股份两合公司紧要启事》，正式邀请沪上各界赴三门湾考察。文录于下：

> 敬启者，敝公司之组织辟埠计划案，业经呈奉行政院核准，同人等刻正按照计划步骤积极进行。惟事关裕国利民，亦即国民补助政府建设地方开发实

业之先声,凡我贤达必乐扶助。兹谨定于本月十八日下午四时将自备益利快轮,由上海大达码头专驶三门湾,用以欢迎各界人士前往实地考察并请指导。计程十八日由沪起碇,经定海,十九日到达三门湾,停候两日,以资考察。该轮于三门湾考察完毕后,即顺道开赴普陀一游,俾热心考察诸公得以乘时游览胜迹,藉增旅行之兴趣也。在普陀亦停候两日,回弯定海,准于廿四日原轮开回上海。轮中特备中西大餐、清洁茶点并有中西名医同行。各界热心实业诸君如荷贲临参加考察并指导一切,敝公司无任欢迎,务请于本月十五日以前先向百老汇路七十四号敝公司接洽登记,以便预备招待。惟该轮舱位有限,参加诸君务盼从速接洽,以免向隅而负盛意。此启。三门湾辟埠股份两合公司许廷佐、邓振铨同启,地址上海百老汇路七十四号。

8月11日,《申报》刊登消息,拟自备益利专轮,邀请各界赴三门湾考察。报道说:

浙东三门湾为吾国东南良港,自政府特准沪商许廷佐君承办商埠事务后,国人喧传,甚嚣尘上。兹据三门湾辟埠办事处负责人云,现在辟埠办事处,已改组为股份两合公司,由许廷佐、邓振铨两君发起,并为无限责任股东,负责招股,所有组织章程暨辟埠计划方案,均经呈奉行政院与实业部核准,刻下该公司已在积极进行中。现许邓两君,定于本月十二日,柬请沪上各界闻人及党国先进,假座本市商会大厅,开茶话会,以便报告改组经过,暨辟埠进行方针,并定于本月十八日,将自备益利快轮,专驶三门湾,用以欢迎各界人士赴三门湾实地考察。该轮在三门湾停待考察二日,即顺道开赴普陀,俾考察诸君乘便浏览胜迹,藉增旅行兴趣,轮中备有清洁中西大餐,并有中西名医同行,设备极为完全云云。闻该公司请券发出后,各界参加人数,颇为踊跃,足征国人对于建设事业之热心,而该公司之志愿,端在福利民生,前途发展未可限量,其关系于我国实业之提倡与夫社会经济之发展,尤多利赖焉。(《三门湾辟埠公司邀请各界赴埠考察》,《申报》1932年8月11日)

8月12日下午,主持三门湾辟埠公司在市商会举办的各界招待会,由代表报告辟埠经过及计划并备轮欢迎参加考察,不收费用。报道说:

三门湾辟埠公司于昨日下午四时假市商会大礼堂招待各界,到王晓籁、林康侯、张啸林、潘公展、王延松、袁履登、吴光宗、徐义衡、吴利国、何秉贤、赵晋卿、邬志豪、郑澄清等六十余人，由许廷佐主席。兹志详情如下：

代表报告：三门湾辟埠公司代表邓振铨君报告云，今日敝公司假座商会邀请各位到来，一面将敝公司辟埠方针及进行步骤报告，一面借此机会，得向各位领教。今日天气炎热，承各位不弃惠然光临，足见各位关怀实业，并厚爱敝公司，盛情可感。

辟埠起源：今日报告大致应分两点：第一点，敝公司辟埠之方针及沿革，我国社会经济之恐慌，一方面固系受世界经济恐慌的影响，然而另一方面，未尝不是因为矿产宝藏未开发，同受着交通不便之影响，以至工商事业不发达所致。兄弟与许廷佐先生同辟埠原发起人几位同志，因欲想为国家社会做一点实际上有福利的事，因此在民国十八年间，即发起开辟三门湾商埠之议。查三门湾地方，在温州与象山之间，距离天台山仅百余里，土地肥沃，物产丰富，为浙东几县之门户。尤以敝公司所拟辟为商埠之海游江巡检使山为最适中。巡检使山一带，水面极平，积水甚深，可停数千至万吨之大船，是浙东很好的港湾。我国因为幅员广大，故无人注意到此地。前清光绪年间，意大利曾经要求租作军港，清廷未许，于是国人始知其名。民十一年间我国侨胞，拟回国开辟三门湾商埠，嗣因国内连年军事影响，遂搁置未办。兄弟与许先生深知那里地势重要，宝藏甚富，辟成商埠，不特是应人民急切的需要与要求，而且可以开发实业，充裕国税。民十八年兄弟们发起辟埠后，得商会之赞助，遂蒙政府特准许先生承办。

过去成绩：四年之中，许先生独自办理，已将水陆道测量完毕，灯塔、码头、堆栈，造好数处，欲求精密确切地通盘计划，不免多费时日。许先生近因个人所办商业数起，精力不能兼顾并鉴于各方热心实业与建设同志，愿参加共同办理此事者颇不乏人，是以许先生愿将承办特权让诸公司，俾易集中人才，共同努力，早观厥成。兄弟本系军人，不谙商业，乃许先生以兄弟为发起人，挽同办理，并且勉以实业救国之大义，于公于私似乎难以安置，因此兄弟始开始参加，负无限责任。

扩充计划：改组公司已呈奉行政院实业部核准，公司股额为二百万元。除百分之六十为无限责任股东担任外，其百分之四十股款，已着手招股。俟股款缴齐，即正式成立，按照原定计划，积极进行，第二点原定计划细分三期进行。

进行步骤：第一期办理水陆上交通，先租一千吨轮船一艘，往来上海、三门湾、福州间，轮运三门湾附近各县到沪闽各地旅客及物产货品进出，使三门湾附近数县之进出总口。同时并修一条马路通天台，与浙省最近将成功之省道衔接，并先建筑市内必要马路一部分。其他如新修旅馆、码头、堆栈、转运公司，建设短波无线电台等，均为第一期应办事项。第二期时，交通既已便利，则商埠人口，当已增多，即修造市房一千幢，增加大轮船一艘，小轮一艘，办储藏饮料，添修市内马路，办理电灯、市内电话、长途电话，均为第二期应办之事。其第三期之计划，办理关于开发矿产渔盐场农垦森林及自来水公司等，其范围较大，需款颇巨，自非敝公司独立经营所能办到。彼时唯有视自己财力为标准，择要举办，或添招股本，或另组公司，互助建设。总之兄弟与许先生及敝公司同人对于此种事业，明知经纬万端，办理不易。然而竟忘其绵薄，锐意从事者，盖深感政府之委托，并荷商会诸公扶助的雅意，更与社会人士期望之殷。兄弟等惟有自矢尽其全力做去，做到哪步算哪步，还望各位不客气地随时指导，并望商会诸公积极地扶助，将来敝公司得到一点成绩，三门湾附近民众得到一点福利，都是各位所赐。

欢迎参观：附带报告敝公司因为欲想使各界关心建设与实业的同志们，早时到三门湾考察，故此先将许先生益利公司之益利船定期本月十八日下午四时，专送各界考察诸君到三门湾实地考察。今天到会诸君，均已正式备函欢迎，请各位劳驾，如各位有好友愿偕往者，请介绍通知，敝公司均一并欢迎。此行在三门湾停泊二日，顺道开至普陀一游，亦停泊二日，即开回沪上。船中设备完全，并向浙省府请有兵舰一艘，随船保护，旅行很安全。此行考察后，敝公司于短期内，即另租一船专驶三门湾、上海、福州，以利交通。后由王晓籁、林康侯、赵晋卿等相继演说（词长从略）。

参加须知：参加考察团手续暨来往路程规定如下：（一）投函向三门湾辟

埠公司登记。(二)三门湾辟埠公司赠送欢迎券。(三)八月十六日下午四时,凭券至大达码头三门湾公司招待处验券招待,不收船金,供给伙食。(四)十九日上午至定海,省府特派兵舰随船护行。(五)十九日下午到三门湾住宿旅馆或船上。(六)二十日晨由三门湾巡检使埠登岸。(七)三门湾民众代表、三门湾辟埠公司招待引导考察。(八)回轮住宿。(九)二十一日由三门湾乘原轮至普陀,仍住宿船上。(十)二十二日游览普陀胜迹。(十一)二十三日回经定海。(十二)二十四日原轮回上海。(《三门湾辟埠公司昨在商会招待各界》,《申报》1932年8月13日)

8月17日,《申报》报道由许廷佐陪同的三门湾考察团出发消息。文录如下:

三门湾辟埠公司奉准院部令改组,依照计划,积极进行。此次欢迎赴三门湾考察日期,业已确定本月十八日(即明日)下午四时,由上海大达码头启程,并蒙军政部特派测量舰、浙江省政府特派海外兵舰随行保障。参加考察之个人及团体等,共约三百余人。公司方面代表许廷佐、邓振铨,招待员陈伯开、王逸曙、方有度、王钟萃、郭新晴、周盛皓、谌秉直、胡竟武,医生孙克勤、车鸿彝。附《考察须知》:1.领到三门湾辟埠公司欢迎券者为参加考察员;2.考察员凭券于本月十八日下午四时,至大达码头三门湾辟埠公司招待处,验券登益利轮船,不取船金,供给膳食;3.登轮以后,对照券的号码、个人舱位;4.务请按时临赍,轮船起碇,恕不守候;5.船上编定舱位号码,请勿任意更换,以乱秩序;6.敝公司为便利考察起见,特设招待处于船上,如有接洽,竭诚办理;7.考察员上岸下轮,请守秩序,免踏危险;8.考察员视察时,请循三门湾民众代表及公司招待领导,沿途考察;9.考察员请按照时刻,回轮住宿,以便招待;10.考察员应带考察应用各件,以便随时随地实验记载摄影。

考察日程:1.八月十八日下午四时以前请参加考察团各团员,直接至南市十六铺大达码头乘益利轮出发;2.十九日上午八时至定海,浙江省政府特派兵舰随行;3.十九日下午五时,至三门湾住宿船上;4.二十日上午七时登巡检使埠,视察市区域,及海陆上交通;5.十二时回轮午膳;6.下午视察开辟三门湾商埠一二计划设施,及渔盐农垦各地点;7.二十一日下午一时原轮到普陀,仍住宿船上;8.二十二日七时登岸游览普陀胜迹;9.二十三日上午九时到定海,参观水产学校;10.下午四时原轮回上海。(《三门湾考察团明日出发》,《申报》1932年8月17日)

1932年8月18日,许廷佐陪同上海三门湾考察团离开上海时留影

8月18日,三门湾考察团出发,参加者多为上海各界著名人士。次日《申报》报道说:

> 三门湾辟港公司许廷佐、邓振铨等,为使沪上各界人士明了该港建筑情形,为将来之发展,特由益利轮公司备益利轮,欢迎沪各界前往实地视察。该轮当于昨日下午四时,由沪起碇,定二十四日返沪,共计此次参加者有王晓籁等三百余人云。(《三门湾考察团昨日启行》,《申报》1932年8月19日)

8月24日,《申报》大幅报道此次三门湾考察团考察经过,内容相当详尽,据称考察团印象"极佳"。报道说:

> 三门湾辟埠公司责任股东许廷佐、邓振铨邀集各界人士组织三门湾实业考察团,于月之十八日乘益利公司之益利船前往该埠实地考察,该团已于昨日上午七时许返沪。兹将该团出发经过,详记如下:
>
> 沿途中
>
> 行程:十八日下午五时十五分,由上海起碇,十九日上午五时半抵舟山(即定海县治),稍稍停泊,上午八时起碇,薄暮抵三门湾。该埠民众代表林浚

荣等率领小学生齐集岸边张灯结彩,燃放爆竹,表示欢迎。当有一部分团员以驳船登陆,与欢迎者一度会晤,小学生唱歌致敬,由益利公司各赠汽水一瓶,团员当即返船寓宿。次晨分四队考察,二十日下午十一时,由三门湾开赴普陀山,二十一日上午九时许到达,团员立即登岸游览,或即晚返轮,或投宿庙宇,二十二日上午十一时开定海,下午二时泊岸,参观浙江省立水产学校,四时起碇开沪,出舟山群岛后,海涛澎湃,乘巨风,破骇浪,颇令人触目惊心,晕船呕吐者不知凡几,幸于昨晨七时许抵埠,停泊十六铺大达码头。

保护:海军部特派吴光中司令率领瞰日测量舰武装随同保护,浙江省政府亦派由叶有梅舰长率领海静军舰由定海随至三门湾,以靖海面。当考察三门湾时,复请驻扎该地之浙江省保安队第五营第二连连长廖汀帆派兵一排,分四队随同出发,以资保护。

招待:沿途待遇颇见主人之殷勤,除一饮一食一盥一沐,全由许邓两君供给外,并携带大批益利公司汽水,每日分赠各团员,并派陈伯扬、王逸曙、方有度、王钟萃、郭新晴、谌秉直、胡竟武等随轮招待。

三门湾

抵埠:十九日下午六时半,轮入海游港,则近日测量舰已先在,特升旗鸣笛,互行敬礼,七时抛锚后,即有一部分团员登岸,与欢迎者一度会晤。次晨七时,即于蒙蒙细雨中分别乘划船上路,齐集城隍庙,由许廷佐、邓振铨、方定中等致辞,地方代表林浚荣致欢迎词,团员代表王晓籁致答谢词,遂分组出发考察。

分组:考察团计分四组,第一组考察商埠交通,组长谭绍良、向导王钟萃;第二组考察渔盐水利,组长吴山、向导方有度;第三组考察农耕森林,组长蔡无忌、向导胡常瑛;第四组考察工业矿产,组长王晓籁、向导郭新晴。分组既定,立即出发,惟以组织未臻健全,致每有中途分化,各向一方,而分别进行考察者云。

命名:三门湾东滨东海,地跨宁海、象山、南田、临海四县(其北西南三面环山),东南岛屿屏障,形如瓠口,由海中瞭望,俨若三门,此殆命名之所由起欤。

人民:该埠户口计七万三千户,三十余万人,民风醇厚。记者出发考察时,向乡民索茶,予之钱不肯受,询以路,不远里许,临歧指告,堪嘉尚也。

风俗:民尚俭朴,教有幼稚,男子多盘辫于头,女子则裹足极小。当途遇三四妇女,均鞋尖凸,出胫骨寸许而已,见途人辄避之路旁。成年女子,且俯首背面,备极忸怩,似以见生人为可羞之事者。

上海考察团乘坐益利轮抵达三门湾情景

生活:生活程度尚不为高,三亩稻田即堪温饱,每亩年获种三担,力耕于土沃者有十亩之田,数口之家可一年耕而余三年之食矣。耕耘之暇恒以麻雀消遣,商人亦仅吃红米,米价约每斗六元。

土质:土质以粘土为多,沙土甚少,似有设法改良之必要,以荒芜之田甚多,野草颇肥,农家所畜之牛,莫不皮毛光泽,体质肥健。

交通:该埠既跨四县之境地,复为水运之要冲。海游港中,日有小轮来往。轮局凡三家,曰永浦,曰临浦,曰大兴,开海游石浦两地,年有十万乘客之往来。

意见:考察以后吴山发表意见云:开辟三门湾之先决问题,厥为化兵为农,化农为兵,兵化农而能谋自立,农化兵而能御盗匪。今海游港不能停泊大轮,而猫头湾可行万吨之船。以交通言,码头即宜迁徙于猫头湾。巡检使山为唐代要塞,可筑炮台以固海防,而保渔业。小蒲可作商业区,城隍山可驻屯垦队,保护渔盐,尤须开垦田,以拓植区域。又王晓籁发表意见云:吾与友人已在三门湾合购田亩二万五千亩,作移民投资之基础。由三门湾至天台之一百三十里山道,应即进行筑路,以利交通。小蒲可作住宅区,鳌山至西洞可作商店区,花屿、猫头山、门头山可作工厂区,正屿山、陶头山可作盐场区。

团员:此行对于开拓三门湾之印象颇深,关于各团员之向导人员殷殷垂询三门湾之地价、出产、风俗、民情,大有终老是乡之慨。在船时并纷议组织团体,集合投资。同时三门湾辟埠公司亦正在招股,以期集中力量,一致进行。(《三门湾考察团返沪》,《申报》1932年8月24日)

1932年8月,上海三门湾考察团人员在三门湾会议现场

同月,许文贵向上海联益善会临时时疫诊所"助洋五元。"(《虹口狄思威路东有恒路上海联益善会敬谢诸大善士慨助本会临时时疫诊所医药经费》,1932年8月7日)

9月24日下午,被上海市商会提倡国货委员会第二次委员会议推举为研究组成员。报道说:

> 上海市商会提倡国货委员会于昨(二十四日)下午二时召集第二次委员会议,到委员方椒伯、陆文韶、陈良玉、李文杰、顾九如、王士强、叶家兴、郑选清、张一尘、王延松、柯干臣、陆兆麟、许冠群等十三人。方椒伯主席,吴纪春纪录,行礼如仪,纪录宣读第一次会议议决案后,报告事项:(甲)经上次会议通过之本会组织大纲及分会简则,已经常务会议议决,准予备案。(乙)陈主任松源坚请辞职,挽留无效,经常务会议议决,改推方椒伯为主任委员。(丙)本会原推委员之数,照章尚未推定,现经第四次执行委员会议决,加推王延松、骆清华等十一人为委员,合计为二十八人。讨论各组委员人选案议决,各组委员人

数及推定委员,名单如下,总务组陆文韶、郑澄清、叶家兴、柯干臣、陈松源等五人,指定陆文韶为召集人。编查组王延松、骆清华、娄凤韶、盛丕华、李文杰等五人,指定王延松为召集人。研究组许冠群、王士强、方液仙、葛胜如、叶墨君、谢鹏飞、陆兆麟、郑寿芝、许廷佐等九人,指定许冠群为召集人。宣传组顾九如、张一尘、王显华、沈骅臣、陈良玉、庄梅堂、林章荣、陆祺生等八人,指定顾九如为召集人,并定二十八日(星期三)下午二时,召集各该小组首次会议。又讨论本会进行办法案,议决(一)本会定十月三日起开始办公,(二)函请市商会,(甲)在会内拨给相当办公地点,(乙)拨调办事员五人兼任本会事务,(丙)通告本市各业同业公会,限于二星期内成立分会并将办理情形函报本会备案。议毕,五时散会。(《提倡国货会二次会议》,《申报》1932年9月25日)

同月,向卫国阵亡将士遗族抚育会捐洋20元。(《卫国阵亡将士遗族抚育会鸣谢捐助基金启事》,1932年9月19日)

11月26日,金成志在《申报》刊登声明,脱离益荪公司,该公司由许廷佐独自经营。启事如下:

> 王建范沈锜律师代表金成志君声明脱离益荪公司启事
>
> 兹据金成志君声称,鄙人前与许庭佐、刘锦荪两君经营益荪公司。嗣因鄙人无意营业,于本年十一月十五日要求许刘两君同意解散,鄙人与刘君完全退出,归许庭佐一人继续营业,由蔡汝栋、蒋保廉律师等证明在案。嗣后该公司不论盈亏,概与鄙人无涉,所有以前未了事宜亦由许廷佐负责,三方银钱关系亦均理楚,并无任何纠葛,为请代表登报声明等情前来,据此,合为声明如上。事务所四川路六号五楼,电话一七二三〇号。(《申报》1932年11月26日)

11月27日,所办益利玻璃厂为成功研制高脚玻璃酒杯在《申报》刊登启事,进行宣传。文录于下:

> 益利玻璃厂为高脚玻璃酒杯出品精良研究成功启事
> 并招请外埠及南洋群岛经理
>
> 溯自九一八以来,外侮日亟,国难益深,有志之士,咸知非提倡国货,不足以言救国。环顾国人日常需用之品,以玻璃物件为多,然其货品大抵来自外洋,

国人虽相仿造，无似成绩总不是佳。敝公司夙以改良国产工业自任，因专程派员远涉重洋，至德比等国，考察玻璃事业，并四出罗致著名技师，采办国产上等原料，经过长时间之研究，始获得美满之效果。所出之各种玻璃杯，无论高脚酒杯，平底水杯，车花爵觥，均式样新颖，精美绝伦，质料坚细，透明莹澈，瑕疵毫无，较之外货有过而无不及，足为国货玻璃业吐气，而造成光荣纪录。非独敝公司出品成功之幸也，想国人闻之，亦欣悦欤。兹将各项玻杯，陈列于百老汇路七十四号总发行所，倘荷惠临参观，必知其言非谬，并欢迎外埠及国外特约经理，如蒙函询，当竭诚答复，如需样品，亦当妥为寄上。从此舶来玻杯，不足以横行亚陆，而吾爱国同胞幸各负国货救国之天职，尽力提倡，以臻富强，国运前途，良深利赖也。益利玻璃厂谨启，厂址华德路一五六八号，发所百老汇路七四号，电话五〇三七二号、四〇一七四号。(《申报》1932年11月27日)

12月18日下午，当选为上海市民联合会第七区分会第二届执行委员。报道说：

本市民联合会第七区分会，昨日下午举行第二届改选大会，到会员一百余人。公推主席团刘仲英、周辅璋、严善林，开会如仪，报告毕，讨论提案，(一)电国联代表，(二)收回东北失地，(三)呈请市党部速颁减免房租办法，(四)反对电话加价，(五)劝告会员永远抵制日货，议决，原则通过，交第二届执行委员会积极办理。选举揭晓，以刘仲英、许廷佐、周辅璋、史久麟、简玉阶、钱芳洲、邓俊卿、刘春华、严善林、周锡祥、陈源丰、金仁其、郑鸿涛、腾罗山、冯卫石十五君为执行委员，侯祥流、林植培、费辅清、蔡立卿四君为候补执行委员。议毕，散会。(《市联七区分会选改揭晓》，《申报》1932年12月19日)

12月25日，沪上各业保险总经理处成立，当选为监察人。报道说：

本市各业公会，为提倡华商保险事业起见，特联合各业领袖，组织各业保险总经理处，昨在上海商社开创立会。到会发起人王晓籁、王延松、方椒伯、郑澄清、叶家兴、骆清华、陆文韶、马少荃、郑泽南、张一尘、谢仲乐、陈松源、邵宝兴、吕岳泉、俞国珍、葛杰臣、陆凤竹、姚式文、董汉槎等三十余人。公推方椒伯为主席，当由主席报告筹备经过情形，并通过公司章程，选举董监。用票选法，选出方椒伯、王晓籁、陈松源、王延松、郑泽南、葛杰臣、诸文绮、陆文韶、吕岳泉、马少荃、柯干臣、骆清华、郑澄清、叶家兴、俞国珍、王彬彦、马骥良、谢仲乐、陆凤竹、董汉槎、孙梅堂、张佩珍、邵宝兴等二十三人为董事,姜麟书、邬志豪、张玉墀、许廷佐、金润庠、屠开征、余华龙等七人为监察。(《各业保险经理处昨在商社开创立会》,《申报》1932年12月26日)

是年,聘请马寿华为益利汽水公司常年法律顾问。

1933年 52岁

2月26日,作为执行委员,出席市联会第七区分会第二届执行委员就职典礼并被推举为常务委员。报道说:

> 市联会第七区分会,昨日举行第二届执行委员就职典礼,到刘仲英、许廷佐、史久麟、刘春华、严善林、林植培等十余人,市党部代表朱养吾,市民联合会代表张贤芳等。主席周辅璋,(一)市党部代表朱养吾训词。(二)市联会代表张贤芳训词。(三)主席答词。(四)全体执委起立宣誓就职。(五)分配职务,出席代表许廷佐、周辅璋、刘仲英,常务推许廷佐、史久麟、周辅璋,总务推刘泰华、严善林、刘仲英,组织推周祥生、金仁其,调解推简玉阶、郑源兴、钱芳洲、费辅清、腾罗山、冯卫石,宣传推邓健卿、蔡立卿、林植培、侯祥流。(六)讨论议案,(甲)东北各将领通电,誓死抗日,议决去电勉励,本会市民愿作后盾。(乙)自来水公司非法断水案,议决,函告房产公会,万勿屈伏,坚决到底。(七)刘春华等委员辞职,议决,一致挽留。(八)茶点。(九)散会。(《市联分会消息》,《申报》1933年2月27日)

3月1日,与邓振铨合作的振利银号正式开业,并于次日在《申报》刊登鸣谢启事。文录于下:

> 振利银号许廷佐邓振铨敬谢来宾启事
> 昨日敝号开幕,承各界知交贵临指教并赐宠仪,不胜感激之至,诚恐招待不周,敬乞原宥,谨此鸣谢,并志谢忱。

3月12日下午,出席第一特区市联会第二届代表大会并当选为监察委员。报道说:

上海市第一特区市民联合会，以第一届委员任期届满，特于昨日下午二时在市商会举行第二届第一次代表大会，改选委员并讨论各项案件。兹分志详情于后（宣言从略）：

议决各案：昨到监视员市党部毛云、社会局颜文凯及各区分会代表邬志豪、胡凤翔、张一尘、曹志功、成燮春、陶乐勤等七十人。推邬志豪、胡凤翔、张一尘、曹志功、成燮春等五人为主席团，行礼如仪，即开始讨论，当场议决，（一）发表宣言，（二）严办失地长官，（三）通电全国同胞，一致救国大动员，（四）呈请上海市政府，依法办保卫团，（五）组织检查队，肃清仇货，（六）筹募市民号飞机，（七）反对电话加价及自来水加价，（八）减轻房租电灯费，以维民生。

选举结果：第二届执监委员，当选执行委员三十五人，胡凤翔、陶乐勤、张一尘、曹志功、张贤芳、王晓籁、林康侯、邱嘉杰、王漳良、刘仲英、陈炳辉、王延松、汪曼云、王鸿辉、陈九峰、陈济成、朱保罗、张达夫、朱养吾、祝志纯、虞仲咸、成燮春、孙文毅、沈韵涛、沈田莘、陈蔚文、王荣棠、蔡洽君、张禹门、张克伦、王和松、余玉卿、郑澄清、陶洪范、王靖东。候补执委十一人，叶家兴、陆文中、陈汉泉、王剑谔、蒋君毅、陈广海、张穉僧、张仁彦、叶其昌、蒋持平、陈东海。监察委员十五人，余华龙、屠开征、邬志豪、虞洽卿、袁履登、钱龙章、史量才、张子廉、张□海、孙鸣岐、刘东海、郑东山、许廷佐、邢谷香、周辅章。候补五人，盖双扬、汪维英、费良衡、俞铭巽、赵南公。（《第一特区市联会昨开第二届代表大会》，1933年3月13日）

3月27日上午，参加公共租界纳税华人会第十二届选举市民组投票。（《市民组选举昨日投票》，《申报》1933年3月28日）

同月，宁波旅沪同乡会航空救国募款委员会发起募款购机（宁波号）活动，担任征募队长，至4月初，"许廷佐队一百二十五元九角"。（《甬同乡会航空救国募款委员会六次揭晓》，《申报》1933年4月6日）

4月27日下午，出席上海市民提倡国货会及中华国货维持会联席会议。报道说：

上海市民提倡国货会及中华国货维持会为反对工部局攫夺我国工厂检

中华国货维持会会员录

查，特于昨日下午三时，在九亩地该会大礼堂，召集各会员工厂，举行联席会议，到亚浦耳电器厂、天一味母厂、益利汽水厂、华阳染织厂等代表许廷佐、胡西园、张子廉、汪星一等五十余人。由陈翊廷主席，报告开会宗旨暨纳税西人特别大会修改地产章程、授权工部局管理工厂经过，继即开始讨论，孙道胜、朱德超、陈炳辉、汪星一等相继发表意见。议决（一）函请市政府严重交涉，力争国权，由本会领导全沪国货工厂，誓为后盾。（二）分函国货各团体，组织反对工部局检查工厂委员会，并公推陈炳辉、陈翊廷、汪星一、孙道胜、徐赓华、王介安、邬志豪等为代表，指定汪星一、陈翊廷为召集人，直至下午六时始散。(《上海市民提倡国货会及中华国货维持会联席会议》，《申报》1933年4月28日)

5月前后，发起创办洽茂冷汽股份有限公司并于5月1—3日刊登开业通告，文录于下：

洽茂冷汽股份有限公司开幕通告

谨启者，我国冷藏事业历由洋商经营，阙后社会需求日繁，华商渐有注意自办者，然方在萌芽，势不能与洋商相颉颃。本公司念利权之外溢，图漏卮之共遏，特由纯粹华商集合巨资，自建五层洋房，聘请专家多人，创设新式冷藏堆栈，其机器定自世界冷汽最著名之美国鹰格沙伦厂，所聘工程师亦新自海外研究归来，其冷汽之充足在摄氏表零度以下，如遇鲜鱼冷藏可于四小时内冰硬，实为沪上所创见。惟遇北货、水果等物无需较大冷汽者，亦设有缓和之小间，冷度之准确亦为沪上所罕有，更以科学方法精制卫生砂滤亮冰。值此国货年中，创立本栈，以应社会之需求，内部设备无不应有尽有。举凡海鲜鱼虾、水果、蛋类、鸡鸭牛肉、参药、北货、呢绒毛冷暨精细皮货等品，皆宜冷汽储藏，极合卫生。至于地点之适当，服务之周到，尤其余事。兹择于五月七日正式开幕，谨备茶点，欢迎参观，深恐柬邀不周，用特登报通告，尚希各界惠然贲临，力予指导,无任荣幸,谨此通告。

　　董事长杜月笙

　　常务董事金廷荪　周芗畊

　　董事许廷佐、瞿鹤鸣、魏乙青、谢鹏飞、俞伴琴、经润石、金玉振、李荣堂

　　监察蔡田茂、朱珠宝

　　总副经理李荣堂、陈莲甫同启。

　　地址小东门外洋行街念号廿二号　电话办公室八四六三二　冷汽部八〇五三八

5月17日下午,应邀与"中委蔡元培、市长吴铁城"等在第二次国货宣传运动大会上演讲。报道说:

　　本市第一特区市民联合会,定于今日下午一时,假座西藏路宁波旅沪同乡会,举行第二次国货宣传运动大会,敦请中委蔡元培、市长吴铁城、教育局长潘公展等演说,各情分志如左:

　　会场布置:大会会场,昨已布置就绪,大门入口处,悬挂"上海市第一特区市民联合国货运动宣传大会"横联,左右两旁分悬对联,词为"提倡国货,是挽救中华民国的实际工作","提倡国货,是打倒经济侵略的和平政策",二门悬"国货救国大运动"白布横联,右为"唤起全国民众一致购用国货",左为"宣扬各厂出品,营销国内海外"。礼堂中悬总理遗像,党国旗分叉左右,场内满贴提倡国货标语,琳琅满目,美不胜收。

　　大会职员:(主席团)林康侯、胡凤翔、张一尘、刘仲英、陈济成、虞仲咸、陈炳辉;(司仪)方佩诚、陈九峰;(秘书)陶乐勤、曹志功、朱养吾;(速记)郑东山、梁耕航;(总务)张贤芳、蔡洽君、王荣棠、祝志纯、沈韵涛、张禹门、周辅璋;(招待)王靖东、张穉僧、朱保罗、史久麟、赵子云、陈树德、孙文毅、张克伦、余玉卿、费良衡、张国瑛;(纠察)邱嘉梁、陈惠裕、冷炳南;(游艺主任)王鸿辉;(游艺干事)王和松、葛福田、卢绿门、任农轩。

　　国货赠品:华欧糖果公司凭券赠送糖果一包,中法药房赠送人丹二千包,赠完为止,爱华制药社凭券赠送人丹一包,仁丰染织厂捐助白竹布一匹,鸿章

布厂捐助阴丹士林布一疋，供该会应用。

名人演说：今日出席大会演说者，计有中委蔡元培，实业部代表何炳贤、陈荆生，市长吴铁城，教育局长潘公展，市商会主席王晓籁，市党部吴开先，国货界巨子邬志豪、王汉良、张子廉、陈翊庭、许廷佐等。

电台播音：该会为使全市市民明了提倡国货之真谛起见，特于今日今午一时，在大华无线电台，请虞仲咸播音，题为"国货救国"。

游艺余兴：大会并备有游艺助兴，其节目为一时至二时半，名人演说；二时半至三时，邮务工会丝竹合奏；三时至四时，周天苹魔术；四时至四时半，陆奇奇滑稽；四时半至五时，江笑笑滑稽；五时至六时，程笑亭滑稽；六时至七时张冶儿滑稽。

标语一斑：(一)今年是国货年，(一)今天是国货运动总动员，(一)市民们起来大家提倡国货，(一)你是中国人吗为什么不用国货，(一)提倡国货就是抵制仇货，(一)仇货是杀我们的钢刀，(一)国货运动，是制敌人的枪炮，(一)倾销国货就是杀敌人的利器，(一)欲救国消极的抵制仇货，(一)欲救国积极的提倡国货。(《第二次国货宣传运动大会》，《申报》1933年5月17日)

5月下旬，益利汽水厂参加上海市民提倡国货会、中华国货维持会组织的国货工厂宁波展览会。(《国货工厂将赴甬展览》，《申报》1933年5月8日)

5月27日，益利轮船股份有限公司向实业部呈准登记，领到实业部新字第135号执照。公司资本法币肆拾万元，分为八千股，每股五十元。(上海市档案馆《调查益利轮船股份有限公司资本账目证明书》，Q90-1-182)

5月29日下午，许文贵出席上海市民提倡国

上海益利汽水公司广告

1930年益利轮船公司定制的纪念杯

货会与中华国货维持会两国货团体筹备定海、温州国展会会议。报道说：

> 上海市民提倡国货会、中华国货维持会为举办定海、永嘉两县国货流动展览会，业经工厂代表大会议决，公推陈翊廷等十七人为筹备委员，积极筹备在案。昨日下午三时，举行第一次筹委会，出席任绥之等二人。公推张德斋为主席，首由秘书处报告代表大会议决案及筹备经过情形。次议决各案如下，（一）互选陈翊廷、陈炳辉、王介安为总务科，张德斋、陈康年为财务科，董伯英、危仲章为征集科，徐缄石、刘仲英、任绥之、倪善昌为场务科，徐缄若、许文贵、朱德超为运输科，李永泉、潘德春为宣传科，方剑阁、杨玉成、甘蘷园为交际科。（二）确定六月十四日定海开幕，六月二十五日温州开幕，七月十二日青岛开幕。（三）规定六月六日七日装货，交益利轮船公司，八日全体代表出发。（四）公推陈翊廷、杨玉成赴定筹备。（五）六月五日召集工厂代表大会。议毕散会。（《两国货团体筹备定海温州国展会》，《申报》1933年5月30日）

6月初，参与组织上海国货旅行团定海县第一次国货展览会活动。报道说：

> 上海国货旅行团，准于今日下午三时，乘坐益利轮，直放定海，参加定海县第一次国货展览会。此次参加工厂，有八九十家，全体团员二百五十余人，携带合于农村经济之各种日用品，计八百余箱并为扩大宣传起见，带有标语等大宗印刷品及特刊五千册，内容有虞洽卿、冯少山、邬志豪、许廷佐、陈翊廷、方剑阁、陈炳辉、徐缄若、林谷云、孙道胜、张德斋等杰作二十余篇，材料丰富，寓意警惕。到定后，将有热烈之欢迎，由联华影片公司派员摄取新闻片，以广宣传。兹悉本市各公团以该团努力国货运动，决派员到埠欢迎以壮行云云。（《国货旅行团今日出发》，《申报》1933年6月8日）

6月8日下午，前往欢送参加定海县国展会的上海国货旅行团，其中许文贵担任该团运输组委员。报道说：

> 上海国货旅行团，在上海市民提倡国货会、中华国货维持会领导之下，于昨日下午四时，乘坐益利轮出发，前往舟山，参加定海县国展会，一星期后，转赴温州，参加永嘉县国展会。全体团员二百五十余人，严肃整齐，于各团体代表欢送声中，乘风破浪，开发提倡国货之使命，情形热烈，详志于后：

参加工厂：梁新记牙刷厂、双轮牙刷厂、一心牙刷厂、天厨味精厂、天生滋味素厂、天一味母厂、天然鲜味晶厂、民生纺织公司、五和织造厂、大成织造厂、华南织造厂、华丰棉织厂、利民染织厂、均益防雨布厂、国产搪瓷营业所、中华珐琅厂、久新珐琅厂、怡昌钢精厂、华昌钢精厂、宝兴钢精厂、新光热水瓶厂、天泰热水瓶厂、三星热水瓶厂、商余帽厂、福利帽厂、华幅帽厂、三联袜厂、兴泰针织厂、人余袜厂、正大针织厂、南昌袜厂、江生化学工业厂、皇后化妆品厂、亚新公司、美芳工业厂、广东兄弟树胶公司、正泰橡胶厂、大中橡胶厂、中华纱带厂、亚浦耳电器厂、南洋烟公司、中国同记玻璃厂、振华制造厂、新大陆伞厂、三星伞厂、上海国货公司、祥兴皮件厂、云福祥丝巾厂、松鹤轩陶器厂、西湖茶叶公司、黄涌泰梳篦厂、华欧糖果公司、大丰铜器厂、严福兴梳篦厂、陈源兴梳篦厂、新鑫汽灯厂、华芳腿行、益利汽水公司、大中华赛璐珞厂、昆仑酿酒公司、三友实业社、汉藜公司、中新经济油炉厂等六十余厂，以会场狭窄，不及参加，尚有美亭灯器制造厂等二十余家。

欢送情形：该团赴内地宣传国货，使命伟大，全沪各公团非常重视，自下午二时后，上海市民总联合会、纳税华人会、商界总联合会、上海市商会、宁波同乡会、国货运动会、蓬莱市场、华侨联合会、国华广告社、特区硝磺局、正谊社、各马路商界联合会、各区市民联合会、各业同业公会、各工厂工会、国货商场、厂商联合会、国货汇刊社及各厂代表胡凤翔、许廷佐、王鸿辉、徐赓华、孙道胜、邵达人、汪兆麟、张庆发、钱立钧、吴砚农、葛福田等五百余人，携带旗帜爆竹，纷到码头欢送。当由该团常务委员王介安、陈炳辉，交际委员杨玉成、秘书黄梦陀等延入招待处，握手道谢，款以茶点，迫钟鸣四下，气笛长鸣，各代表举行欢送仪式，手帕与草帽齐扬，爆竹与欢呼共响，各色旗帜迎风哗喇，作欢送得意声。全体团员，咸拍手注目，表示谢意。至益利轮扬轮启行，各代表始卷旗而散。

该团职员：该团职员经第五次工厂代表大会推选委员二十五人，互选职务如下，常务委员王介安、汪星一、陈翊廷、陈炳辉、虞洽卿，总务陈翊廷、陈炳辉、王介安，财务张德斋、陈康年，征集董伯英、范仲章，场务徐缄若、刘仲英、任绥之、倪善昌、孙吉人，运输徐缄若、朱德超、许文贵，宣传李永泉、潘德春、任绥之,交际方剑阁、杨玉成、甘蕗园,审查胡西园、王汉强、孙道胜、冯少山,秘书处黄梦陀、朱彬、温季春,干事部林质茂、陈国明、汪兆麟、程天俊、洪圣芝、洪少琴。(《国货旅行团昨日出发》,《申报》1933年6月9日)

同日,各地鱼商代表反对当局代征渔业建设费,并要求许廷佐等"合力援助"。报道说:

> 实业部江浙区渔业改进委员会渔业建设费征收处,因强令鱼行代征建设费,引起本市各鱼行不满,前日曾由虞洽卿、杜月笙、俞佐廷、胡甸苏等二度出面调解,卒以官方坚持不让,虽由虞氏等再三劝说,卒归无效,调解遂实行宣告破裂,各地鱼商在沪代表,闻讯之后,群情异常激昂,议决组织江浙鱼业联合会。兹记经过情形如下:
>
> 参加人员:有各地在沪鱼商代表,计杭州代表孟禄久,宁波代表毛安卿、梁□东,岱山代表戎锦品,绍兴代表方文英、胡志廷、陆溁水、夏祖彬、皮全荣,嘉兴诸暨萧山等各处代表,闻调解破裂讯后,遂临时集合会议,组织江浙渔业联合会,办法除上述各地人员外,尚有本市冰鲜鱼行业同业公会代表刘同华、张振芳、张志胜等,议决组织江浙渔业联合会,推定常委三人,孟禄久、胡甸苏、毛安卿,总务刘同华,文书胡志廷,宣传张振芳,负责办理会务。
>
> 议定办法:孟禄久提出临时紧急议案,谓江浙区渔业改进委员会渔业建设费征收处,不合法令,任意骚扰鱼商,应如何对付。经众讨论之下,议决(一)电国府、各机关、各法团、各报馆,解释鱼商万不能代征渔业建设费之苦衷。(二)发表告各界上海市冰鲜业同业公会横受压迫书。(三)召集江浙两省鱼商,共同扩大江浙渔业联合会。(四)函蒋委员长请救济同乡鱼商渔民。(五)向行政院请愿。(六)函虞洽卿、庄崧甫、黄锦荣、陈果夫、刘鸿生、褚慧僧、陈布雷、杜月笙、俞佐廷、许廷佐、陈屺怀、朱惠庆暨宁波定海两同乡会,请为合力援助云。(《代征渔业建设费昨日调解破裂》,《申报》1933年6月9日)

6月11日上午,当选为宁波旅沪同乡会执行委员候选人。报道说:

> 宁波旅沪同乡会,于昨日上午十时,在该会二楼开选举大会,出席会员计张申之、方椒伯、竺梅先、虞延芳等千余人。由张申之主席,赵揆一纪录,行礼如

仪后,由主席报告会务,次由乌崖琴报告学务,次即开始投票选举执监委员,并推毛和源、金舜卿、乌崖琴为监票,董心琴为招待,截至下午七时止,投票手续,尚未完毕,俟今日再行正式揭晓。兹录执监等候选人员名单如下,监察委员候选人王儒堂、王心贯、吴经熊、何积瑶、盛筱珊、石芝坤、陈掌文、盛丕华、蔡仁初、胡孟嘉、林涤庵、邵树华、李韵苼、徐圣禅、魏伯桢、徐玉笙、董杏生、邬振磐、叶望生、袁明山、李咏裳、洪贤钫、陈楚湘、沈任夫、王皋苏、项颂如、陈基明、俞馥裳、李安绥、林联琛(以上选举十人)。执行委员候选人刘鸿生、邬志豪、王东园、周宗良、方椒伯、毛和源、周干康、黄延芳、胡咏骐、金润庠、乐振葆、许廷佐、胡甸苏、竺梅先、何绍庭、李孤帆、徐懋棠、王伯元、刘廉巽、张炯伯、厉树雄、陈松源、徐芹香、叶翔皋、乌崖琴、邵宝兴、方液仙、郑筱舟、陈润水、陈寿芝、戴景槐、戴松年、庄鸿皋、徐瑞章、戴成祥、颜伯颖、蔡琴苏、葛维庵、朱守梅、张涵庄、应季审、薛润生、何梅轩、李泉才、陈伯刚、励建侯、王云甫、王廉方、张伯铭、陈良玉、曹兰馨、傅其霖、刘敏斋、徐何升、吴志芬、水祥云、项绳武、包达三、王廷赓、邱嘉梁、傅怀琛、卢志学、施体奋、周文林、梁晨岚、应笙龄、朱卿锡、何平龙、余性本(以上选举二十三人),基金委员候选人俞佐廷、盛安苏、刘聘三、徐永炎、夏圭初、陈绳武(以上选举二人)。(《甬同乡会昨开选举会》,《申报》1933年6月12日)

6月18日,出席定海同乡会聚餐会,会议议决治盗办法三项。报道说:

定海旅沪同乡会,鉴于迩来定海城厢一带,盗贼横行,昼夜劫掠,致居民惊惶,甚至开棺掘墓,惨不忍睹,昨日该会特召集在沪同乡,在大陆商场梵皇渡俱乐部,举行聚餐会,共筹救济治盗办法,计到者有刘鸿生、陈翊庭、许廷佐、陆家星、袁仰安等百余人。首由刘鸿生报告开会宗旨。继由陈翊庭报告定海盗匪横行情形,略谓最近定海发现多数客籍游民,日则于城厢诸处肇祸滋事,夜则偷窃劫夺,甚至开棺掘墓,无所不为,应如何设法制止,希望各位同乡共筹办法云云。经众讨论之下,议决办法三项:(一)由同乡会函浙江省政府,请转各县严行缉捕盗匪。(二)函定海县长请饬各镇长负责稽查村人行止。(三)函浙省府请依照户籍法、保甲法严行禁止客籍游民逗遛。继又讨论征求新会员办法,议决,推刘鸿生任征求总队长,陈翊庭为副队长,其余到会各人,皆任队长

云。(《定海同乡会聚餐会》，《申报》1933年6月19日)

6月20日起，益利汽水厂与祥生汽车公司在明远电台、友联公司广播电台设立特别节目，"以娱听众"。报道说：

> 益利汽水厂、祥生汽车公司为增进各界兴趣起见，于本月二十号起，假座明远电台每晚八时至九时播送特别节目，有文明宣卷、苏摊、本摊、苏州文戏、滑稽歌曲，逐日调换时新节目，以娱听众。并闻各界如欲选择节目，可函致华德路高郎桥益利汽水厂、北京路八百号祥生汽车公司，当照所择节目播送。

(《播音台》，《申报》1933年6月18日)

7月1日，定海同乡会第三次征求大会开幕，担任筹备委员，积极进行会员征求活动。后来《申报》报道说：

> 定海同乡会第三次征求大会，自上月一日开幕，公推刘鸿生为总队长，潘尚林、周祥生为副总队长，许廷佐、陈耕莘、陈翊庭、丁滋华、邱国桢、朱镇汉、金慕鲁为筹备委员，朱子奎、韩芸根、刘吉生、陆瑞星、武镜珊、丁侦庵、俞子英等为队长，征求不遗余力，成绩超过目的，足见同乡人士，热忱桑梓，得以有此佳果。前日为第四次总结束，假座南京路大陆商场梵王波俱乐路举行，到总队长刘鸿生，各队队长张康甫、孙星黻、王景轩、徐翔笙、甘斗南、王传苏、袁仰安、康荣昌、阮筱生、郑毓俊、刘启翰、陈大力、蒋子耀等多人。结束总成绩，计总队刘鸿生特捐洋一千元、尚林队七百零一分、公组队七百分、翊庭子英队四百六十六分、吉生队四百零五分、廷佐队三百六十四分、崇清队三百六十分、大方队三百五十分、耕莘队三百五十分、宝峰队三百四十分、益生队三百三十七分、滋华队三百零五分、景轩队三百分、瑞星队二百七十五分、荣吕队二百五十五分、翔生队二百五十一分、香莲队二百三十八分、友才队二百三十二分、让三德新队二百二十八分、秉钧队二百二十七分、干生队二百十九分、志鸿队二百零五分、葆初队二百零三分、镜珊队二百分、祥生队二百分、子耀队二百分、南庭队二百分、启宇队二百分、子奎队二百分、仰山队二百分、星黼队二百分、梅阁队二百分、琪祥队二百分、芸根队二百分、慎庵队二百分、仰安队一百九十三分、锦纺队一百五十分、国桢队一百四十九分、顺才

队一百五十分、兆光队一百二十分、峨卿队一百十九分、寄亭队一百分、传孙斗南队一百分、泳昌队一百分、世贤队一百分、永定队一百分、世昌队六十七分、镇汉队六十七分、昌圭队六十一分、修增队六十分、守伦队六十分、承志队五十分、华卿队三十六分、连荣队二十八分、祥苻队二十一分、励人队九分、廷松队一分，尚有征求未竣不及依期报缴之各队长，除另再催请从速报缴外，即由总队长刘鸿生宣告闭幕并致谢辞，宴毕散会。（《定海同乡会征求会第四次总揭晓》，《申报》1933年8月3日）

7月，为纪念肇和舰起义，与各界领袖发起创办上海肇和中学并于7月14日联名刊登相关启事。文录于下：

为创办上海肇和中学启事

孙科、钱大钧、赵海涛、何应钦、蒋鼎文、郑子嘉、居正、徐源泉、李亮星、陈立夫、朱绍良、方公溥、吴铁城、吴醒亚、郑子良、戴戟、杜月笙、杨虎、张群、邓振铨、贾伯寿、马超俊、张铭、顾祝同、许廷佐为创办上海肇和中学启事，民四肇和军舰于上海发难一役，为本党贯彻革命之一大工作，其悲壮伟烈之事迹，不特暂沮国贼树立风声，而于民国生机的维护、共和生命的开拓，更有足多。虽其功亏于一篑，然其事已占本党光荣史之一页，长留千古矣。夫肇和发难，非特本党之光荣史迹，亦即民国后兴之关键也。奈以当时众寡不敌，联络中断，卒使孤军陷落，功败垂成，此一幕忠勇慷慨可歌可泣之史实，举凡志士之奋斗，烈士之成仁，殊足令人缅怀于方寸而不舍，永垂于青史而不朽。科等忝属同志，但愧后死，鉴于遗族赡恤，请准中枢差偿素愿。然遗族虽获安抚，纪念尚付厥如。常日每与诸同志谈，或拟建碑歇浦，或为造像春申，要皆失之偏枯，似欠实际。爰有创校之议，校名肇和，盖所以垂英名于永久也。方今沪市人员日繁，学校尚少。本校之设，即愿一本先烈之精神，培养我党国所需之革命建设人才，以完先烈未竟事业，亦所以志不忘之意，海内贤达盍兴乎起，是为启。

7月18日下午，出席肇和中学第一次校董会并被推举为经济委员。报道说：

本埠海格路四七六号肇和中学，昨开第一次校董会于环龙路保安处长杨虎氏私邸，出席者吴铁城、吴醒亚、刘鸿生、虞洽卿、杨虎、贾伯寿、张铭、张群、杜月笙、黄金荣、许廷佐、方公溥等。公推吴铁城主席,贾伯涛纪录。首由杨虎报告创办肇和中学意义,继由贾伯涛报告创办本校计划,旋由吴铁城提请讨论事项如左:(一)确定学校性质及定名案,议决,因本校纯为纪念肇和革命而创办,实有重大革命意义,同时为着重教育肇和先烈遗族,及历次革命先烈遗族之特殊性,故仍采中学制,附设工商科及小学部,定名亦照原案,至教育部之限制当特别请由上海市教育局转请通融办理。(二)应否继续征求校董案,议决,应继续征求党国先进及热心教育之志士为校董。(三)通过校董会章程案,议决,交付校董会审查。(四)通过预算案,议决,照原案通过。(五)推举董事长及名誉董事长案,议决,推举吴铁城为董事长,杨虎、虞洽卿为副董事长,蒋中正为名誉董事长。(六)推举经济校董及经济委员会主席案,议决,推举杜月笙、刘鸿生、许廷佐为经济委员。(七)推举校长案,议决推举贾伯涛为校长。(八)确定募捐办法案,议决由经济委员召开经济会议再定办法。(九)呈请军委会请通令各军师保送历次阵亡将士遗族子女入校肄业案,议决俟经济稳定后再办。(十)通过优待革命烈士遗族子女入学条例案,议决照原则通过交校董会审查修正,议毕散会。闻该校连日报名者甚多,将于本月二十日举行第一次入学考试云。(《肇和中学校董会纪》,《申报》1933年7月19日)

同月,向集义善会虹口时疫医院"助洋五十元"。

同月,签名发起筹备中华国货产销联合公司。(《中华国货产销公司参加发起之踊跃》,《申报》1933年7月27日)

8月18日,出席上海市民提倡国货会执监委员会会议并被推举担任会员大会筹备事宜。报道说:

> 上海市民提倡国货会,照章每年改选委员,本年以举行征求会员,饬导工厂会员,参加定海、温州、青岛、威海卫各处国货展览会,因之展延迄今。兹悉该会审查会员资格,业已完竣,昨由执监委员会议决,定期九月二十七日,假座市商会或宁波同乡会举行改选大会,同时欢迎会员征求给奖仪式,并公推钱立钧、徐缄若、方剑阁、孙道胜、陈炳辉、沈叔瑜、杨玉成、张德齐、潘德春、陈翊廷、许云辉、刘仲英、许廷佐、董伯英、胡西园十五同志,组织会员大会筹备会,主持

一切进行事宜,以徐诚若为召集人。近日该会秘书处报印第十二届会务报告会员录,填发会员证书,极形忙碌,并征集各种高尚游艺、各厂精美赠品,届时分赠会员,藉助兴趣。(《市民提倡国货会定期举行改选大会》,《申报》1933年8月19日)

晚年许文贵

8月中旬,许文贵向申报第一补习夜校同学会筹备会赠送所产饮料。报道说:

南京路大陆商场申报补习第一夜校,开办以来,声誉卓著,成绩斐然。现该校学员张君曾等发起组织同学会筹备会,俾联络同学间感情,不致涣散,现定于本月二十日晚七时,假座八仙桥新青年会大厦九楼礼堂,开第一次筹备会。该校日文黄教授,因东渡赴日考察,该校全体学员,即于是日举行叙餐式欢送。又上海华德里益利汽水厂经理许文贵先生,对于社会事业,提倡国货,凤具热心。闻该校此项消息,即以该厂出品之最得社会信仰之渴乐斯鲜橘汁,赠送来宾,届时并欢迎全体同学参加云。(《申报第一补习夜校同学会筹备会》,《申报》1933年8月20日)

8月20日下午,许文贵出席国货工厂联合会第七届代表大会。报道说:

本市国货工厂联合会,于昨日下午四时,假大西洋西菜社,举行第七届代表大会,改选执行委员,并通过各项重要议案。兹将各情,分志如下:

到会代表:增盛厂陆星庄,上海印染公司章荣初、蒋仲和,济生厂马济生,鸿章纺织厂许克煌,益利厂许文贵,五洲固本厂舒惠桢,三星厂张子廉,冠生园郑杏圃,大中华橡胶厂余信远,大昌厂申梦世,达丰厂崔福庄,中国亚浦耳电器厂胡西园,达隆毛织厂陆文韶,五和织造厂陈慎甫,永和实业社杨蕴诚,鼎新热水瓶厂吴远卿,永丰纺织厂周其昌,中国唯一毛织厂徐菊棠,达华药厂徐建范,华福制帽厂朱至如,粹华公司黄涤生等厂商八十余、代表一百二十余人。

主席报告:公推张子廉、陆星庄、马济生、申梦世、孙吉人等五人为主席团。(甲)主席张子廉报告第六届执委会经办工作,(一)文件,(二)参加各省县国货展览会,(三)证明各国货工厂出品,(四)保护国货生产事业发展,(五)第六届执监会议次数,(六)继续加入会员厂家。(乙)财务科主任蒋仲和报告二十一年度(即第六届)一切经费、收支毕,旋即开始选举。

当选执委:(甲)正式执行委员张子廉、马济生、陆星庄、申梦世、蒋仲和、曹志功、冼冠生、方剑阁、顾九如、郭豫森、汪守惕、孙吉人、屠开征、胡西园、费晓初等十五人。(乙)候补执行委员崔福庄、李祖范、顾锡元、叶友才、劳敬修等五人。

重要议案:(一)提倡国货便于产销起见,本会应办国货产销介绍所,以便指导各地商人及侨胞采用国货案,(议决)原则通过,办法交执委会详细拟具。(二)本会为宣传国货并唤起国人提倡国货应刊出版物案,(议决)并第一案办理。(三)请求中央实行增加出厂税,以税收半数奖励中国工厂,以维国产而与外货竞争案,(议决)交执委会督促政府于短期间内实施。(四)实业部定期召集全国工厂生产会议,本会应尽量将国产情形及厂商痛苦、要求补救等各项重要意见,贡献此次会议案,(议决)通告各工厂于三日内,如有提案,送会汇集。(五)制止操纵垄断,实行政府及人民集团统一,调查国内各地产消之统计,务使产消相等,勿致过剩过缺案,(议决)交执委会从长计划办理,尚有余案甚多,兹从略。(《国货工厂联合会昨开七届代表大会》,《申报》1933年8月21日)

9月11日晚,出席中华国货产销联合公司筹备处欢迎金融实业界宴会。报道说:

中华国货产销联合公司筹备处正副主任王晓籁、林康候、邬志豪等,于昨日下午七时,假座南京路大东酒楼,宴请本市金融实业两界人士,及各界名流并该公司发起人等,最近筹备处干事会,已将进行业务计划程序,提要拟就,印成书本,在宴会席上,分赠各来宾,请求尽量批评,俾收集思广益之效。计与宴者,有薛笃弼、朱子桥、曹云祥、李组绅、郭乐、吴蕴斋、穆藕初、李大超、殷铸夫、陆文韶、何德奎、顾馨一、蒋君毅、吴蕴初、江一平、顾竹轩、赵晋卿、吴经熊、谢鹏飞、许克诚、查良钊、诸文绮、屠开征、陈翊周、吴希之、陶乐勤、黄延芳、陈济成、贝祖翼、薛春生、虞洽卿、蔡绥之、俞国珍、徐春荣、王钟萃、许廷佐、盛植人、朱学范、嵇馥苏、王剑锷、任矜苹、朱德超、吴广智、李万里、洪荆山、王介安等二百余人。依次入席后,首由主席报告本公司筹备经过,加入发起者已达一百六十六人，加入赞助者已达七十五人，已认股者计共洋廿四万五千一百元，希望各发起人，签定认股数额，准备进行立案手续等，旋由王晓籁、林康候、邬志豪、曹云祥、李组绅、王介安、李万里等相继演说。兹分志演词及当场认股数如后（略）。（《中华产销公司宴请金融实业界》，《申报》1933年9月13日）

9月12日下午，出席宁波同乡会执监联席会议。报道说：

> 宁波同乡会九月十二日下午四时，开执监联席会议，出席委员竺梅先、叶翔皋、陈良玉、陈忠皋、石芝坤、洪雁宾、何绍庭、葛维庵、袁明山、陈松源、毛和源、孙梅堂、许廷佐、王启宇、穆子湘、方椒伯、励建候、魏伯桢、张继光。公推方委员椒伯主席，行礼如仪，主席报告开会议案。同乡金臻庠、余润泉等来函，为高等法院将在甬设分院，主张募款，另建院舍，请为援助案。议决，先行函询高院对甬设分院，是否为实行三级三审制，若仍四级三审，请为暂缓设立，至实行设立时，请另觅院舍。致高院函，推魏委员伯桢起草，一面将议决结果，函复金余诸君。鄞县地方法院改建看守所，其经费预约四万元，申甬各筹二万，本会金委员廷荪，认捐一万元，余一万元如何筹募案，议决，向在沪各同乡劝募。修理本会会所案，议决，推张委员继光主办，修理费约一万元，与第二案并案办理，两案募捐事宜，委托常委会办理。本会监委王心贯君逝世，应如何表示悲悼案，议决，于其开丧之日，本会下半旗志哀，以后并以为例。（《各同乡会消息》，1933年9月13日）

9月27日，出席上海市民提倡国货会常年大会并与冯少山、陈翊庭组成欢迎大会主席团，参与会务工作；许文贵当选为该会第十四届执行委员。报道说：

> 上海市民提倡国货会于昨日下午二时，举行第十四届会员大会，改选执监委员，欢迎新会员，征求成绩给奖典礼。兹志详情如下：
>
> 到会代表：昨日到会者，计吴铁城（李大超代）、吴铁城夫人、潘公展夫人、王晓籁、陆文韶、王延松、李大超、方液仙、王介安、胡西园、郭顺、胡凤翔、陈良玉、邬志豪、张一尘、石芝坤、冯少山、陈翊庭、邵达人、陈炳辉、孙道胜、许庭佐、方剑阁等五百余人。推王晓籁、邬志豪、陆文韶、邵达人、方液仙、陈翊庭、孙道胜等七人为会员大会主席团，冯少山、陈翊庭、许廷佐为欢迎大会主席团，李大

超、方剑阁等为给奖大会主席团。

主席报告：会员大会主席王晓籁报告，略谓，本会已是第十四届的会员大会了，关于提倡国货的事，用不着多说，大家都是热心的人，不过兄弟有几句话要说，十四年的年会，如同十四岁的人一样，人在十四岁的时期，是最可宝贵而最要爱惜的，做人为学，都最是吃紧要的关头，要拼命奋发，以谋自立才行，不然将有老大徒伤之叹，提倡国货会当然同有此感想。在十四年以前，本会同人觉得利权外溢，急于要谋挽回漏卮，那时国难，虽然已经屡见不鲜，但是还没有九一八、一二八的大难，现在的时期，比从前更加危急了。我们若再不积极向前去干，真要坐等亡国了。我们要学日本人不用外货的精神，日本人除非外宾相会的时候，才着一套西装，其余的人，总常是一身和服，随便什么小东西，都用自己国产的，所以他们的国家，能如此强盛起来。吾人一味不知自爱，所以被日本人所欺侮。有人说，提倡国货，是无用的，外国货抵制不了，这话是荒谬极了。试问我国海禁未开以前，大家都不用外货，也过了很好的日子，为何现在就不能不用外货呢。万一外国人破了我们国家，封了我们的海道，我们还能再去买外国货用吗。希望大家，从此一心一德的，不要再糊涂了，我们要提倡国货，不但要在国内推销，我们还要向外发展。

会务报告：次由陈翊庭报告会务，略谓，自从民国九年本会成立以来，计已有二十九次的国货展览，不但上海，即其他各通商口岸，都曾展览过了，而且备受国人的欢迎，至于在民九以前提倡国货的事，是不大盛行的，所以我觉得在过十三届以来的成绩，不能说是没有的。关于内部经济方面，本届收入三千七百八十元，支出二千零八十元，两抵还有剩余，征求队的结果，共征得一万二千多分。金钱方面，我们是只动息不动本的，所以本会是差能立得住脚了，虽无大功，但亦无过。现在十三届是结束了，希望此后更能向前发展，本届会员谨掬至诚，以提倡国货的宗旨，交给下届会员，大家彼此努力。

来宾演说：后有吴市长代表李大超、市党部代表毛云演说，大意均对于提倡国货致勉慰之词。又有征得分数最多第一名会员邵达人报告成绩，及委员孙道胜、陈良玉、陆文韶之演说，次由邬志豪致答词，词长从略，继即选举。

>奖赠队长：次即举行征求成绩给奖礼，计受奖者，邵达人征分最多，钱立钧得会员最多，由吴总队长分赠银塔各一座，陈康丰、孙道胜、邬志豪等，由潘总参谋各赠银鼎一座，陈翊庭、吴铁城由该会酬赠银杯各一只，胡西园、郭顺、张庆发、严直芳、方液仙、戴耕莘、顾少卿、陈炳辉、方椒伯、徐缄若等队长，各赠银盾一座，其他队长征分在百分以上，均各赠银盾一座，并将征会员前三名各队长，放大玉照，悬挂会场，以示荣誉。各项奖品，经筹备会议决，推请吴市长夫人、潘局长夫人分别给奖，并由大会主席陈翊庭晋赠吴铁城、潘公展银塔各一座，方剑阁赠吴夫人、潘夫人花篮各一只。
>
>表演游艺：最后有上海著名游艺家朱翔飞、何双呆之表演，滑稽大家易方朔之表演，精勤女学歌舞，中华强民团国术，以增助会员兴趣，直至灯火万家，始行散会。
>
>选举揭晓：会员到会后，先行填写选举票，投入票匦，下午四时十五分，由市党部代表毛云启封，并公推检票员及唱票员十余人，从事整理，至八时二刻开票手续始告完竣，揭示公布如下，计陈炳辉、徐缄若、胡西园、方剑阁、董伯英、张德齐、孙道胜、林谷云、钱立钧、高士恒、邵达人、许文贵、陈康年、程彭年、朱德超、冼冠生、王介安、陈翊庭、冯少山、陈菊生、徐赓华、邬志豪、虞洽卿、刘仲英、胡凤翔、郭顺等二十六人当选为第十四届执行委员，潘公展、王晓籁、劳敬修、袁履登、戴耕莘、潘海春、任士刚、胡组庵、陆文韶等九人当选为第十四届监察委员。（《市民提倡国货会昨开会员大会》，《申报》1933年9月28日）

10月14日下午，出席上海第一特区市民联合会代表大会，"议决函工部局，反对电话加价"。报道说：

>上海第一特区市民联合会，昨日下午二时，在市商会会议室，举行代表大会，由王晓籁主席，郑东山纪录，各情分志如下：
>
>到会代表：到会者计有陈九峰、陈汉泉、王靖东、王鸿辉、朱保罗、郑东山、胡凤翔、许廷佐、张檞僧、姜家兴、周辅章、任农轩、谢侠逊、邱嘉梁、张克伦、王和松、刘仲英、张仁彦、沈和甫、张一尘、邢谷香、沈鹄涛、祝志纯、王剑锷、王晓籁、王云、曹志功、陶乐勤、陈蔚文、陈济成、蔡洽君、张贤芳、叶其昌、陈炳辉等三十余人。

议决各案：由第四次执委会提交各案，讨论如下，（一）反对电话加价案，议决，致函工部局。（二）维持会务经费案，议决，代表每月补助一元，职员按月补助二元。（三）扩充会员普遍征求案，议决，组织征求委员会委员人数九人，当推王晓籁、胡凤翔、张一尘、陶乐勤、曹志功、蔡洽君、刘仲英、陈九峰、孙文毅。（四）国货运动进行案，议决，扩大宣传由宣传科办理。（五）援助电气工潮案，议决，函工部局负责调解。（《市联会昨开代表大会》，《申报》1933年10月15日）

11月3日下午，许文贵出席市民提倡国货会执监宣誓就职典礼并被推举协助组织国货界体育委员会事宜。报道说：

上海市民提倡国货会第十四届职员，已于上月二十七日常年会员大会，票选陈炳辉等为执行委员、任士刚等为监察委员、贺彝等为候补执委、金有成等为候补监委，业经秘书处呈报党政机关，分别通知当选，并通告全体会员在案。昨日午后四时，假座冠生园举行委员宣誓就职典礼，公推陈翊廷、邬志豪、陈炳辉为主席团，市党部代表毛云莅会监督致训礼毕，继续举行聚餐会，筹杯交错，尽欢而散。兹探录详情如左：

出席委员：冯少山、邬志豪、王晓籁、林谷云、朱德超、陈翊廷、冼冠生、徐缄若、邵达人、陈炳辉、赵冲、张德斋、陈菊生、许文贵、张立行、方剑阁、许云辉、孙道胜、于廷辉、王竹林、董伯英、徐赓华、贺彝、胡西园、钱立钧、刘仲英、高事恒、潘德春、林立身、陈康年、杨玉成、任士刚。

主席报告：行礼如仪，主席陈翊廷报告，略谓，本会为爱国的诸同志所发起，成立至今十四周年，本消极的抵制日货，积极的提倡国货的宗旨，努力进行，扩大宣传，唤起全国民众一致提倡国货，挽回利权，打破经济侵略的野心，实行国货救国，奋斗精神，始终不懈。当此国难严重，外货倾销之际，适为本会第十四届执监委员就职之期，责任重大，工作紧张，尤当竭尽本能，为国货事业谋进展，为国货工厂争利益，以救国难，以雪国耻。本日各委员就职，承蒙市党部特派毛轩霞同志惠临监督，毛同志对于国货运动素具热心富有有经验，我们在党政善美而中肯指导之下，于提倡国货发展会务前途，定有一番蓬勃生动的气象云云。嗣由市党部代表毛云致训词毕。

宣誓就职：列席委员全体起立，高举右手，由主席陈翊廷领导宣誓词云：余誓以至诚，应选上海市民提倡国货会某委员之职，谨遵先总理国货救国之遗训，提倡国货，振兴实业，并努力本职，发展会务，如违此言，当受本会最严厉之处分，谨。誓毕各在词上签名盖章，以昭慎重。

选举常委：执行委员照章互选常务委员七人，主持日常会务，用双记名票选式，公推许云辉检票，朱德超、林谷云唱票，吴予石、朱彬写票，列席执委投票二十二张。开票结果：陈炳辉二十一票、虞洽卿十九票、陈翊廷十七票、徐缄若十五票、方剑阁十五票、邬志豪十二票、胡西园十票，得票较多当选第十四届常务委员。继即推选张德齐为财务科主任、孙道胜为宣传科主任、杨玉成为调查科主任、朱德超为组织科主任、林谷云为合作科主任、高事恒为设计科主任。揭晓后，全体热烈拍掌，共庆会务得人。

讨论要案：（一）推定各科委员案，议决，交常委会会同各科主任才能支配。（二）威海卫光明电器公司摧残亚浦耳灯泡案，议决，交常委会核办。（三）呈请政府重征外货倾销税救济国货案，议决，交常委会另组特种委员会设计。（四）汉口等处市政府请举办国货流动展览会案，议决，交合作科设计办理。（五）励行本会三年计划案，议决，交原提议人陈炳辉详订计划书积极准备进行。（六）重订本会第十四届会务计划大纲案，议决，交设计科设计。（七）组织国货界体育委员会案，公推原提议人孙道胜主持规画，并推程年彭、高事恒、冼冠生、许文贵、林谷云、协助进行。（八）规定徐州国展会运输办法案，议决，运徐货品公推徐缄若委托铁路营业所，负责联运，并通知各厂派员来会领取封条，运货证限四日上午八时至下午五时，送交北站行李房汇运赶期八日开幕。（九）恢复委员叙餐会案，议决交秘书处办理。（十）聘请医药顾问案，议决，聘请西医孙章甫、国医袁荣卿为本会医药顾问，保障会员卫生。（《市民提倡国货会执监昨日宣誓就职》，《申报》1933年11月4日）

11月前后，向定海人民义务自卫团捐赠枪械。《上海宁波日报》先后报道说：

定各地组织自卫团

冬防即届，定海城区士绅拟组织自卫团，经省方核准，改为义务保卫团，及上海同乡会员出资购枪各节,迭志本报。兹悉上海巨商许廷佐、刘鸿生、潘尚林等,在沪均有悠久之历史,并为中外所信仰,而办理桑梓自卫事宜,许廷佐先生尤其热心。此次许君以定地筹办自卫,与工部局接洽,竟得捕房方面慷助意国新式快枪二十七支、机关枪四挺、子弹八万发,一共有十麻袋及四十三木箱之多。闻已由县政府电请省峰发给护照,不日可以运定应用云。(《上海宁波日报》1933年10月28)

许廷佐捐赠枪支　定海赶组自卫团
杨秘书赴杭领照到沪运械

许绅廷佐,得上海公部局好感,赠与枪支,移作定海人民义务自卫团领用各节,已志本报。兹悉许绅前日差专人赍函谢县长,请其赶领护照运械,一面致函人民义务自卫团筹备处从速征求团员,积极成立。闻谢县长以冬防伊迩,亟须成立,昨晨特请杨秘书由甬转省,向省府面领护照,然后赶沪装运枪支。人民义务自卫团方面亦连日开会讨论,已有相当头绪,大约队长请县长兼任,再聘钟德邦、陈岩为教练官,副队长两人,则由刘寄亭、胡和声担任,预定团员四十名,现已征得半数以上,一俟枪支到定,制服做齐,即可正式出操云。(《上海宁波日报》1933年11月9日)

许廷佐捐赠枪械

定海旅沪巨绅许廷佐,关怀桑梓,得工部局赠予枪支,移作人民义务自卫团领用,县政府杨秘书晋省面领护照,期即装运来定各节,迭志本报。兹悉杨秘书到省后,经与各方接洽数次,已有头绪,十二日由杭赴沪,复与方面有所接洽,业于昨日趁舟山轮返定,至于护照,不日即可发下,所有枪械,当即装运来定云。(《上海宁波日报》1933年11月17日)

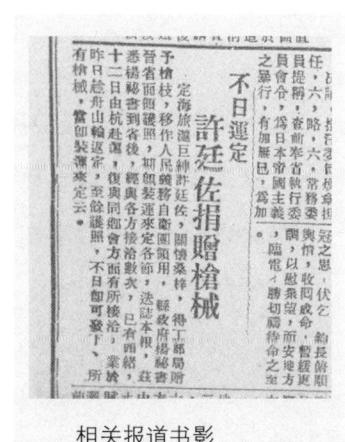

相关报道书影

11月25日,《上海宁波日报》报道,受定海旅沪同乡会委托,赴家乡定海考察乡情。报道说:

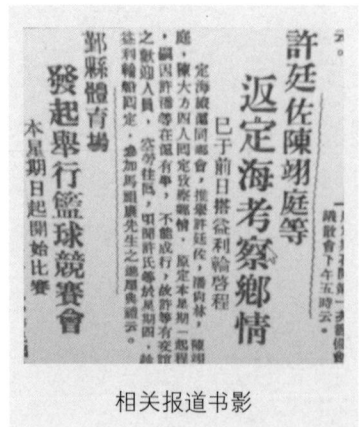

相关报道书影

定海旅沪同乡会推举许廷佐、潘尚林、陈翊庭、陈大方四人回定考察乡情,原定本星期一启程,嗣因许潘等在沪有事,不能成行,故许等有交谊之欢迎人员,空劳往回。顷闻许氏等于星期四,趁益利轮回定,参加马祖康先生进屋典礼云。(《许廷佐陈翊庭返定海考察乡情》,《上海宁波日报》1933年11月25日)

12月22日,出席市第一区市民联合会第七区分会会员大会,再次当选为执行委员。报道说:

市第一区市民联合会第七区分会,昨在百老汇路百禄坊会所,举行会员大会,改选执行委员,主席团刘仲英、周辅璋、严善林,纪录樊天锦,报告开会宗旨及过去工作情形,继为上级机关代表选举开票,结果刘仲英、史久麟、许廷佐、周辅璋、刘春华、钱芳洲、钱建章、卢尔德明、郑源兴、严善林、王瑞泉、周祥生、邓俊卿、简玉阶、胡惠祥等十五人当选执行委员,金仁其、胡元祥、蔡立卿、费辅清、李荣堂五人为候补执行委员,并通过要案,(一)励行减租运动,(二)对于通和里断水案迅予援助,(三)反对工部局估高房捐。场内有南洋烟公司,赠上等国货小联珠香烟与各会员及来宾,六时散会云。(《市联各分会消息》1933年12月23日)

1934年　53岁

1月28日晚,许文贵出席上海市民提倡国货会晚宴。报道说:

上海市民提倡国货会,前应汉口吴市长电邀,派员筹办汉口市国货流动展览会。经公推常委陈翊廷、执委陈菊生两代表赴汉洽商,业已公毕返沪。兹悉该会前晚六时,假座悦宾楼为两代表洗尘,到者孙道胜、陈康年、潘德春、徐常若、陈炳辉、贺仙舟、董伯英、高事恒、张立行、钱立钧、徐赓华、杨玉成、许文贵、林谷云、徐乔其暨陈陈两代表等二十四人。入席后,首由陈炳辉报告洗尘宴之意义,并全体起立举杯为两代表洗尘慰劳。继由陈代表翊廷报告赴汉接洽经过情形,极为详细,陈代表菊生报告汉口筹备会工作概况。迨钟鸣九下尽欢而散,并悉该会定于下星期一召集常务委员、各科主任,筹商参加汉展会之一切新计划,以臻完密。(《定期筹商汉展计划》,《申报》1934年1月30日)

2月21日下午,由刘仲英代表出席市第一特区市民联合会第九次执委会会议。(《市联会昨开执委会》,《申报》1934年2月22日)

2月24日下午,出席第一特区市联会第七区分会减低房租执行委员会会议。报道说:

> 第一特区市联会第七区分会,昨开减低房租执行委员会,到者周辅璋、许廷佐、刘仲英、史久麟等十余人,公推刘仲英主席,樊天锦纪录,主席报告开会宗旨毕,继讨论事项,(一)本区各里弄纷纷来会报告,要求减低房租案,议决依照上海市减低房租委员会组织法组织支会后,再行办理。(二)提篮桥汇山里被房东在法院控诉欠租,要求援助案,议决,先行派员调查后,以凭核办。(三)通告本区市民,依照上海市减低房租委员会所定办法,自本年一月份实行案,议决通过。(四)本区商店住户,未曾登记者,应如何办理案,决议限三日内来会登记,以资团结。(五)本会常务委员轮流办事案,议决通过。(六)本会办事时间,上午九时至下午五时,星期例假,照常办公,议毕散会。(《市联七区分会减低房租执委会纪》,《申报》1934年2月25日)

2月底,担任总经理并由秦容甫、何锦云、许文贵担任副经理的益利总公司开业。报道说:

> 益利公司原设于虹口百老汇路,系许廷佐君独资经营,国产汽水,久已驰名,兹因扩充业务,另组汽水、玻璃、轮船、五金四部,直辖于总公司,许君自任总经理,另聘秦容甫、何锦云、许文贵为经理,已于日前开幕。前往道贺者,有中外银行及钱业、金业界等三百余人。该公司特备茶点汽水,以飨来宾,并参观玻璃出品等。(《益利总公司开幕盛况》,《申报》1934年3月2日)

4月2日,许文贵出席市民提倡国货会临时紧急会议,会上决定定期宴请青岛市长沈鸿烈。报道说:

> 去年秋季上海市商会、市民提倡国货会、中华国货维持会三团体,领导全

沪国货厂商,参加青岛第四届国货展览会,展览三星期,营业总额达五十万元,成绩非常优良。此皆青岛市长沈鸿烈鼎力提倡所致,各厂商深感盛意。此次沈市长为谋该市振兴实业、提倡国货起见,特于日前由杭转沪,参观本埠著名国货工厂。因此市民提倡国货会,于昨日召集临时紧急会议,拟约期欢迎,藉尽地主之谊。到会常委虞洽卿、陈炳辉、徐缄若、方剑阁、胡西园、邬志豪,执委林谷云、董伯英、许云辉、邵达人、许文贵、王介安、高事恒、孙道胜、杨玉成及厂商代表中国化学工业社方液仙、达隆毛织厂陆文韶、美亚绸织厂蔡声白、五和织造厂任士刚、中华国货产销合作协会杜重远、正谊社邵达人、中华职业教育社潘仰尧、天厨味精厂吴蕴初、亚浦耳电器厂胡西园、中华珐琅厂方剑阁、三星棉铁厂张子廉、三友实业社陈万运、华福制帽厂陈若卿、瑞和砖瓦厂徐缄若、华阳染织厂严光第、国华丝织风景厂应治新、莹荫织造厂干庭辉、金鸡领带公司茅忠椿等,共同议决,以沈市长驻沪时间有限,单独欢宴,犹恐不及,遂定于三日(今日)下午六时,并入市商会大楼团体公宴,藉表敬意。(《本市国货厂商今日欢宴沈鸿烈》,《申报》1934年4月3日)

4月23日下午,由王钟萃代表主持三门湾义务保卫团第一次大会。报道说:

三门湾义务保卫团业已组织成立,于四月二十三日下午三时,开第一次大会,到会者三门湾辟埠公司许廷佐(王钟萃代表),巡检司乡代表林培芝、林伟卿,宁海第三区公所助理丁树楠,鳌头乡代表丁德三、周盛皓、丁荣清、陈济卿、章洪涛、杨甫全、林泽许、徐香葵、裘保元、章闵等二十六人。由许廷佐主席,林培芝记录,首由主席报告,略谓三门湾自奉令开辟港埠以来,业已五载有余,初步建设略具雏形,巡检司商店亦陆续开设,对于埠务治安一层,屡承省府指派保安队驻扎维护。去冬因本埠驻防兵队抽调剿匪,治安堪虞,为维持埠务治安起见,乃向省府购领湖北造七九步枪二十四枝、子弹二千四百发,遵照省政府保安处颁布保卫团法,组织三门湾义务保卫团,藉资防护。是项枪弹费用,概由廷佐个人备价购领,现派王钟萃运输到埠。所有本团之组织办法以及经费服务等项,应次第讨论,公决进行,以便呈送宁海县政府依法转呈省政府备案,计(一)组织办法,遵照保卫团法办理,甲长一名,正班长一名,副班长一名,团丁二十二名。(二)成立时期,民国二十三年四月二十三日组织成立后,呈宁海县政府转呈省政府备案。(三)经费,巡检司乡乡长林培芝提议,本团所有之枪弹费用,既承许廷佐个人备价购就运埠,其余班长与团丁之经费一切,理应由本埠商户与地方分任服务,其负其责,惟初兴市面,凡事须尽义务为前提。今拟定雇用四人负教导训练,其月薪按照去年本埠各店家雇用守卫之办法,其支配视各店营业多寡而定,是否有当,请公决,议决,一致通过,无异议。(四)服务,宁海县第三区区公所助理丁树楠提议,本埠义务团丁除雇用正副班长二人、团丁二人外,尚有义务团丁二十名,由各店与地方分派壮丁服务,仁和号八名、丁义利一名、裕兴隆号一名、三星堂一名、三门湾大旅社一名、西洞庄四名、小蒲村四名,议决通过。(五)训练,每日上午五时至六时,为训练时间,由班长教练,并随时召集野操,养成急时集中防御之惯性,以利防备。(六)守卫,服务团丁每名觅保出立保单,向三门湾辟埠公司领取枪弹,以便随时守卫,该团丁名册,送呈县府备案,以昭慎重,所有团丁每日站岗放哨,夜间巡逻守卫,倘有急事发生,立即召集,互相援助,藉资防御。(《三门湾保卫团组织成立》,《申报》1934年5月19日)

5月1日,参与发起的中华齿牙防护会于是日成立。报道说:

本市江西路口宁波路四七号三楼中华齿牙防护会,为王正廷、王一亭、王晓籁、黄金荣、黄涵之、褚民谊、朱少屏、俞佐廷、潘公展、陈霆锐、董克昌、杨啸天、姚慕莲、秦润卿、方椒伯、许廷佐、乐振葆、林我将、屈映光、许世英、李祖唐、乌崖琴、应永峰等所发起组织,业已布置完备,定于今日(五月一日)宣告成立,开始征求会员,敬备茶点,欢迎各界参观,备有详细入会章程,索阅即寄,并于是日赠诊一天,或赠免费诊疗券、优待券各一张,以资纪念。(《中华齿牙防护会成立》,《申报》1934年5月1日)

5月23日下午,青岛工业考察团参观益利汽水厂。(《青岛工业考察团昨抵沪》,《申报》1934年5月17日)

6月2日下午,出席定海旅沪同乡会临时会议,会上决定筹备渔民银行并推员筹商巡洋兵舰,以保护地方。报道说:

定海旅沪同乡会，为定海地方安宁，及解除平民痛苦等重要问题，前日在上海召集临时会议，到刘鸿生、许廷佐、陈翊庭、邱国桢、陈人宝、袁仰安、潘尚林、陈大方、蒋忆照、韩湘舟、吴芷斋等二十余人，定海县长谢任惟亦列席。由委员长刘鸿生主席，首由主席报告开会宗旨。次由谢县长报告杭州全省会议经过。次讨论议案，一、设立渔业银行案，议决，俟筹备就绪后，再行进行。二、筹商定海巡洋兵轮保护地方渔民案，议决，推筹备委员十五人，拟具计划。三、筹商模范队经费案，议决，俟开办费决算审查后，再定办法。四、蒋信昭会计师报告，审查本会开办迄今之收支账目，议决，依据查账报告，依法办理。五、吴芷斋报告南门外僧产整理经过，议决，请原调解人继续向双方调解，以期减轻平民负担。议毕散会后，由该会及旅沪绅商，设席款宴谢县长。席间详谈地方安宁及解放平民痛苦问题，至十时而散。（《定海旅沪同乡创渔民银行》，《宁波民国日报》1934年6月7日）

6月17日下午，出席上海市商会第五届会员代表大会及第二次执监委员会议。会议选出执委八人、监委四人，议决"电蒋委员长慰勉剿匪劳绩及取缔万国储蓄会等要案"。报道说：

上海市商会于昨日下午一时，举行第五届会员代表大会，举行第二次执监委员改选并讨论各项案。兹分志各情如下：

到会代表：昨日到会者计有银行、钱业、金业、绸业、纱业、航业、贩纸业、糖业、蛋业、华商卷烟厂、洋庄、茶业、米号、豆米行、木材、铜铁机器、机器染织、火油、南货、南北货拆兑、呢绒、猪行、新药、书业、药材、水果、地货、保险、土布、煤业、铜锡、北货、彩印、绍酒、丝厂、火腿腌腊、棉布、木业、海味杂货、烟叶、茶叶、化妆品、裘业、肠业、转运、飞花、鲜鱼、铁业、花行、人力车业、押店、履业等一百八十业代表王晓籁、王延松、徐寄庼、俞佐廷、裴云卿、郑泽南、骆清华、贝淞荪、陈蔗青、徐新六、瞿季刚、劳敬修、方椒伯、诸文绮、潘旭升、谢仲复、谢筱初、项绳武、沈田莘、袁履登、葛杰臣、陈子翔、郑澄清、闻兰亭、陈良玉、程祝荪、忻文尧、张佩珍、金润庠、叶家兴、许晓初、陆费伯鸿、张叔良、蔡润身、陆文韶、张念萱、陆祺生、顾松茂、石芝坤、沈骓臣、鲁正炳、王介安、屠仲英、蔡晓和、柯干臣、王□松、邵宾兴、苏公选、杨蔚荫、黄廷芳、顾馨一、龚静岩、马少荃、谢仲乐、孙秋屏、庄鸿皋、王士强、殷芝龄、周祥生、胡西园、王汉良、顾文生、顾九如、陈小蝶、许冠群、邬志豪、王廉方、胡凤翔、蒋志刚等及商店会员永安纺织、中央信托、通易信托、上海纺织印染、养成啤酒、益利汽水、华三、裕丰、各公司、华商证券交易所、证券物品交易所、三友实业社、中国化学工业社、科学仪器馆、大中华火柴公司等代表方液仙、王性尧、严成德、陈子明、计健南、李文杰、顾竹轩、郑缄三、郭顺、杨清盘、谢鹏飞、叶荫三、许廷佐等三百零六人。

开会情形：振铃开会后，行礼如仪，即由主席团公推王晓籁主席，致开会词，次市党部、市社会局代表训词，又次王延松主席，讨论预算决算，及会计年度等要案，又次选举执监委员，由陆文韶主席，又次讨论议案，由贝淞荪、俞佐廷轮流主席，议毕，王晓籁主席致闭会词，散会。

开会演词：主席团公推王晓籁致开会词，云本会依照定章，年开大会一次，本年适为第五届会员大会期。晓籁等承各会员之付托办理会务连任四年，照章任满，回顾四年中经历，可谓大难临头，万感交集，遑云建树。简单言之商会系商人集合而成，商人之责任，换言之，亦即商会之责任，商人责任何在，此稽诸太史公货殖传，所谓农以出之，工以成之，商以通之，即可知商人所负责任，为农工之媒介，而非作外人媒介。故商人以推销国货为天职，商会以领导商人推销国货为天职，此系简单明了之事理，吾人无容推诿，亦无能躲闪。近年以来，入超高涨，年胜一年，每年几达六万万元之巨。有人曾谓，吾国现金，不过三十万万元，循此覆辙，继续五年，现金可以立尽，此为何等惊心动魄之事。吾国对外商业，本系一部失败之历史，而近年失败之程度，尤较以前突飞猛进。商人之失败，探本言之，即系商会本身之未能尽职。从另一方面论，虽可诿为环境困难，失败原因，亦正多端，但我国近年关税一名义上已属自主，且厘金裁撤，亦有多年，虽各地苛税尚未能一律蠲免，然比较从前，确有一部分困难，现正得到相当解决。至于各国因商业萧条，增高关税壁垒，固然使国货输出，受不少之打击，而贸易额因以退减，但日货之到处碰壁，受人嫉视，实较国货尤甚，何以彼能于荆棘丛中，有掉臂游行之致，虽到处受加税或限额进口之排挤，而仍得维持其销路，或且仍有不少之进展。且我国商人，一遇外国加税，除请政府提起交涉以外，别无办法，而彼则一遇此等问题发生，恒能由商人自行设法应付，如印度实行废止日印商约，彼即停购印棉，以为报复，其后卒成日印会议之局。吾国古语有云不尤人，又云反求诸己。晓籁等每将此等事件，反复对照，辄感吾国自有商会以来，已三十年，所谓辅助国家，振兴贸易，其效力殊未显著。即对于领导商人之责任，亦自愧未能尽其万一。备位四年，驹光虚掷，不能不于今日会员茬止之时，自表其引咎之意。商会既由商人集合组织，商会之缺点，亦可谓系商人之缺点，吾人既欲返己自省，为桑榆补救之地，商人缺点何在，亦不可不有一番考察工夫。就晓籁数年经验而论，大抵一则偏于消极方面，而忽于积极方面，例如捐税运费之减轻，固应为商人所应注重，但政府允为轻减之后，对于组织如何改善，销路如何开拓，质量如何求精，往往置为缓图，是以恒有捐税减轻，而贸易仍于不振者。二则喜于因袭模仿，而缺乏观察全局并草创苦斗之精神，例如近来全国现金集中于上海，在金融界方苦于投资之不易，然如最需要之练糖厂，以及人造丝厂，却无人投资组织，而创办银行之举，乃如雨后春笋，络绎不绝，可知吾国商人现况，于所谓计划经济，统计经济，相去犹属甚远。本会今后职务，一方在改正其年来之缺点，一方又在领导商人，各自改善其本身之缺点。吾人感于已往之失败，不得不致其期望于将来。晓籁等虽以行将任满之身，仍当竭其绵薄，以为诸会员攘流之助，是以今日于盛大集会之际，于引咎自责之中，仍致其刍献之忱，惟希公鉴。

审查报告：（一）提案审查委员会报告云，查本届大会提案，除执行委员会交议者，计十件外，共收到会员提案计三十二件，经第十六次执行委员会议决，组织提案审查委员会，从事编排整理，推定俞佐廷、贝淞孙、陈蔗青、诸文绮、方椒伯、郑泽南、潘旭升等七人为审查委员，经于本月八日及十三日举行审查会议共两次，计审查结果，应提请大会通过者二十四件，应提请大会讨论者两件，应由本会即行办理，不必提出大会者四件，由会函复未便提出大会者两件，共合三十二件之数。惟征集提案，原定六月二日截止，嗣又展期至十日为止，但能如期提到者，为数不多，以致原拟预印分发各会员代表，以便详细研究之办法，为不可能，在十三日以后，继续收致提案者，又有西烟业公会、鸡鸭行业公会、人力车公会各一件，叶执委家兴二件，共五件，以为期过迟，无法编入，惟该五件中，其中鸡鸭行业公会及叶执委家兴等所提强制同业加入公会案，已有相同议案，可以合并讨论，至其余三件，只能归入临时提议项下矣，用特报告如上。(二)会员资格审查委员会报告，查本会会员，共计公会会员一百九十三个，商店会员三十三家，此次报到者，计公会会员一百八十个，代表三百三十九人，内除虽报到而因欠缴会费逾两年，经执监联席会议议决，停止出席者为国药业及花粉业，共公会会员二个，代表五人外，实得公会会员一百七十八个，代表三百三十四人，未报到者为帽庄、丝线线物、机器、材料、青蓝布染坊、海味号等公会会员五个；又因欠缴会费逾两年停止出席兼未报到为热水瓶店、弹簧椅、弹花、旧花、机器模样、绸绫染坊、面团、拍买等公会会员八个，总共合如一百九十三个之数。又商店会员到者二十四家、会员代表三十四人，未报到者为同丰丝线、新新有限公司、万丰肥料公司、中国肥料公司、三星舞台、华通电灯泡厂、大中华股份有限公司、久大精盐公司等八家；又欠缴会费逾两年停止出席者为振华油漆公司一家，总共合如三十三家之数。本届会员资格审查委员会，为委员王延松、骆清华、陆文韶、杜月笙、劳敬修、马少荃、马骥良等七人，曾于六月十三日开会审定会员名册，分呈本市党政机关审核，用特报告如上。

选举情形：按照议程通过二十二年度决算及二十三年度预算，并议决垫补历年亏欠办法，改变会计年度后，即首由市社会局代表吴桓如宣告，两市商会共设执行委员十五人、监察委员七人，依据商会法第十九条(执行委员及监察委员之任期，均为四年，每两年改选半数，不得连任)之规定。查本届满任之执行委员，为王晓籁、王延松、陆文韶、骆清华、诸文绮、贝淞荪、叶家兴、谢仲乐等八人，满任之监察委员为闻兰亭、劳敬修、陈松源、蒋志刚等四人，又连任执行委员为陈蔗青、郑泽南、马少荃、潘旭升、俞佐廷、陈蜩周、马骥良等七人，连任之监察委员为杜月笙、方椒伯、裴云卿等三人。旋由主席团派童子军检点在场代表人，共计三百零六人，按名分发选举票，并由主席团指定方椒伯、屠开征、邬志豪、裴云卿、陈良玉、马少荃、龚静岩、马骥良等八人为检票员,郑泽南、李文杰、陆祺生、潘旭升、丘良玉、郑澄青、黄振世、袁鸣钧等八人为唱票员,投票结果,检得票数共三百零六票无误,当由市社会代表宋钟庆监视开票。

当选委员:(甲)执行委员八人,当选者为(一)徐寄庼二百五十三票、(二)金润庠二百十一票、(三)胡西园一百七十八票、(四)郑澄清一百七十五票、(五)葛杰臣一百七十票、(六)陈小蝶一百七十票、(七)柯干臣一百六十六票、(八)叶荫三一百四十八票;(乙)候补执行委员七人,当选者为(一)许冠群一百四十九票、(二)张佩珍一百四十五票、(三)屠开征一百三十六票、(四)张一尘一百三十二票、(五)厉树雄一百二十三票、(六)许晓初一百十四票、(七)谢筱初一百零七票。(丙)监察委员四人,当选者为(一)王晓籁二百七十票、(二)王延松二百二十四票、(三)骆清华一百九十六票、(四)沈田莘一百五十五票;(丁)候补监察委员三人,当选者为(一)程祝荪一百三十五票、(二)程毓杰一百二十七票、(三)陈子明一百零二票。

委员略历:此次新当选各委略历如下:(甲)执行委员(一)徐寄庼,浙煤兴业银行常务理事、银行公会常务委员、绸业银行监察,(二)金润庠,民丰造纸厂经理、纸业同业公会委员,(三)胡西园,电器制造业同业公会主席、中华工业联合会委员、亚浦耳电气公司经理,(四)郑澄清,前商人团体整理委员会委员、南北货拆兑业公会监察委员,(五)葛杰臣,上海华商会益中公证行经理、呢绒业同业公会监察委员、租界华人纳税会执行委员,(六)陈小蝶,家庭工业社董事、乾一银公司董事、化妆品业同业公会委员,(七)柯干臣,棉布业同业公会常务委员、胜达呢绒厂、丽明机织印染公司总经理,(八)叶荫三,大华造纸厂、上海造纸厂、骏大华行及上海搪磁厂总经理。(乙)监察委员(一)王晓籁,前任上海市商会主席、现任租界纳税华人会主席、市参议会参议、中央信托公司董事,(二)王延松,前任上海市商会常务委员、现任市参议会参议、上海绸业银行董事长、工部局华委员、全国经济委员会蚕丝改良委员,(四)沈田莘,湖社常务委员、德和织造厂总经理。

讨论议案:(一)执行委员会提各业同业加入本会案,(二)绸缎业公会提,拟请再呈实业部对于抗不入会之同业速示补救办法案,(三)南北货拆兑业公会提劝告同业加入公会案,(四)成衣业公会提(甲)非会员不受劝告,反抗入会,以致入会者受其影响,若不设法补救,全市商业团体毁散在即,目前应请转呈社会局取缔不入会非会员案,(乙)会员拖欠会费影响会务经费以及各公会纷纷延交商会之费,公会本身亦受累匪浅,应请规定强制征收会费办法案,(五)钟表眼镜两业公会提请讨论如何使会员自缴会费案,(六)钟表眼镜业公会提请制裁同业不加入公会案。以上六案合并讨论,议决:(甲)由本会同各业公会联名续呈院部,确定不入会制裁办法。(乙)呈请市党部及社会局印发通知书,交由各公会,劝告同业加入各该业公会。(七)执行委员会提南市设立分事务所案,议决通过。(八)执行委员会提请嘉奖纸业及铜铁机器业两公会努力实行大会决议案,议决通过。(九)执行委员会提拟继续力争撤销火腿腌腊检验案,议决通过。(十)执行委员会提处理各会积欠会费案,议决:(甲)欠费各会员应于六个月以内,设法筹缴,如届时仍不缴付,即行除名。(乙)在未缴付以前,停止会员应享权利。(十一)执行委员会提继续力争合伙债务连带负责案,议决呈请立法院,迅制定商业登记法,以为补救,在该法未公布以前并应征求商人团体意见,尽量采纳,以免隔阂。(十二)王常委延松拟请增加商会执监委员名额案,议决请呈请立法院,照提案增加为执行委员二十七人、监察委员十一人。(十三)花树、咸鱼、履业、钢业旧铁、机制切面、竹业等六公会提议,呈市政府迅予实施减租、以维商市而慰市民渴望案。(十四)梁烧酒行业公会提呈请市府,按照南京中政会、广州市政府所定减租办法,明令公布减低房屋租折扣标准,以维市民生活而安社会案。以上两案合并讨论,按照审查提案委员会意见,以本市减租办法,本会历来主张,应由市当局斟酌各方情形,拟订折衷主案,期于兼筹并顾,无碍实施。现市参事会亦已召集双方,征询意见,预备拟具适当办法之中,本会前据煤业公会大会议决,呈请政府准予平议减租,亦经依照本会历来主张,呈请市政府准予最短期间,将兼筹并顾办法,迅予议决公布施行在案,现拟再根据提案,续呈市府催促办理,议决,通过。(十五)讨论转运业公会提,为严禁烈性毒品暂行条例第二条措词简单,易涉误会,请求援助，以资补救案，议决，应予转呈政府妥订补救办法。（十六）酱酒号业同业公会，为盐警检查食盐，协同巡捕至商店，提货拘人，请呈盐务署及函工部局，尊重法定手续，以维商业安宁案，议决，请转呈财政部并函工部局取缔此项骚扰行动。（十七）酱酒号业同业公会提，为食盐质地太劣，关系卫生匪浅，请盐务署准许精盐通销内地案，议决，精盐通销内地问题，应就民生及卫生两点兼筹妥当办法，将本案转呈财政部参考。（十八）钟表眼镜两业公会提，请征收进口时钟倾销税或增加时钟进口税案，议决，应予转呈。（十九）国产橡胶制品业代表苏公选提，救济都市工业衰落办法案，议决，本案关系重大，应将原则通过，其详细方案交由下届执行委员会缜密讨论办理（下略）。（《上海市商会昨开五届大会》，《申报》1934年6月18日）

7月2日，为答谢顾客及各界人士，益利轮船免费送客游览普陀。报道说：

益利总公司，驶行温州之益利轮船，现已岁修完竣，内部装修陈设，益见整洁。刻为酬答常饮益利汽水之顾客及沪上名人及银行钱庄金业各商界巨子起见，特于七月一日下午四时，直放普陀，免费送客游览，一应需要，并均由该轮供应。又益利公司经理之美国渴乐斯鲜橘汁，虽因成本关系，售价稍贵，然畅销之率，仍推第一，因其汁浓味美，故能有此成绩云。（《益利轮船昨免费送客游览普陀》，《申报》1934年7月2日）

7月7日，被推举为上海市商会提倡国货委员会委员。报道说：

上海市商会，于昨日下午四时举行第一次执行委员会，到俞佐廷、徐寄庼、胡西园、金润庠、潘旭升、葛杰臣、郑泽南、郑澄清、柯干臣、沈田莘、裴云卿、骆清华。主席俞佐廷，行礼如仪后，先由秘书报告会务，次讨论各案如下，（一）讨论马常委骥良函请辞职案，议决，马常委辞意坚决，无可挽留，应即准予辞职，定期补选。（二）讨论陈执委翊周函请辞职案，议决挽留。（三）讨论王监委晓籁再函请予辞职案，议决，推徐寄庼、裴云卿两委员代表挽留。（四）讨论常务委员会提，拟定各组委员会委员名单，请予通过案，议决通过。（五）讨论会员代表大会通过交办案，（甲）制药厂业同业公会提议，研究现行商标法，呈请立法院修正案（本案经大会议决，应组织研究修正商标法规委员会，集议研究办理),议决,交常务委员会,拟定委员人选,再提下届执行委员会讨论。(乙)橡胶制品业代表苏公选函送救济都市工业衰落办法提案(本案经本会议决,原则应予成立,详细办法交执行委员讨论),议决,将原办法分发全体委员,征求意见,再行汇集讨论。

各组委员会委员,(甲)公债基金保管委员会主任徐新六,委员裴云卿、贝淞荪、闻兰亭、沈琴斋、严成德、郑泽南。(乙)公断委员会主任王延松,委员闻兰亭、贝淞荪、劳敬修、顾馨一、徐新六、王晓籁、袁履登、裴云卿、杜月笙。(丙)商务委员会主任骆清华,委员郭顺、许晓初、李文杰、叶家兴、陈子彝、马少荃、柯干臣、诸文绮、王志莘、张佩珍、王瑾士、屠开征、徐子明、程毓杰、张念萱、沈子槎。(丁)提倡国货委员会主任陆文韶,委员陈松源、刘毓斋、胡厥文、谢仲乐、方液仙、谢筱初、劳敬修、魏鸿文、许冠群、陈良玉、郑耀南、王介安、胡西园、沈骅臣、蔡润身、谢鹏飞、陈贤本、叶学君、计健南、许廷佐、吴蕴斋、严成德、沈济恩、项绳武、周梦白、尹宝明、罗正、胡凤翔、吴资生、邬志豪、黄延芳。(戊)图书教育委员会主任许晓初,委员王云五、夏筱芳、李馥孙、葛杰臣、陆费伯鸿、黄延芳、王汉良、方椒伯、沈知方、郑澄清、娄凤韶、厉树雄、袁履登、潘旭升、张叔良、陈铎民、洪辅元。(己)劳资问题研究会主任叶家兴,委员柯干臣、骆清华、胡厥文、徐补孙、陈子彝、傅松年、朱秉禄、程祝荪、沈骅臣、陆费伯鸿、吴星槎、邵宝兴、葛宝兴、葛高卿、苏公选、邱子嘉、鲍国梁、岑志良、王自强、孙秩屏、周祥生、傅在高、顾九如、石芝坤、王廉芳、程毓杰、张栋云、张叔良。(《市商会昨开执委会议》,《申报》1934年7月8日)

7月8日,上海市民提倡国货会为益利汽水无端扣罚事电请财部纠正。报道说:

上海市民提倡国货会,为上宝印花税局苛处益利汽水公司空瓶罚款,昨经第十四届第八次执监联席会议决,电呈财政部,迅令纠正。原电云,财政部部长孔钧鉴,窃据属会会员益利汽水公司函称,会员于六月三十日,专驶益利轮船,迎送各界领袖前往普陀避暑,不取船资,赠送膳食,并供汽水。当时装运本牌汽水二十箱,原为赠与游客解暑之品,经遵章贴用印花,业经上宝印花税局验讫盖印。讵于昨晨返沪时,该局稽查,诬指随轮装回之空瓶二十箱,为不贴印花,责令罚洋二十元。当以处于淫威胁迫之下,不得已如数缴局,领有收据。近闻政府废除苛捐杂税,三令五申,以苏商困,且国货征税,只有一次,即可通行,而该局长胆敢藐视法令,鱼肉商民,纵属横行,不法已极,特函请求贵会为国货界解除痛苦,乞赐救济,以锄贪污等语。查该会员招待各界游历普陀,赠饮汽水,业已照章纳税,而运回空瓶,又处罚款,不但有负政府豁免苛捐杂税之至意,抑且违背国货一物一税制,印花扰商,达于极点,诬指苛罚,痛苦尤深。除函该局免罚外,为特电请钧长迅令纠正,以维国货,而恤商艰,至为德便,上海市民提倡国货会第十四届常务委员虞和德等叩虞印。(《国货会电财部请纠正上宝税局苛扰》,《申报》1934年7月9日)

是月,作为院董,向集义善会虹口时疫医院"助玻璃器四种计二打八件"。

9月,认购大公职业学校建筑校舍校债100元。

10月1日上午,前往道贺宁波实业银行迁址营业。报道说:

宁波实业银行成立以来,已达三载,专为社会服务、扶助渔农工商发展实业为职志,该行因业务扩展,于昨日迁入南京路新行址营业,举行开幕典礼,各界道贺者,计到虞洽卿、傅筱庵、秦润卿、俞佐庭、袁履登、杜月笙、徐懋棠、张继光、梅哲之、王晓籁、王伯元、陈光甫、吴蕴斋、竺梅先、金廷荪、张慰如、张竹平、许廷佐、徐采丞、裴云卿、王文治、魏伯桢、张申之、徐新六、朱吟江、章荣初、朱学范、张子廉、徐寄庼、陈绳武、黄延芳、戚子泉、沈毅、徐永祚、何德奎、傅品圭、郑澄清、徐景祥、楼怀珍、施春山、刘聘三、乐麐荣、沈田莘等三百余人。当由该行董事长兼经理邬志豪暨庄崧甫、洪雁宾、陆祺生、谢企亚等殷勤招待,并为酬答各界盛意起见,除在迁移一月期内,各种存款利息加厚,及另备赠品外,道贺来宾,并赠送开幕纪念册及购买国货优待证各一份,以答雅意。是日交易往来,各种存款极为踊跃,自朝至暮,顾客如市。该行职员等办事手续敏捷,酬应极为周到。闻该行经理等热心实业,提倡国货,嗣后仍当本发展实业初衷,积极努力,尤盼各界协力赞助,共谋合作云。(《宁波实业银行重新开业》,《申报》1934年10月2日)

10月初,向上海中华乒乓联合会捐助银杯,主办锦标赛,为此该会于10月4

日举行执委会议,决定相关办法。报道说:

> 本市中华乒乓联合会昨日在该会举行执委会议,其重要议案如下,(一)益利公司许廷佐君热心捐助银杯应予接受办理,并函复谢。(二)修改通过益利杯竞赛规程。(三)定本月五日起至本月十五日止,为该杯报名期。(四)每队报名十二人(赛员七人备赛员五人)。(五)每队征收报名费二元及保证金三元。(六)函聘杨锡卿、吴茂卿、王伯洪、王孟年等七人为本届裁判委员等议案。议毕散会。闻该杯自问世消息刊布后,本市乒乓团体均已准备参加竞夺,届时定有一番热闹,各界如有所询,请电四六八五二胡建坤询问一切可也。(《中华乒乓会执委会讨论举办益利杯赛办法》,《申报》1934年10月5日)

10月7日,《申报》公布上海中华乒乓联合会益利杯锦标赛组织章程。报道说:

> 上海中华乒乓联合会主办第一届益利杯锦标赛,拟订组织章程如下,(一)定名华商益利汽水公司益利杯锦标赛(简称益利锦标赛)。(二)宗旨提倡户内运动,促进乒乓球艺,团结精神,锻炼体格,以达强国强种之目的为宗旨。(三)主办华商益利汽水公司捐助奖品,呈请上海中华乒乓联合会全体主办之。(四)职委,(甲)以上海中华乒乓联合会在职职员为职员,负责办理。(乙)另聘裁判委员七人,组织裁判委员会。(五)资格,凡本市中华民国国民所组之正式乒乓团体经联合会审查合格者皆可参加。(六)赛期,每年分春秋两季,举行日期由职员会公开公布之,如遇特别事故,得展期或改少一次举行,由职员会审定之。(七)赛场,由联合会另定之。(八)报告,(甲)每队报名至多十二人(不得临时更改及顶替),如违者即取消与赛资格。(乙)纳会费二元(已纳本期联合会会费者可免纳)。(丙)每队存保证金三元(赛中未被取消资格者发还,被取消资格或中途退出者,一概没收)。(九)锦标,连得三届冠军或先得四届冠军即得锦标,得永久保存华商益利汽水公司所赠送真银大杯一只,每届冠军亦由上述公司赠送真银小杯一只,亚军赠送真银小银盾一架及纪念旗一面,与赛队员各赠纪念品以资纪念。(十)奖品暂由益利公司借南京路中华照相馆橱窗陈列,一俟比赛日期决定,由本公司送至比赛场陈列,并由该公司主人许廷佐君亲自到场给奖。(十一)罚则,被取消与赛资格及中途退出

者,除保证金没收外,所有一切其他成绩及权利,均不得享受,并永远不得加入本杯比赛。(十二)本章程未尽善处得由联合会随时修改之,惟须预先征得华商益利汽水公司书面同意,方得有效。(《中华乒乓联会主办一届益利杯锦标赛》,《申报》1934年10月7日)

10月10日,《申报》报道各团体踊跃报名参加益利杯比赛。报道说:

华商益利汽水公司总经理许廷佐君,为提倡正当业余运动,并促进本市乒乓球艺起见,爰特捐赠真银杯金座,发起举行益利杯第一届乒乓锦标比赛,委请本市中华乒乓会全权主办,各情已志前报。兹悉自该杯报名消息刊布,本市乒乓团体,如美丰银行、金城银行、四明银行、通易信托公司、上海邮务工会及华顺码等乒乓队,均已报名,参加竞夺,预料本届杯赛,定必热烈可观。闻报名截止期为本月十五日云。(《各团体踊跃参加益利杯》,《申报》1934年10月10日)

10月26日,在《连环两周刊》第十五期上发表《益利杯缘起》,披露其设立乒乓球益利杯的良苦用心。文录于下:

我国今日以社会经济言,则外货充斥,国货衰落,金钱外溢,膏血被啜,可谓民穷而财尽也;以社会情状言,则青年男女好事冶游,酣歌恒舞,纸醉金迷,日以继夜,戕丧身心,可谓种弱而品劣也。夫以弱种贫民而跻于世界列强之间,人不我亡,其可待乎?此有心人所引为疾首痛心者也。廷佐不敏,始终以富国强种为救亡之道,富国之道无他,振兴实业,抵御外货而已;强种之道无他,养成健全之国民而已。廷佐年来除努力于经营益利汽水公司、益利轮船公司、益利五金号、益利玻璃厂等事业,以期聊尽振兴实业之天职外,每于余暇,辄欲为提倡运动之举,务使有为青年,戒绝冶游,从事正当娱乐,锻炼其健全之身心。因思业余运动中以乒乓戏,最为适宜,所费不多,占地不广,且为各界人士所乐于习练者。此项游戏,实为全身运动,行之既久,其于身心之裨益,决非浅鲜。廷佐以与会所至特置备赠品数事,托由本市中华乒乓联合会主办竞赛,藉增兴趣而示提倡。倘能因此而鼓起大众之观感,相互联系,增进健康,则今之东亚病夫,不难为他日任重致远之良好国民也,是为启。

11月25日上午,前往参观华人自办之最大消毒牛奶场——元元农场第四牛

舍落成。据称其"占地数百亩,畜牛四百头,本埠各界往参观者甚多"。报道说:

> 元元农场为华人自办之最大消毒牛奶场,其目的在求减轻奶价,改良中国牛种,近且制炼罐头牛乳,销行内地,不惟使贫苦之家得有饮乳之机会,亦可挽回国家利权之外溢(外国炼乳罐头进口,在江浙二省年达二百万以上,合之全国,其数必可惊人)。开办不过二载,已畜养有乳牛四百余头,设总场于大西路,占地二十余亩,一切设备,均极新式。最近落成之第四牛舍,可添容乳牛一百二十头,并设分场于林肯路及常州之奔牛镇,占地几百亩,藉养小牛及实验改良牛种之用,资本将近六十万元,其成绩之猛进,诚为实业界前途之好消息。昨日(二十五)为该场第四牛舍落成之日,柬请各界参观,京沪要人纷纷致送颂词,如监察院院长于右任题赠:利用厚生;实业部陈公博题赠:为农先导;中央委员王陆一题赠:抚字群生;监察委员严庄题赠:生之者众。及沪上各界闻人所题赠者,琳琅满目,美不胜收。是日天气融和,又值星期日,来宾前往参观者,络绎不绝。本埠闻人如吴蕴斋、马式如、白鸿基、唐伯文、许廷佐、赵桂德、黄蔼农、陈小荪、宋元惠、殷纪常、沈鹤皋、许颂年、李亚西、郑仲武等,均亲往参加落成典礼,由裴模娜小姐行剪带礼,同时并款来宾以茶点,由该农场办事员殷勤招待,大西路上,一时车水马龙,极称盛事。(《元元农场第四牛舍昨落成》,《申报》1934年11月26日)

12月1日上午,前往道贺大沪银行新厦落成营业。报道说:

> 本市大沪银行原设山西路,兹以业务日益发达,旧有行址,不敷展布,特就南京路香粉弄口新建大厦,全部装修,系大理石制成,富丽堂皇,至为雄壮。昨日该行正式迁入营业,由市商会主席俞佐廷行揭幕礼,各界前往道贺者,有陈蔗青、徐寄庼、徐新六、唐乃康、戴耕莘、张慰如、潘公展、骆清华、毛和源、邬志豪、王晓籁、孙梅堂、张申之、金国宝、葛杰臣、柯干臣、许廷佐、裴云卿、孙伢兰、陶百川、郑泽南、袁履登、胡筠芗、胡西园、李文杰、方椒伯、汪万平、江一平、陈群、董俞、郑澄清、陈光甫、叶家兴、谢克明等五百余人,由董事土延松、竺梅先、潘鲁岩、叶荫三,监察金润庠、诸文绮、李和卿,副经理俞国珍、马少荃、王鸿赉等亲任招待。昨日前往存款者,极形拥挤,至傍晚犹见该行顾客盈门,应接不

暇。据该行负责人云,前日全体行员,漏夜布置,均至天明始假寐片刻,旋又各尽其责,全日辛劳,具见办事迅捷,训练有素,颇得存户之信任,与来宾之称道。(《大沪银行新厦落成》,《申报》1934年12月2日)

12月初,参与办理同乡贺寀唐丧事并联名于12月3日在《申报》刊登相关启事:

定海旅沪同乡会为贺寀唐先生举行追悼会启事

贺寀唐先生言文字则迥殊俗趣,言品行则可称完人。自客海上,将逾卅年。身在异乡,心系故土,凡在乡好风致敬恭。此次患病溘逝,轸惋谅有同情。兹定于十二月九日下午在上海法租界平济利路定海会馆开会追悼,凡与先生有旧者幸届期莅临参加,如有铭诔诗文请先期送劳合路宁波里四号定海旅沪同乡会,或径送霞飞路人和里十一号贺府为荷。

发起人丁滋华　王启宇　王崇清　王传孙　朱子奎　朱宝峰　武镜珊　邱国桢　周祥生　胡象美　袁仰安　孙伯威　孙弥卿　张康甫　陈大方　陈畊梓　陈翊廷　许廷佐　陆瑞星　潘尚林　乐葆庭　刘孔昭　刘鸿生　木成祥

贺寀唐遗像

12月9日下午,出席贺寀唐追悼会并发表演讲。报道说:

中国通商银行、宁波旅沪同乡会、定海旅沪同乡会三团体,昨假法租界平济利路定海会馆,为已故通商银行协理贺寀唐君,开追悼会。会场满悬挽联挽诗,情状异常悲壮。到乡先生虞洽卿、俞佐庭、傅筱庵、张申之、方椒伯、邬志豪、朱庭祥及亲友朱子奎、张子湘等四百余人。下午二时,振铃,奏哀乐,开会,由陈良玉君主席,报告开会宗旨,继由陈翊廷君述行状,胡逸农君宣读定海同乡会主席刘鸿生君诔词,定海同乡会男女小学生二班,依次行礼,唱追悼歌毕,即由傅筱庵君述贺君与通商银行之关系,及与其个人之交谊,并提议上贺君私谥曰"通忠",当场一致通过。后由方椒伯君、邬志豪君、袁履登君、洪雁宾君、许庭佐君、张小耕君、乌崖琴君等相继演说,叙述贺君内行修洁,文学渊茂,及其热心公益、公忠职守、敬爱友朋、孝事老母、友爱兄弟等行谊甚详。邬志豪君且倡议搜集贺君文稿,不使散轶,并为其弟辈谋商业上之援助等语,满场一致鼓掌。末由家属贺其良致词答谢,追散会已四时许矣。(《三团体昨开会追悼贺采唐纪》,《申报》1934年12月10日)

12月21日下午,被推选为上海市第一特区市民联合会国货运动委员会委员。报道说:

> 上海市第一特区市民联合会国货运动委员会,于昨日下午二时,在天后宫桥会所举行第二届第一次代表大会,到刘仲英、陈九峰、祝志纯、张贤芳、王靖东、叶家兴、韦朗轩等十余人。行礼如仪,由刘仲英主席,报告开会宗旨毕,旋即讨论各案,(一)本届国货运动委员会应推定委员案,(议决)推叶家兴、陈九峰、王和松、张贤芳、邱嘉梁、郑东山、王靖东、祝志纯、胡凤翔、赵南公、叶其昌、李紫峰、韦朗轩、沈和甫、许廷佐、刘仲英、陈蔚文、蔡洽君、陈炳辉、张一尘、邬志豪、陈济成、陶乐勤、朱保罗、王晓籁等二十五人。(二)调查国货工厂出品案,(议决)函各工厂调查出品。(三)严查改头换面冒充国货案,(议决)保留。(四)调查各区分会会员商店推销国货之成绩案,(议决)发给证书交执委会办理。(五)奖励推销国货成绩案,(议决)发给证书交执委会办理。(六)扩大国货运动案,(议决)交执委会办理。(七)学生国货年,本会应否推代表参加案,(议决)推陈九峰委员出席参加。(八)发表宣言,(议决)通过。议至五时散会。(《一特区国货运动会昨开二届代表大会》,《申报》1935年12月22日)

1935年　54岁

1月12日晚,出席益利杯乒乓球总决赛并颁奖。报道说:

> 昨(十二日)晚八时,为第一届益利杯广东对祖慈决赛之期,虽天不作美,而冒雨往观者,仍有二千余人,为乒乓赛空前未有之盛会,由徐多任裁判,胡建坤纪录,王孟年检察,曹镇东、李凤池、陆修律、陈振声为巡边员。两队赛员均系久战沙场之海上名将,故战情紧张,精彩百出,尤以卢仲球对陆汉俊,欧阳维对方克平,容德能对邓国富之表演,更引人入胜,结果为四比三,广东荣膺冠军,祖慈屈居亚军。赛毕由益利汽水公司总经理许廷佐给奖,并分赠该公司

自制玻璃杯一打于参加各队，以志纪念云。(《益利杯功德圆满广东队荣膺冠军》，《申报》1935年1月14日)

1月26日，当选为市民联合会第七区分会第四届执行委员。报道说：

> 市民联合会第七区分会，昨日下午二时，在百老汇路百禄坊会所，举行会员大会，改选第四届执行委员，到市总会代表张贤芳及各区分会代表邱嘉梁、朱保罗、陈九峰、葛福田、朱雨陶及会员八十余人。主席团刘仲英、周辅璋、严善材，纪录樊天锦，行礼如仪。兹将各项情形志下，开票结果，当选执委刘仲英、许廷佐、简玉阶、史久麟、刘春华、胡文祥、钱芳洲、项莲荪、冯泽深、忻芸腮、刘耕笔、卢尔德明、周辅璋、严善林、费辅清等十五人，候补执委胡惠祥、潘幼峰、蔡立卿、侯祥流、童耀德等五人，当场宣誓就职。即讨论提案，(一)反对电话加价案，议决，呈请总会，分函各区分会，一致反对。(二)厉行减租运动案，议决，通过。(三)实行市民义务教育案，议决，通过。(四)现役军人，应否参加民众团体案，议决，呈请上级机关核覆。议毕，散会。(《市联七区分会改选记》，《申报》1935年1月27日)

3月17日下午，出席市联会第七区分会第一次执委会并继续当选为常务委员。报道说：

> 上海市第一区市联会第七区分会，昨在会所举行第一次执委会，到者周辅璋、严善林、刘耕华、卢尔德明等十余人。公推刘仲英主席，陈梦麟纪录，主席报告开会宗旨毕，(一)分配职务，公推许廷佐、刘春华、史久麟、周辅璋、刘仲英为常务委员，潘幼峰为组织主任，简玉阶、钱芳洲、费辅清、蔡立卿、童耀德为调解主任，冯泽深、项莲荪、刘耕华、侯祥流为宣传主任，出席总会代表许廷佐、周辅璋、刘仲英。(二)市面萧条，商店难以维持案，议决，(甲)组织工商业信用合作社，(乙)通告会员，将工商业前发调查表，限期送会。(三)厉行减租，以复兴市面案，议决，呈请上级机关，通告会员，一致行动。(四)上海电话公司加价案，议决，呈请总会及通告会员一致拒绝。(五)胡元祥、项莲荪二委员辞职案，议决，挽留，议毕散会。(《一特市联分会开会并记》，《申报》1935年3月18日)

3月底,益利汽水公司"为汽水印花税苛细繁杂,不合税法,据情恳请明令废除停止征收以恤商艰而维民生事",致函上海市民提倡国货会。为此该会即"呈请财政部明令废除,体恤商艰。"(《提倡国货会请部废除汽水印花税》,《申报》1935年4月3日)

4月9日晚,资助的澳沪杯乒乓决赛举行,"邮工胜广东获得锦标"。报道说:

> 此次澳门陶英乒乓队远征沪上,益利汽水公司总经理许廷佐热心提倡,特捐银杯一座,赠与优胜者,由中华乒乓会主持其事,结果沪上之强邮工广东美丰三队,各以四与三之比数击败陶英队,乃由联会议决,以淘汰制产生冠军,抽签结果,第一日邮工战美丰。昨晚为邮工与广东决赛之期,参观者非常之多。联会方面以比赛重要,特请吴茂卿为裁判,陈霖笙为检察,马廷亮为纪录。追钟鸣八下,公证人胡笳一声,大战开始,你来我往,杀得天昏地暗,怵目惊心,四周观众鸦雀无声,经三小时之角逐,邮工队乘前晚战胜美丰之余威,并赖将士之用命,以五与二之比,惨收广东队。末由联会主席委员徐多致嘉勉词及给奖,此灿烂夺目之澳沪杯,于观中欢呼声中,为邮工队长陆修律含笑挟去。(《澳沪杯乒乓决赛》,《申报》1935年4月10日)

4月10日,《申报》报道定海同乡会改建会馆、迁移丙舍情况,内中披露其担任筹备事宜。报道说:

> 定海旅沪同乡,于去年十二月九日,在平济利路定海会馆,为贺棠唐君开追悼会。当时到会者约数百人,利用集会时机,即讨论修建本会馆,合并同乡会,迁移善长公所等种种问题。首由陈翊廷君发言,略谓,本会馆成立以来,已三十余年,应从事修理,需费约二万余元。查现有基金,约四万余元,若以之修理,则基金减少,而收入亦因之减少,将来之开支恐有不敷。在鄙意将本会馆改建三层或四层洋房,两旁添造租借住宅,将同乡会迁入办公,一方得加多应用房屋,而一方又得加多生息,实为一举两得。次由潘尚林君发言,谓日晖港善长公所,已奉令三年内迁徙,查该地日趋繁荣,地价亦随之而涨,即将该地改造民房出租,所得租金,即为本公所经常费,在虹口直北或北新泾相近地点,廉价买进地五十亩,另建丙舍。此地之买入,由各同乡自动捐助,不论一亩、半

亩、二分半,均可助入,以集腋成裘地集合起来。旅沪同乡数万人,岂止五十余亩能力,只要热心做去,当然有成功之一日。继由陈大方君发言,略谓在座同乡,须要晓得,在沪同乡有多少人数,尤要晓得同乡中有多少穷苦人,有多少失业人,要晓得上述人数,必须由同乡会先行人口登记。其办法各区多设组长,每组会同同乡会职员,就地登记,如遇有诚实可靠而失业者,可由同乡会设法介绍或设法送回原籍,免得流落他乡,一方面遇有小康之家,对于本会馆可尽一分力量,众擎易举,会馆之改建,公所之迁移,均可由登记产生。嗣由许廷佐、钱德润二君,均有同样补充之发言,当推刘鸿生、许廷佐、钱德润、陈翊廷、潘尚林五人为筹备委员。近闻定海同乡会,先由登记入手,陆续办理上述各点云。(《定海同乡会改建会馆迁移丙舍》,《申报》1935年4月10日)

同月,当选为由洋货商业公所改组而来的仁义善会执行委员。报道说:

本市法租界东新桥街洋货商业公会,自呈准改组为仁义善会以来,积极筹备,业已成立。兹闻该会已选举乐振葆、许廷佐、张兰坪、沈观舜等十五人为执行委员,虞洽卿、徐乾麟、王作霖等七人为监察委员,并推定乐振葆、张兰坪、何梅轩、李叔彦、乐赓荣等五人为常务委员,公推乐振葆为主席委员,并已呈报上海市党部及市社会局云。

又闻该会所附设之仁义医院,业已开始施诊,凡来求诊者,每人只取号金铜元十枚。该会又印有送诊券分送各会员,凡持有送诊券者,号金诊金概不收取,日来天气渐热,故每日至该医院求诊者,颇形众多云。(《洋货商业公所改组选举并施诊》,《申报》1935年5月1日)

5月中旬,私立舟山初级中学与私立鸿贞女校两校校董会举行联席会议,决定将两校合并为私立舟山中学,并进行了校董推荐选举,产生了由16人组成的新校董会。公推刘宝余为主席校董,鲍哲庆、袁仰安、沈任夫、许廷佐、陈耕莘、刘鸿生、刘宝余等为常务校董。其中刘宝余、陈耕莘、许廷佐、周祥生、潘尚林、邱

刘宝余

国桢为经济校董,鲍哲庆、袁仰安办理两校合并手续,决议聘请方同源为校长。(汪国华:《私立舟山初级中学校董会略说》,《今日定海》2017年3月3日)

6月,参与《上海宁波日报》[1]第二届征求活动并担任征求队长。报道说:

《上海宁波日报》为旅外甬人之唯一舆论机关,出版已经一年,自虞洽卿、方椒伯、乌崖琴三君,发起征求大会后,各地同乡,闻风兴起加入为征求队长者,凡二百六十八队,每队队员二十人,结果共得一万二千七百五十户,因此该报销数激增。昨举行筹备会议,讨论第二届征求方法。兹探录其议决案如下(一)继续举行第二届征求大会,日期定六月十五日开始。(二)旧任队长请其继续担任外,并选请各队队员中之声誉素孚,交际广阔者,为新队长。(三)根据各队长来函将代价券加盖"特种"字样,此项代价券,无论订报或充广告费均可。(四)通告各队员本报已得司法当局之批准,凡在本报登载广告者,法律上有效,以凡吾同乡,如有关于法律性质之广告,统请登本报,取价从廉,代价券适用。(五)大会日期及地点游艺等事项,由干事会议决定之。并闻已允任队长者,计有叶启宇、蔡同源、方式如、庄鸿皋、秦禩卿、周宗良、王伯元、邵宝兴、石永锡、薛润生、谢定黼、孙梅堂、颜伯颖、余云岫、余葆三、秦润卿、陈润水、王云赓、陈玉书、陈忠皋、邬志坚、董明德、乌鸿彰、屠企华、舆乾康、张肇元、盛安孙、葛维庵、王启宇、俞佐廷、孙衡甫、袁履登、张继光、徐懋棠、吴芑汀、王皋荪、胡孟嘉、陈庆祥、童汇塘、朱晋椒、胡西园、陈湘如、毛逢知、毛康甫、王国蒙、王新甫、王准臣、汪闻鹤、王宏卿、王志璋、俞炽卿、张咏霓、王廉方、王运章、姚豫元、倪新模、柳中亮、王和兴、余性本、王法镐、孙祥姜、王岳峰、张永祥、范回春、张晓耕、张佩珍、石金奎、孔锡卿、朱世恩、凌寿鹏、李韵荋、范崧生、陈文铭、陈星甫、陈学坚、许廷佐、黄锯扬、费庭华、华澄津、黄振世、桂兰荪、范濂钦、吴志芬、范和甫、何立卿、汪宝棠、李孤帆、李康年、李允成、江葆真、朱安甫、史悠凤、尹韵笙、孔昭源、水祥云、方国梁、方液仙、何积璠、何平龙、忻文尧、忻梵僧、施体奋、林涤庵、竺泉通、俞介堂、俞声涛、金舜卿、朱瑞臣、余仰周、曹莘耕、周

---

(1) 该报1934年由宁波旅沪同乡会创办。

安丰、夏晋东、章广甫、周宝初、金楚湘、金菊卿、姚德甫、邵达人、邵虚白、邵德铭、夏润生、张伯勤、张廷邦、陈耕莘、陈永忠、陆慕南、周汝范、周静斋、周井亭、周忠元、陆文华、宓信大、

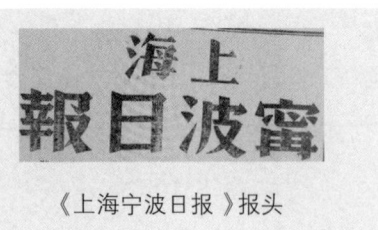

《上海宁波日报》报头

胡咏莱、胡元祥、张百铭、徐芹香、徐忠信、徐诚照、徐巨亨、徐宝鲁、张有福、黄裕明、黄叶新、陈炳泉、戚正成、童志孚、童显廷、陈喜伯、陈九皋、陈绳武、陈樟传、陈寿芝、陈止翔、陈吉卿、徐正科、张涵荘。此外各埠队长计有宁波陈冠灵、翁仰青、毛秀生、何锡冕、刘镇泰、郭逸民、舒孝恩，镇海张感尘、唐爱陆，杭州李春枝，汉口唐性天，重庆刘葆甫，宜昌吴梦醒，芜湖陈才棠，南京郑鲁斋、陈汉卿、陆雨庄、何瑞芝，青岛倪献亭，其他本外埠各队长在接洽中，乃自动加入者，尚有百余队。(《宁波日报二届征求》,《申报》1935年6月13日)

7月22日下午，出席第一特区市民联合会四届第一次常务会议，被推选为设计委员会委员，会议"议决筹组各团体救济水灾会。"报道说：

> 本市第一特区市民联合会，于昨下午二时，在会所召开第四届第一次常务会议，成立设计委员会，推定郑澄清等四十四人为委员，昨出席者胡凤翔、邹鳌奎、陈济成、张贤芳，列席王靖东、许云辉、郑筱麟等。由陈济成主席，郑东山纪录，经讨论，(一)许楷贤函辞财务范鹏辞监委案，议决挽留，推邹鳌奎代表面留。(二)救济水灾应发起联络各团体进行案，议决，发起上海市各团体救济水灾委员会，推定王晓籁、王延松、陈济成、曹志功、林康侯、袁履登、沈田莘为筹委，由陈济成召集小组呼吁队，交宣传科办理。(三)第一次执行委员会交议，组设计委员会及人选案，议决，推丘良玉、邹志豪、朱志贤、梁瑞亭、曹芝宇、许廷佐、钟裕光、童耋生、沈和甫、陆蓉龄、张益斋、沈伟农、傅隆才、汪逸三、俞铭巽、唐惠康、张克伦、五德芳、林仰之、陈英民、蒋梦谷、董培庆、缪大成、张君璠、张仁彦、郑保华、徐菊棠、唐一、杜椿荪、邹文祥、周宪文、袭石松、陈景轩、费良衡、郑东山、陈胡有运、郑澄清、褚子民、邹炳华、吴幻春、陈叔言、张东侯、陈其芬、罗正等四十四人为委员。(四)第一次执行委员会交议组织减低

房租委员会及人选案,议决,(甲)每分会推出一人为委员;(乙)限一星期内报告名单,致函各区分会。(五)本会经费问题,应如何整顿分会缴费案,议决,(甲)致函各分会将存根交会审查;(乙)交调查财务科办理;(丙)需费孔急由各委垫付,以分会欠费抵各费,薪支减低。(《市联会常务会议》,《申报》1935年7月23日)

7月29日上午,许文贵出席上海市商会工商业复兴委员会举办的招待各厂业主及代表招待会。报道说:

> 上海市商会工商业复兴委员会,于昨晨九时,在该会举行第一次招待各厂业主及代表,由主任委员王延松致开会词,并发给工商业信用小借款申请表格及该会工业调查表。兹志详情如下:
>
> 分发表格:第一次招待各厂业主及代表,到开成造酸厂、大中染料厂、中华制瓷厂、东亚机器厂、中兴坩埚厂、中国化学工业社、泰山砖瓦厂、天章造纸厂、森记造纸厂、东方年红公司、益利汽水厂等百余家,代表金葆庭、许文贵等百余人。是日适值上海市商会接受工商业贷款审查委员会之委托,第一天分发贷款申请书。由复兴会主任委员王延松致开会词,调查组主任奚玉书说明写工业调查表之重要,工商业贷款审查委员会亦派林少峰代表到会,说明填写贷款申请书之手续。至十一时许,将工商业贷款申请书及复兴会之工业调查表,当场分发散会。
>
> 致开会词:主任委员王延松致开会词云,今日本会第一次招待本市各厂业主及代表,适值工商业贷款委员会委托上海市商会代发贷款声请书,亦于今日开始,故到会人数较预定为多,致招待颇觉不周,殊为抱歉。至于本会招待各厂业主及代表之意义,已在公函中有所叙述。本会为上海市商会根据第六届会员大会议案所组织之机关,其所负任务,在与工商界共筹适宜方案,以求有效之救济。此种任务,其职责至为重大,决非本会同人思想才力所能负荷,但以国难当前,又不敢畏难规避,期免必有之指责,此则合力奋斗,不能不根据国家兴亡匹夫有责之义期望工商界热心先进,切实合作,以减少不必有之指责。盖我国社会,每喜对于各种问题,热心批评,然其批评结果,往往使解决问

题之工作,不能增加利益。例如本会为一计划救济工商业空前困难之机关,论者每以不能于成立之后,立时提出妥善计划,指为迂缓。此种批评,热心固极可佩,然亦不应不顾到种种困难,例如增加关税、统制汇兑皆为抑止入超、复兴工商业之最佳方法,但因环境关系一时不克实行。他若水灾侵袭,亦为促成工商业衰落之外因,救济之道,当然以疏浚河道为最善,然以财力关系,只能筑堤预防。是则一种计划之订定,必须对于实力环境,并筹兼顾。所谓计划者,并非发挥个人理想之纸上文章,或口上之演词,乃系研究事实环境之后,集合多方面之思想,慎重整理,以求合于环境事实,足以解决问题之一种方法。倘若本会在成立之后,不就目前环境,切实研究事实,仅根据问题所需要之一端,立时提出方法,深恐此种方法,必须遭遇欲速不达之困难,是则察往观来,占见知隐,似当引以为戒。夫治理事业之计划,与治理国家之政策相同,故计划产生,决不能一案即得。若果如此简易,则工商业决不致陷于衰落,而有呼援无门之痛苦。同人近日已分别邀请各业领袖及专家,研讨工商业所以衰落之原因,则觉其原因所在,乃为治业无适当之计划。所谓治业无适当之计划者,以经济人事俱无健全之组织,而生产消费又无准确之统计,无统计即无法明于知己,无组织即无法明于知人,既不知人,又不知己,当然不足应付商战之攻击,渐趋衰落,自系必然之结果。吾人果欲复兴工商业,不可不重视调查,重视统计,重视训练,以为拟订计划,推行计划之应用。故本会工作先从调查入手,将所得调查材料,用统计方法,分析工商业衰落原因,请专家研究,预定合理计划,另一面更能注意训练,使经理以及工作人员,俱知忠诚尽职,以谋自身能力之健全,然后呈请政府切实协助,是则陷于不景气现象中之工商业,挽救未必果已绝望。今日一般论者,以为救济工商业之唯一方法,厥在增加筹码,此诚无可非议,但如何可使增加筹码之理想,成为事实,不可不加研究。譬如,医者俱知某种药方可以治病,然亦在开方之前,详知购药之处所,及达到购药处所之路径,否则虽有良方,何济于病。今退一步言,假定增加筹码之议,明日即成事实,而请论者代为分派,吾恐论者亦将需要调查与统计之材料,而不愿为不加选择之分派矣。是可知调查统计,日后必须重视,以日后必须重视之工作,本会已于今日为之,似不得指为迂缓。故欲挽救已衰落之工商业,必须先自振作,发挥自救之精神,然后可以期人援救,并可以进以救人。本会之调查统计及训练工作,即系因病言源,力谋自振自救之方法,可与增加筹码之议,相辅并进。甚望工业界热心先进,对于本会此种工作,俱能予以推诚合作之助力。今日鄙人代表同人所欲郑重声明者,第一,本会对于各种调查材料,绝对保守秘密,除供工作人员研究外,决不使之泄漏,倘有某种材料,若觉保守秘密更为重要,则可另以书面,交于本会总干事,使为更严密之保管;第二,本会目前工作,以已定之四十三业为范围,但四十三业范围以外各业,愿依照初步工作程序,乐与本会合作者,亦当竭诚欢迎云。

调查说明:昨日为市商会转发工商业信用小借款申请表格之第一日,计索表者,均系国货工厂及商号,约四百余家,发出表格,约四百份,规定每日上午九时至下午五时,为发给表格时期,例假除外。又该会之工业调查表说明,"本会举行调查之目的,在求工商业所以衰落之原因,盖必对于工商业各个组织之目下现象,先有明确之了解,然后进行救济,始有途径可循。为此对于调查表格之填写,必须一扫讳疾忌医之常态,根据事实,因病言源,庶可期有效之合作与援助。本会所发表格专供研究之用,对外概守秘密,附列各项尤望分类详填,并请附述救济之意见"。"关于救济意见之陈述,务须分为两类,属于救济自身之意见,列为第一类,属于救济该业一般之意见,列为第二类。关于救济自身之意见,最好详举获得救济以后,确可增加生产效能及复兴把握,如原表格缮写地位不敷应用,可另件缮写"。(《工商业复兴会昨第一次招待各厂业主》,《申报》1935年7月30日)

8月下旬,出席市轮船同业公会全体会员大会并被推举为设计委员会委员,会议旨在"集中同业之意见,以求航运之发展"。报道说:

民营各轮公司,自航业合作社六理事辞职,合作社无形解散,已经议定方案,均未实现,民营航商,为谋自救之策,特召集大会,讨论全体大合作,积极整理挽救方策。兹志其概况如下:

合作解体:航业合作社,成立在广东路航运俱乐部内,推定十一理事,原拟分组长江、沿海、内港三路营业联合处,积极进行,达到共存共荣、精神团结之目的,而为收回已失航权之第一步。当成立时,部派专员指导,颇极如火如荼之盛,讵料昙花一现,即以无指定经费,不能如原议进行,遂致理事会一事未办顿告解体,合作社即近结束,今已通告各理事矣。

民航会议:全体民营航商,于合作社解体后,各公司于营业前途,不可无进行计划,乃由市轮船同业公会召集全体会员开会,讨论此后民航营业进行方策,以求挽救之计。除议决船钞附加税等停止供商校经费,并再派代表敦切劝挽虞洽卿复职后,又议定积极的营业进展办法。

设计委员:民航决计精神团结,自求救济,当场议定,在市轮会执行委员之下,再增设一设计委员会,其委员均聘请各轮公司经理及干员等充任之。设计委员额定三十一员,由执委函聘之。其职责在增进办事效率,集中同业意见,由设计委员提供意见,并调查统计,研究改进业务计划,及会务上之一切兴革事宜。又设计委员受执行委员交议之事与托办之事,会议得随时召集之。

聘定委员:已经由执委会聘定之设计委员,计义记行之朱秀庭,合众公司之朱盎声,三北公司之李志一,大通公司之周子安、沈竹贤,政记公司之汪子诚,穿山公司胡子厚,平安公司之陈已生,宁绍公司之陈仁征、卢于旸,大振公司之陆隐耕,崇明公司之陆汝舟,民新公司之姚书敏,益利公司之许廷佐,振安公司之黄永思,民生公司之张树霖,中太公司之曾广顷,肇兴公司之冯又新,宁兴公司之虞顺懋,大达公司之杨管北,华商公司之叶传芳,鸿安公司之曹子嘉,恒安公司之郑良斌,成通公司之诸宝昌,聚丰公司之刘屏孙,沪兴公司之罗廉臣及徐挹和、程余斋、钟山道暨北方公司之郑蔚如等,聘书均已送去矣。(《航业合作社解体后民营航轮团结自救》,《申报》1935年9月1日)

9月12日,由于投资三门湾失败等原因,其经营之益利总公司及其所属汽水厂、玻璃厂、轮船公司、五金号、地产公司、银号等于是日同时停业,并办理清算事宜。报道说:

新声社云,天津路三十三号益利总公司受三门湾地产及美丰银行停业影响,致周转不灵,无法维持,于昨日将总公司及其所属汽水厂、玻璃厂、轮船公

司、五金号、地产公司、银号等,均同时停业,委托蒋信昭会计师等清算。兹志详情如下:

许廷佐氏经营事业:益利总公司为定海许廷佐独资创办,

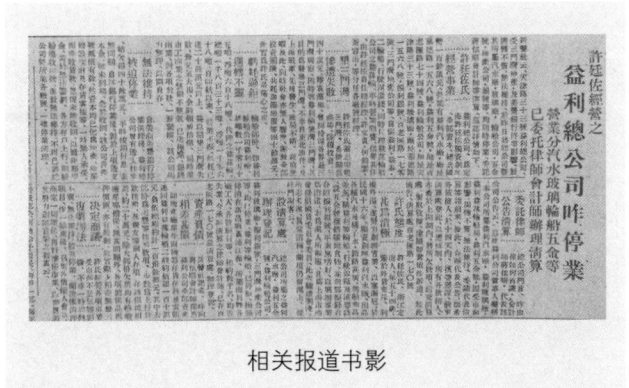

相关报道书影

全部资本总共国币一百余万元。营业有益利汽水厂,厂址华德路一五六八号;益利五金号,厂址百老路七十四号;益利轮船公司,地址天津路三十三号;益利玻璃厂,厂址华德路一五六八号;振利银号,百老汇路一七零号;三门湾地产公司等。自备益利、益泰轮船,行驶沪温线,同时代理益荪轮船公司之益荪轮。平时营业颇盛,信誉甚佳,由许廷佐自任总经理,许文贵、何锦云、秦容甫等分任各厂号经理。

垦三门湾惨遭失败:许廷佐氏蓄志开垦三门湾,希能辟为商埠,陆续投资三四十万元,购买滩地。曾招待沪各界赴三门湾视察,同时将益利轮兼湾三门湾,其目的为发展三门湾。不幸自东北事件及上海战事先后发生,政局不靖,政府无暇顾及此,同时社会亦无人响应,遂致全部投资搁浅,共耗购备地价等四十余万元。此实为许氏最痛心之事。

虚耗过巨周转不灵:轮船部分即益利轮船公司益利轮,总吨数一千零五十五吨,净吨六百十八吨,代理之益荪轮,总吨一千八百三十三吨,净吨一千零六十八吨。自开航以来,营业不振,虚耗已达二十余万元以上,益以开垦三门湾失败,致元气大损,金融顿感拮据。同时沪市工商业之整个不整气,已达极点,银钱两业对各项放款,一致紧缩。该公司竭力整理,以图自存。

无法维持被迫停业:自美商美丰银行停业清埋后,益利总公司曾有透支往来、结欠银行四十余万元。平时按期付息,素无问题,自该银行停业后,对于上项透支本金,虽未到期,急于收回。该公司资产,虽抵偿有余,然资本均已化为地产、厂屋、机器生财及存货、客账等，一时无人承受。而应收货款，匆促未能收回，以致巨额现金，苦于无法筹划，各方存户上行，则纷纷迫收现款，遂致无法维持，不得已将总公司暨所属各厂号，一律停业清理。

委托律师公告清算：总公司门首，昨由律师何百议，会计师蒋信昭，代表该公司公告云，兹奉益利公司当事人声称，本公司所属益利汽水厂、益利玻璃厂、益利益苏轮船局、益利五金号，因受市面影响，周转不灵，无法维持，委请代表清算等语前来。据此，合亟代表公告，即希望各债权人，于十四天内，携带凭证，前来清算处登记，以凭核办。所有各债务人，亦希望于上开期内，将所欠款项送交清算处，掣取收据，逾限即当依法诉追。特此通告。清算处百老汇路一七〇号。

许氏态度甚为消极：许廷佐氏，浙江定海人，年五十四岁。鉴于外货充斥，利权外溢，遂努力创办实业，以塞漏卮，于民国十六年，独资创办益利汽水厂，出品各种汽水及橘子水，销路甚广，与舶来品并驾。购益利等轮船，行驶沪瓯及港粤线。设五金号，推销罐头食物，并与郑振铨君合组振利银号。平素无嗜好，以兴办事业为消遣，素为沪人所称道，且为上海市商会提倡国货委员会委员。此次骤遭搁浅，所志未遂，异常消极。闻现仍留沪上，惟杜门谢客云。

设清算处办理登记：总公司所属之益利汽水厂、益利五金号、益利轮船公司、益利玻璃厂、振利银号、三门湾地产公司等，均已停业，益利等轮船已停航，抛锚停泊在高昌庙黄浦江面。所属海员暨各厂工人、各号职员等，总约数千名，均告失业。今承办清算之律师会计师，已在百老汇路一七〇号设清算处，办理登记。

资产负债相差甚微：新声社记者昨向蒋信昭会计师探悉益利公司全部资产，如地产、厂屋、生财、机器、存货、存料及客账连同益利、益苏轮船二艘约值银一百十万元，负债总额约计一百卅余万元，其中大部分为美丰等往来款项及亲友等个人存项。存该相抵相差约二十万元，除大部分欠债均有轮船厂屋等担保，无甚问题外，各项担保品抵押价值，亦有剩余，故实际上相差无几云。

决定商议复业办法：许氏经营各项事业受市面不景气等影响，不幸一时周转不灵，无法维持，被迫停业。闻决俟清理账目作一结冻后，召集各债权人会议，商定一切办法，再行准备复业，以期贯彻其努力创办实业之初衷云。
(《许廷佐经营之益利总公司昨停业》，《申报》1935年9月13日)

9月13日，益利总公司清算处成立，各债权人监管受抵财产并通告各客户从速付清货款。报道说：

> 新声社云，定海许廷佐经营之益利总公司暨益利汽水厂、益利玻璃厂、益利轮船公司、益利五金号、三门湾地产公司、振利银号等，于前日停业，委托蒋信昭会计师等清算后，昨已在百老汇路一百七十号振利银号内成立益利总公司清算处，由蒋会计师派员办理登记事宜。兹志详情如下：

> 清算处昨正式成立：该公司因事业众多，范围广大，忽促停业，一应整理手续，头绪纷繁。清算人蒋信昭会计师、何百谦律师，于十一日晚接收委任，当晚即将天津路总公司各部，查点封锁，并将百老汇路五金部、华德路益利汽水厂、玻璃厂一一查封，全部职员工人二千数百人，安置妥当，秩序颇佳。百老汇路一七〇号清算处，昨日正式成立。清算人蒋信昭会计师等，上午九时起，即在清算处办公。各方债权人，因许君之事业，费数十年心血，因时局影响，一旦停业，均极惋惜，并表示谅解。

> 各债权人监管财产：昨日至清算处登记之另星债权，计有数十户，抵押债权，如煤业银行、浙江兴业银行及汇众银公司等，亦派代表至清算处接洽，态度颇佳，进行极为顺利。惟因抵押权关系，已由汇众银公司，派人将益利汽水厂暂行看管，以免损失，益利轮船，亦已由煤业银行主张权利，预备接收保管，益苏轮船将由浙江兴业银行接管，以待妥善解决。惟各轮船及汽水厂等价值，除去押款外，均有剩余，零星债户，有恃无恐，与各银钱界关系，除美丰银行一家外，并无其他影响。

> 清算处昨分函客户：清算处昨日分函各客户云，径启者，兹因益利总公司及所属各公司、工厂无法维持，于本月十二日宣告停业清算，并委托本会计师本律师等，为代理清算人在案。除依法受委，并开始办公外，特为具函通告，凡各客户揭欠该公司等货款，尚未清讫者，务希于十四日内从速付交百老汇路本清算处，掣取本清算人署名盖章之收据，以清手续，如交付于本清算处之收账

员,亦须取得盖有清算人图章为凭,如有私相授受,概作无效,倘逾期不理,定当依法追诉。

振利银号一并结束:清算处现已入手清算账目,约二星期后,可以就绪,届时又许廷佐所设振利银号,系作为公司职员及亲友等储蓄之用,规模极小,与外界无甚往来,兹因结算账目,了清手续,亦一并宣告停业,委托蒋信昭会计师、何百谦律师,会同清算,以便结束云。(《益利总公司停业后清算处昨正式成立》,《申报》1935年9月14日)

9月14日,《铁报》披露许廷佐在益利公司停业前曾作"两度挣扎。""曾赴京访晤各要人,乞以政治力量予以扶助;在沪宴工商领袖,请为经济上之帮忙,卒以市况不景气,无愿为将伯之助者。"报道说:

益利汽水公司,于经济狂潮中,竟告不支停业,同时被累者,尚有其姊妹公司益利五金号、益利轮公司、益利玻璃厂、征利银行等。该公司等之创办人旅沪巨商许廷佐经营之事业,完全失败。邬志豪之后,此又一人。益利公司中,以汽水部营业最佳,惟晚近则因受正广和汽水影响,颇难立足,其他之地产公司、五金玻璃厂等,均无盈余,兼以购置三门湾地产搁浅,受损极大,周转不灵,卒于前日停业。许氏于上月底,自知其事业之难以维持,乃入京访晤中央各要人,私自活动,乞以政治力量,予以扶助,但无效果,铩羽归沪,后宴其所知己之工商业领袖,恳为经济上之帮忙,并拟组织三门湾建设委员会,公开招募资金,举办各种建设,使许氏在三门湾之地产价格,得以增高。但当斯不景气中,殊无人愿作将伯之助,许氏于此,乃不得已而宣告清理矣。(《益利汽水公司停业前许廷佐之两度挣扎》,《铁报》1935年9月14日)

9月16日,《天津益世报》也以"沪益利总公司停业清算"为题报道相关消息。

9月19日,《申报》报道益利总公司停业后清算工作进行顺利,"轮船照常开驶"。文录如下:

新声社云,许廷佐创办之益利总公司及其所属自停业清算后,因内部资产殷实,债权人一致谅解,故清算工作,进行极为顺利。昨日虽为星期例假,清算人蒋信昭会计师、何百谦律师,仍率同办事员,在清算处日夜工作。兹分志于下:

债权登记踊跃：该公司欠人债款虽达一百三十万元，然除大部分有确实担保品尚有余值外，其余欠缺之二十万元左右，大都为许君中外友好之存项及公司往来之货款等，因许君平时热心公益实业，自奉刻苦勤俭，深得债权人之谅解，故三日以来，前往登记者非常踊跃。截止日止，已有普通债权四十八户，债权数四万六千三百数十元。除抵押债权已另有接洽外，其余债权已由清算处通知，从速于本月二十六日以前，至百老汇路一七〇号清算处内登记，以便查核报告，召集债权人会议。

和解方案拟就：该公司在筹划前已由许君将全部资产分配于各债权，并将其私人财产如家具储蓄器皿等，完全交于各债权人分执，自身不留一长物。惟因各项担保品，并未抵押足额，故各方接洽结果，已由清算人拟就和解方案草案，经许君同意，连日由许君中外亲友多人奔走接洽，多数债权，已表示同情，再经数度协商，即可正式召集债权人会，讨论具体和解办法。其主要原则，拟请各抵押债权设法维持，将一部分有希望之事业改组，并将余剩之值价抵偿无担保各债权，务使全体债权人得平均收回债权，勿使落空。如有不足，则另行设法。此项和解方案，虽未确定，然大致可望成立，故债权人颇为安定云。

轮船照常开驶：益利公司原有益利、益苏轮船二艘，值价六十余万元。益利行驶申台线，益苏轮行驶汕头广东。自停业后，益利轮为便利搭客起见，照旧开行，十八日可以回沪。此后为保护债权人利益，并免船员失业起见，拟照旧行驶。又益苏轮则因秋节例假，无货可装，暂时停班一次，现拟照旧开班，正与抵押债主分头接洽中。

职工办理交代：清算处因急于编制资产负债表，并整理账目，故昨日特通知全体办事职员及练习生等，即日将经手账目交代清楚。日内先将练习生送回家属，职员及工人八月份停工，拟于日内催收客账后，设法分发，并暂时停职，俟清算终了，再行定夺云。(《益利总公司停业后清算工作进行顺利》，《申报》1935年9月19日)

9月21日，向报界详细披露自己创办实业的经过及其初衷，认为公司乃至事业失败的原因在于"雄心过猛，不顾实力，以致事业愈大，亏累愈重"，表示要继续奋

斗。报道说:

益利公司暨所属汽水厂、玻璃厂、轮船公司、五金号等,停业清理后,已有十日,清算工作虽然艰难,然经代理清算人之努力工作,日夜办公,内部事务,已整理就绪,全体学徒,已给资送回原籍,汽水厂、玻璃厂全部工人,旧欠工资,亦已发清,全都解散惟各部分职员欠薪,因尚未筹得的款,须略缓数日。目前代理清算进行工作,虽极顺利,然因产业尚无法变卖,故筹款困难,清理用费,毫无着落。昨日由代理清算人蒋信昭会计师、何百谟律师会同发出通告,催请各家户从速付清欠款货账,否则即当分别依法诉追云。该公司总经理许廷佐,自公司停业后,因数十年心力毁于一旦,颇为灰心,连日精神渐复,因前往慰问之亲友颇多,各方面债权人,亦亟待接洽,故亲自向各方奔走道访,并商榷复业及解决办法。昨日曾至清算处代理清算人面商一切。据许廷佐对记者谈:余来沪经营工商业数十年,虽成立事业多种,然一无成就,且致无法维持而停业,重累至好亲友,并无以对往来客户,实深愧怅。惟本公司因受市面影响,现金转周不灵,迫而出此,亦是实情,且本人辛苦数十年,自奉除简便之生活外,向无丝毫嗜好,亦不浪费一文。公司虽由个人创办,平日公司收付款项,均由公司会计经手保存,取之于营业,用之于营业。本人余每月领取规定之薪水二百五十元,供作家用外,从不携取分文,此亦为亲友交往所深知。故事业虽失败,个人犹不以为辱。至于失败之主要原因,则为雄心过猛,不顾实力,以致事业愈大,亏累愈重,因循环而不可收拾。所幸公司财产,尚值百余万,除抵押外均有剩余,如果有人相助,或复业,或变卖,对于无担保之债权,均有办法。现正在尽力奔走接洽,务使债权人少受损失,于心方安。又公司工人职员及船员数千人之薪工,已数月不发,现已停业,不能不首先设法,经多日之奔走,由本人自行央求航政局估价,将益利轮船作价卖与煤业银行,并恳其拨一部份现金作薪工等急用。该轮早已抵押于该银行,本利早已超过市面实价,依照契约束缚,该行未有优先没收权利,且有营业合同关系,不能停航。兹蒙鉴谅境遇,由航政局公平估计,并拨一部分现金救助急需,解除种种损失,实属难得。此举实与其他债权人有益,详情当委请代理清算人将来用书面报告也。目前全部账目,已委托清算人代理清算,然债务及一切责任,仍由本人负担,一日不了,本人一日不敢卸责,此与寻常清算不同,可以告慰于各方者。总之本人既承各界谅解,惟有继续奋斗耳,连日承中外友好慰问,并荷债权人垂询,特此略表数言,以资答谢云云。(《早报》1935年9月22日)

9月26日,《申报》发表记者张孟昭的《益利总公司停业感言》一文,深愿益利公司得以维持,认为此"不独该公司之幸,亦国货前途之幸也"!文录于下:

益利总公司停业感言

创业维艰!而守业更艰!吾人观于泰丰糖果饼干公司的猝然停业,与上海国货公司的突告清理,从可征验,警讯传来,以益利汽水著名的益利总公司,亦遽以停业闻,呜呼!何国货界不幸消息之多耶?

国货冷饮品,益利的汽水,洵属翘楚!记者家庭中深嗜之,年年夏季时,非此物不快!回忆当前年虞洽老旅沪五十年纪念公庆时,记者亦曾参与盛典!济济跄跄,名流毕集,时值祁暑,挥汗不止,而宴席上多备益利汽水,人人尽量畅饮,视为恩物!予从此视益利汽水为好友了!

该公司负债达一百三十余万元,资产所有颇足相抵,深愿债权人慨念国货事业,创办维艰!予以维持,不独该公司之幸,亦国货前途之幸也!

12月,益利公司清算告一段落,组织复业委员会办理相关事务。 报道说:

许廷佐创办之益利总公司,暨益利汽水五金轮船各公司及振利银号等,因受市面影响,无法维持,委托何百谦律师、蒋信昭会计师代理清算后,已将三月,内部虽已整理就绪,惟因资产均在押主之手,无法变售,而客账收取不易,不足支付职工欠薪,及清算费用,故清算工作进行艰难。兹幸各方巨额债权,为顾全双方前途利益计,多予谅解,工商界领袖亦多愿协助,故益利汽水厂一部分复业计划,日内即可实现。许君等因清算已无进行之必要,昨特商请代理清算人将全部清算事务,收回自行处理,并将代理清算委任撤销,另组复业委员会,积极进行。预定春节后实行复业,藉以维持国货汽水事业。何律师等交代后,业已声明解除代理清算职务,此后一应事务,均将由许君会同复业委员会办理云。(《益利公司复业在即》,《申报》1935年12月17日)

12月18日,《申报》刊登益利总公司代理清算人何百谦律师、蒋信昭会计师公告,显示益利公司清算工作进展相当顺利。公告全文录下:

> 因何百谦律师蒋信昭会计师解除益利总公司暨所属各部及振利银号等代理清算职务公告
>
> 查本律师、本会计师等前受许廷佐、许文贵二君委托,充任益利总公司暨所属各部分及振利银号等代理清算人,曾依法受委并代理进行在案。兹因原委托人许君等已与一部分债权人接洽妥善,直接进行复业计划,并于本月二日撤销上项委任,解除代理清算职务,并将代理保管之各项财产收回自管。本律师、本会计师等经办各事亦经许君接收无误,并无未了事宜,立有撤销委任接收无误字据为凭。用特依法公告,嗣后凡有关于益利总公司暨所属各部分及振利银号等一切事宜,自应由许廷佐、文贵二君自行负责处理,与本律师、本会计师等无涉。除分函通告外,特再登报声明,即希公鉴。何律师事务所四川路二九四号三楼电话一五〇二八号,蒋会计师事务所爱多亚路中汇大楼三〇六号电话八〇四六三号。

是年,《浙江青年(杭州)》第1卷6期刊登赵镜元《浙江省亟应开辟的一个港埠——三门湾》一文。文章"从纵的方面和横的方面将三门湾开港问题做一概括的叙述"。认为三门湾开发是浙江省一件重要的建设事业,文中多处提到许廷佐开发三门湾情况,文录于下:

> (一)前言
>
> 是三年以前吧,作者曾经替杭州《民国日报》(现改《东南日报》)副刊写了一篇《三门湾开港问题》的短文,根据三门湾开港的重要性,盼望三门湾的开辟要在最短期间促其实现,可是时间已是匆匆地过去三年,而三门湾的开辟,依然没有实现,比起我们邻省江苏连云港的开辟工程已告完成,真不能不说自愧不如了。作者是浙人,最近承《浙江青年》编者傅荣恩先生的好意,要我写一篇关于浙江的文章。作者不免旧事重提,想从纵的方面和横的方面,将三门湾开港问题做一概括的叙述。据新近报纸所载,浙江省政府因去年夏天各县旱灾灾民盈野,特饬建设厅拟陈工赈计划,以凭实施。建设厅奉令后,以

为工赈工程中,疏浚水道,建筑公路,固属重要,同时开辟三门湾增进农事生产也为当务之急,所以建设厅已将三门湾列入工赈计划之内,并推定专员着手起草开辟三门湾计划。其内容步骤,打算先组织开辟委员会,集中职权,俾将来管理上易于设施。浙江水利机关也组织测量队二队,前往三门湾实施测量。这样三门湾的开辟,当可由宣传时期进而至实施时期,这当然是浙江省一件重要的建设事业,而为作者数年来所祈求默祷的。本文材料,除数年来随时收集外,上海三门湾开埠公司许廷佐先生也提供不少实事。作者很想亲自到三门湾作一番实地考察。

(二)三门湾剪影(略)

(三)历史上所见之三门湾(略)

(四)三门湾辟港史的回顾

自从意大利要求三门湾后,国人视线注意这个东海沿岸的港埠。民国三年时,三门湾士绅胡佩珍等建议开辟三门湾,设置为县治。民国五年,上海交涉使杨小川暨沪商徐春荣等也议辟三门湾。民国八年,沪商王汉强、许冀公暨三门湾士绅程云生等,也有开辟三门湾之议。但或以经费困难,或以时局靡定,进行均未果事。同年又有华侨郭春阳等回国,一再要求辟三门湾为港埠。经浙江督军卢永祥转呈大总统明令特许三门湾自治农垦区域为模范自治农垦区域,作为华侨回国居住经营实业之地。不幸江浙间齐卢战起,以致三门湾自治农垦区域的计划,无形作罢。民国十一年,又有侨胞拟将回国开辟三门湾商埠,嗣因国内连年军事影响,遂搁置未办。自从南京政府定都南京建设事业开端,浙江省政府于民国十七年议辟三门湾,由浙省委员庄松甫氏亲往三门湾实地考察,著有详细计划,条陈省府,彼拟发行公债,以资开辟,但以财政困难致未实现。

十八年三月,浙籍旅沪商人许廷佐君拟具三门湾开辟的详细计划,预算建筑海轮码头、船局、堆栈、旅馆、商港等,共需洋一百余万元,定五年完成。由上海总商会具呈国民政府及行政院,推许君为承办三门湾商港发起人,请以许君私人资产之一部分,向政府抵债建筑公债五十万元,作为开辟三门湾商港第一期建筑工程之一部分费用,每年偿还十万元,五年偿清,款由许君招股。当由行政院转交工商财政两部及建设委员会,会同浙江省政府派遣委员查饬,结果认为该湾实有开辟的价值,而许君的资产也可靠。乃有工商部、财政部、建设委员会及浙省府会呈行政院核实,准许许君承办三门湾开辟工程。但财政部以其时军事初定,库款支绌,发行公债,势所未能,以致三门湾辟港之举,又连连未能动工。许君辟港心切,财部既无力及,乃由许君自筹款项,先行开始第一期辟港工程,由三门湾开埠公司主持其事。海外侨胞,愿参加此项开港的很多。在过去数年中,侨胞连续组织三门湾视察团,实地考察三门湾状况,并组织三门湾华侨建设委员会进行开港事宜。侨胞在湾内投资旷地的,已经不少,而所领之地,多在健坝区一带,今由领地巨户梁胜等组织建坝区圈地委员会。对于三门湾开埠案,行政院曾通过几条原则:第一条是三门湾开埠事宜,应在中央政府指导与浙省府监督之下,由商人经营之;第二条是浙省府为计划开辟三门湾及行使管理权之便利起见,应组织委员会,秉承中央主管一切事务;第三条是浙省府于商人经营各项事宜中,如认为必要时,得斟加官股。可见三门湾的开港工作,是应当由政府与商人双方合作办理的。最近浙江省建设厅呈准省府准备征集少壮灾民,办理以工代赈,从事三门湾的垦殖工作。这样三门湾的开港工作当由官商共同进行,前途当然是未可限量。

(五)三门湾开辟的现状

当民国十八年政府机关派员调查三门湾时,曾勘定全湾行政、商场、农垦、制盐、住宅等区域,规划粗备。中经许廷佐君及华侨的经营,三门湾初步建设,已是渐具雏形。兹分述如下:

1.码头商店:巡检使埠益利码头,业已筑成,码头上新筑房计划兴工者络绎不绝,商店如南货、京货、杂货、布庄、药店、鱼鲞店、糕饼店等,已陆续开设不少,尚有三门湾旅馆一所。

2.水陆测量:三门湾水陆测量,已有数起。陆道测量,由浙江省测量局等机关分别担任;海道测量,由海军部景星、甘星二船担任。最近省水利局复组测量队二队,前往蛇蟠山、东岙港等处实地测量。

3.海上交通：三门湾内海游港中，日有小轮来往于海游、石浦二地，乘客约有十万。石浦至象山县属的泗洲头航线（经宁海岳井镇）则隔日往返一次，客货亦多。三门湾建坝区圈地委员会曾呈请交通部添开三门湾至各地航线，经招商局酌议结果，俟三门湾港埠兴旺时，再行开航。

4.灯塔设备：三门湾中岛屿林立，礁石甚多，所赖以指示迷津的，厥为灯塔。现在湾内各处造成的灯塔，有许君所建磨盘山灯塔，联安航务公司所建三门山灯塔，任筱和昆仲所建东门岛灯塔，此外又有江海关所建渔山灯塔，为南洋闽广各埠驶往沪津航行的标的，所以船舶往来异常平稳。

5.陆上交通：三门湾陆路交通，可北由宁海至奉化而通宁波而远达天台新昌，经嵊县曹娥而至绍兴渡钱塘江即可到达杭州，南至黄岩乐清而通温州，西至东阳义乌而接杭州铁路以通皖赣。其间由三门湾至义乌间之三义公路，由三门湾起，经海游镇、天台、东阳、义乌路线早经测量完成，并由天津和记建筑公司承筑，准备兴工，嗣因沪战发生，遂致延搁。最近浙省公路突飞猛进，据建设厅长曾养甫报告，浙省已成公路达三〇九四二三公里之多。自天台至临海的天临路已于去年完成，现正由建厅派员勘测三门湾线路，该线路由天临路的高枧，经海游至三门湾海口止，不久可以动工。

6.地方治安：三门湾地处僻隅，当开埠的初期，治安堪虞；现陆上治安巡检使埠有保安队及宁海县基干队驻扎，以维客商来往，保护营业。水上有水警以及税警分队缉私巡船，游弋湾内，所以游人参观实业的，安堵如常。最近因商店增多，各商店曾发起组织义务保卫团，当由许廷佐氏筹办向省府购领步枪二十四枝，子弹二千四百万，由各商店组织保卫团，团中经费由各商店分负责任。

7.各界投资：开辟三门湾除许廷佐君集资创设三门湾开埠公司，在三门湾巡检使左近购地筑码头，设堆栈，建旅馆，开商店并创办商轮外，计有（1）上海信衡公司已购定蛇蟠洋沿岸最深处一带地产，预备建造一万吨以上外洋巨轮停泊大码头。（2）道南拓殖公司在海游港南岸的商埠区域，购定已有出息的优美熟地数千亩；该公司又组织三门湾合作社，以合作方式经营种植渔

许廷佐开发三门湾没有成功,但在当时产生了很大影响,有关三门湾开发的活动持续进行,图为1935年宁海励志社创办的《三门湾》杂志封面

垦,吸引企业家,从事伟大建设。(3)王阁臣、张之江、邓瑞人、徐维绘等发起的三门湾兴业公司在三门湾购置大批地产,预备建造医院。(4)柴连复、胡佩珍、周美介等联合海外华侨黄丕安、毕文光、袁法章等,组织三门湾拓殖公司,购置地产,从事农垦开发。(5)袁履登等发起三门湾生产合作社,拟在三门湾种植除虫菊,预计三数年内可收回成本。(6)胡牧南、张孔修、徐信孚、周耐盦等发起组织三门湾四十人合作社,拟以四十人的力量、十万元的基金,向道南拓殖公司购置一千亩的地亩,在未开商埠以前,将此多年垦熟之地,专种瓜菜二项,三十五年后可收回成本。(7)永传公司拟在燕窝山筹建造林场。此外国内外实业家在三门湾购置地产,从事建设实业的,颇不乏人,例如南洋侨胞已购定鳌山村南一带地方为建筑住屋及兴办工厂之用。故该处收用田价,每亩已在百元以上,至盐场之地,每亩需三百元。像这样能够向着生产致富利益雄厚的事业上做去,三门湾开发的前途,当然很乐观的。

(六)三门湾开辟之经济价值(略)

(七)开辟三门湾为现时所急需(略)

1936年 55岁

1月5日,出席市第一特区市联会第七区分会第五届会员大会,再次当选为执行委员。报道说:

本市第一特区市联会第七区分会,昨在会所召开第五届会员大会,改选执行委员,到市党部代表朱养吾,市总会代表张青云,各区分会张贤芳、朱保罗、陈九峰、葛福田、朱雨陶、徐兆德及会员等七十余人。公推刘仲英、周辅璋、许廷佐为主席团,报告开会宗旨及会务工作情形毕。继由市党部代表朱养吾训词,市总会代表张青云指导,语多勉励。开票结果,刘仲英、史久麟、许廷佐、邬鸿胜、项莲荪、童德成、简玉阶、周辅璋、陈孝勤、刘春华、卢尔德明、陈源兴、蔡立卿、陈宝文、张方标等十五人为执行委员,刘耕莘、费辅清、周纪生、潘幼峰、侯祥流等五人为候补执行委员,当场宣誓就职。讨论提案:1.电呈政府从速命令讨伐叛逆保全领土案。2.呈请国民政府行政院外交部向日交涉制止在沪发纸币案。3.积极提倡国货案。4.呈请市政府从速颁布减租以苏民困案。5.会员联署报告业主业广公司不顾房客痛苦任意控告欠租案。末茶点散会。(《市联会七区分会昨开五届会员大会》,《申报》1936年1月6日)

2月23日,被推举为市联会第七区分会执行委员会常务委员。报道说:

　　本市市联会第七区分会,昨开第一决执行委员会,到者张方标、卢尔德明、童德成等十余人。公推刘仲英主席,樊天锦纪录,主席报告开会宗旨及各方来件毕。决讨论邬鸿胜等委员因店务关系来函辞职案,议决,一致挽留,郑源兴委员因考察蛋业在欧公司代为来函辞职案,议决挽留,在未返国以前,作为请假。(甲)分配职务,常务委员许廷佐、刘仲英、刘春华、简玉阶、郑源兴,总务委员史久麟、卢尔德明,组织委员邬鸿胜、张方标、潘幼峰,调解委员陈孝勤、蔡立卿、陈宝文、刘耕华、侯祥流,宣传委员项莲荪、童德成、周纪生、周辅璋,出席总会代表刘仲英、张方标、许廷佐。(乙)讨论提案,电话公司变相加价,实行在即,如何办理案,议决,(甲)分函会员用户,征求意见,集合反对,并通告会员,以每次三分计算付费,(乙)市面不景气,会员纷纷请求减租案,议决,分函各业主,自动酌减,(丙)聘请义务法律顾问,以备会员法律保障案,议决,聘请孙弼伍、邝鳖奎、汪励吾三大律师,(丁)征求会员案,议决,订期出发征求,议毕散会。(《市联会七区分会首次执委会议纪》,《申报》1936年2月24日)

3月25日晚,许文贵出席市民提倡国货会执委会并被聘为设计委员。报道说:

　　本市市民提倡国货会,于昨日下午七时,假座南京路正谊社,举行第十六届第一次执行委员会议,到徐赓华、徐缄若、方剑阁、许云祥、林谷云、劳敬修、邵达人、于庭辉、王晓籁、高事恒、潘玉春、陈菊生等十余人。由邵达人主席,黄梦陀纪录，行礼如仪后，由秘书黄梦陀报告会务工作情形及各项往来文件，旋即讨论下列各案，1.聘请国货界热心人士组织设计委员会案，（议决）聘请徐新之、程年彭、许文贵、张立行、陈康平、陈万运、李康年、王性尧、侯乃欶、戴伯躬、李名检为设计委员，其他人选俟各委推报，再行议聘。2.聘请国货有力人士组织经济委员会案，（议决）聘请郭顺、杜月笙、金有成、袁霞池、戴耕莘、经义孟、方液仙、陈生卿、项绳武、郎静山为经济委员，其他人选，俟各委推报，再行议聘。3.协助劳工学校进行案，（议决）函请附近该校之各丝厂协助进行。4.筹组纠察组纠察会员彻底服用国货案，（议决）交设计科核议。5.扩大征求个人会员以符会名案，（议决）交设计委员会设计核议办法。6.筹设研究组贡献工厂改进出品案，（议决）交由设计科设计核办。7.改进国展会工作严密组织案，（议决）交合作科核议办法，再行提会核议。8.呈请政府，予人民有监察公务人员，服用国货之职权案，（议决）交秘书拟稿呈请。9.永嘉县提倡国货会请征陈列品暨宁夏省国货陈列馆请征样品案，（议决）交组织科拟订征品规的，并函询该会馆组识及陈列标准。10.市民国货年运动会请代征样品案，（议决）附表通知各厂。11.荣丰刺绣线厂赠送样品请分函各埠女校介绍案，（议决）分函各校介绍，以资提倡。12.荣丰刺绣线厂聘黄培英女士义务轮赴各校，教授女生编结方法，请函教育局，通令提倡维护案，（议决）据情转函教育局核办。13.常务委员会请设主席委员案，（议决）通过，并提下届会员大会追认。议毕至九时许散会。（《市民提倡国货会执委会》，《申报》1936年3月26日）

3月29日下午，宁波旅沪同乡会常务委员会开会决定调解益利债务纠纷。报道说：

宁波旅沪同乡会，昨召集常务委员会，讨论两要案。出席委员孙梅堂、金廷荪、竺梅先、张继光、毛和源、方椒伯、穆子湘、乐振葆、董杏生、任矜苹，列席者许廷佐、许文贵。开会如仪，公推方椒伯主席，报告事项（略）。讨论事项：（一）会务主任报告本年为蒋委员长五十大庆，本市募款购机祝寿委员会来函，请本会加入该会为发起人。同时本会监察委员朱守梅先生，由杭来函，主张由各地同乡会联合举办,应如何办理,请决定案。议决,定期召集执监联席会议,请朱委员到会会商决定;(二)同乡益利汽水公司许廷佐君来函,请调解该公司债务纠纷,应如何办理案。议决,准予接受办理,定于四月十六日午后两时,召集债权人会,由全体常委暨袁履登、任矜苹两君出席调解云。(《甬同乡会昨开常委会》,《申报》1936年3月30日)

4月16日,《申报》报道,宁波同乡会将派出主要成员出面调解益利债务纠纷,可见该会对此事高度重视。报道说:

20世纪20年代初落成的宁波旅沪同乡会会所

百老汇路益利公司,系定海许廷佐所创立,迄今垂二十余年,嗣因许君投资开辟三门湾,未能成功,其他事业,俱受影响,益以市面凋零,经济恐慌,该公司遂于上年九月间宣告停业。惟许君自营业失败,深自痛恨,以为治事无方,累及友好,请求宁波旅沪同乡会出任调解,以免陷于破产。闻该会已予接受,定于本月十六日下午二时,召集益利债权人集议,并由该会常务委员虞洽卿、方椒伯、金廷荪、张继光、穆子湘、孙梅堂、毛和源、竺梅先暨乡老乐振葆、袁履登、董杏生等出任调解云。(《甬同乡会调解益利债务》,《申报》1936年4月16日)

同日下午,宁波同乡会召集全体益利债权人进行调解,结果"宣告和解成立。"报道说:

上海华商益利汽水公司,及益利玻璃厂,自去年九月间被迫停业后,负债颇巨,债务纠纷无法解决,乃请宁波同乡会援助。该会于昨日下午二时,召集全体债权人进行调解。经众同意,原则四项,宣告和解成立。兹志详情如下:

到会代表:昨日到会者,计有债权代表程守中、桂信佑、奚康、张汉如、陈葆礼等一百二十二户,及调解人虞洽卿、方椒伯、张继光、孙梅堂、袁履登、金廷荪、毛和源、董杏生、竺梅先、任矜苹、张申之等,公推虞洽卿主席、任矜苹纪录。

主席报告：行礼如仪后，首由主席虞洽卿报告云，许廷佐君所创办之益利汽水厂及玻璃厂，均为沪上出品优美之著名国货工业，营业本极发达，嗣因许君过于热心，为开辟三门湾之投资，益以近年金融恐慌，日趋严重，遂在经济压迫之下，于去年宣告停业。而两厂财产，致为第一优先债权人汇众银公司及第二优先债权人美丰银行清理处所收管。许君以该两厂过去营业，每年可有三万元及五万元之盈余。若一旦宣告拍卖，不独事业尽毁，而其他债权势必一无所得，自问于心深感不安，乃尽力奔走设法，商请第一第二优先债权人暂停执行。兹以第一优先债权人，查悉该两厂每年确有盈余，业已商准第二优先债权人暂停执行，并愿在其他债权人同意之下，由第一优先债权人另行垫款协助复业。为此许君特函请本人召集优先债权以外之各债权人，会商调解办法。本会以许君过去，对于社会公益、国货工业，皆极热心。现对许君遭困难，宜在合法合理条件之下，予以扶助。复鉴于优先债权以外，各债权人中，又多吾甬同乡，为维护同乡及其他债权人之权益计，觉此项调解声请，亦殊属有益，且可循此调解途径，谋得适合之保障。因此乃接受许君请求，函请各位到会共商办法，务望各位本维护本身债权及维护国货工业之意旨发表宏论。本会则愿在各位同意之下，参加奔走云云。

议决原则：报告毕，继由方椒伯陈述宁波同乡会接受调解意旨，次由各债权人发表意见，最后决定原则四项：（一）各债权一致赞成帮助益利汽水公司、益利玻璃厂复业；（二）由各债权人公推代表，共商扶助复业及偿还债务办法；（三）根据上列议案，再与第一第二债权人商定减少债额书面办法，请宁波同乡会协助进行；（四）依据第二议案，公推代表十七人组织代表团（以五千权以上之债权人为代表），即经债权人同意，当场宣告和解成立，由债权债务双方签字，依照履行。（《益利公司债务纠纷昨日和解成立》，《申报》1936年4月17日）

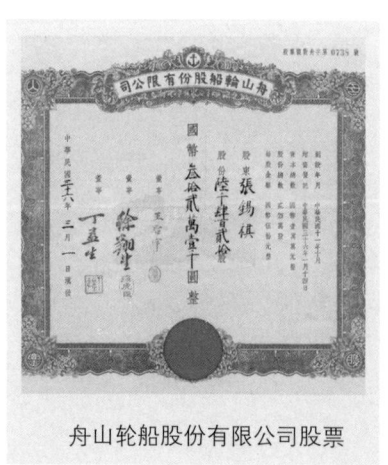

舟山轮船股份有限公司股票

9月17日晚，出席市商会主席王晓籁、陈列所主任许晓初为发起国货展览大会而宴请全市工商界的宴会。报道说：

市商会为纪念商品陈列所十五周年纪念，特发起国货展览大会，定下月一日开幕，昨晚主席王晓籁，在市商会宴各厂商，到胡西园、叶友才、项康原等百余人。兹分志详情如下：

宾主题名：昨晚七时市商会主席王晓籁、陈列所主任许晓初，在市商会内宴请全市工商界，到邵福林、王汉强、程守中、程年彭、徐文彬、马济生、常庆贵、薛福基、吴春泉、董伯英、许绍基、宗植民、徐缄若、任士刚、张立行、朱邦佐、张庆发、许超、张梅轩、陈吉乡、陆星庄、潘瑞堂、潘旭升、胡西园、方剑阁、胥仰南、徐步青、孙道胜、茅忠椿、张惠康、许廷佐、乐汝成、方液仙、孙筹成、陈桂初、王介安、项康原、潘德春、叶友才、周邦俊、诸文绮等百余人，由王晓籁主席，朱伯元、曹志功、李子洋等任招待。

主席报告：王晓籁报告云，本会所办之商品陈列所，迄今已逾十五年，兹为纪念成立十五周年，故发起国货展览大会，择定静安寺路一百廿六号龙飞汽车公司原址为会场，建设铺位一百余位，定十月一日开幕，会期三星期。其意义因年来我国受列强经济侵略，致工商业已濒破产，若不力自振作奋发，则前途更不堪设想。提倡国货，为人民天职，亦系挽救危亡不二法门，本会希望各工厂，能踊跃参加，奠定国家富强基础云云。次许晓初报告参加办法，末胡西园、诸文绮等相继演说，至十时始散。

参加厂商：参加展览会之厂商计有老双成章华呢绒厂、中国食品公司、华成烟公司、大中华橡胶厂、和丰酿酒厂、五和织造厂、五卅袜厂、中国厂、新亚药厂、南阳皂厂、华福帽厂、信谊药厂、三新染织厂、中华珐琅厂、亚浦耳电器厂、鸿新染织厂、源昌、徐福记、亚光雷木厂、泰康食品公司、益利汽水厂、姊妹花实业社、华华绸缎公司、康元制罐厂、中法药房、中西药房等百余家。

上海市商会国货展览大会简章

第一条，本会由上海市商会主办，分陈列及商场二部，定名为上海市商会商品陈列所十五周纪念国货展览大会，简称为上海市商会国货展览大会。第二条,本会以促进各业工艺之改良、推广物品之销路,并为纪念上海市商会商品陈列所创设十五周年纪念宗旨。第三条,本会陈列部,设商品陈列所三四两层,商场部设静安寺路跑马厅对面(后通白克路)。第四条,本会定十月一日开幕,会期定为三星期,必要时得延长之。第五条,本会由上海市商会主席暨商品陈列所主任,分任正副会长,主持一切事宜。第六条,本会所有展览物品于会毕后,延请各业专家组织品评会,品定等第,给予证书。第七条,本会所有会务记载,于会毕后,编辑报告书报告之。第八条,本简章由上海市商会常务委员会议通过施行。

商场规则

(一)凡各厂愿参加本会商场部者,绝对不得贩卖非国货及改头换面货品,倘有违反,立即停止营业,所缴费用,概不发还,并须予以严厉处分。(二)本会商场部地位,分甲乙丙三种,甲种每方五十元,乙种每方四十元,丙种每方一二十元,其费于登记时一次付清。(三)本会商场部,每日上午八时半开始营业,下午八时停止,星期日照常。(四)本会商场部,登记自即日起至九月二十五日止,登记处天后宫桥北首上海市商会商品陈列所。(五)参加工厂所售货品,须先登记,非经核准,不得兼售他家出品,以免争执。(六)本会商场部,每方供给二十五支光灯两盏,倘欲添装及放大亮度,按值计算(一律用国产灯泡)。(七)各厂布置,以简洁美观为主,不得草率从事,及占公路。(八)各厂派遣职员,一律穿着国货服装,佩挂本会徽章,并须遵守礼貌,服从本会管理员之指导。(九)各厂出品,须一律标明实码,不得有讨价还价及以次货混售等情事。(《王晓籁等招待厂商》,《申报》1936年9月18日)

11月13日,被推举为定海旅沪同乡会第四届征求会筹备委员。报道说:

定海旅沪同乡会,发起第四届征求会,筹备多时,昨开会成立,到蒋信昭等二十余人。刘鸿生主席,讨论(一)征求大会章程,修正通过。(二)本届征求目的,国币一万元以上,会员人数二万人以上。(三)自本年十二月一日起,一个月为限,元旦全部结束,举行庆功宴。(四)设分队一百队,分请各同乡担任征求,另设总队一队,由筹备委员分任职务,主持一切。(五)公请杭州市长周象贤为名誉总队长,刘鸿生为总队长,陈畊莘、朱子奎、潘尚林、周祥生为副总队长,刘宝余为总参谋,袁仰安、王启宇、张晓畊、陆守伦为副总参谋,陈翊庭为总干事,周锦水、洪峨卿、王崇清、马伯乐(副总干事),方安圃、费文品、郑世贤、陈大方、丁滋华、颜舜玉、朱镇汉、邱国积、蒋信昭(办事委员长),许廷佐、沈荣山、俞子英、程庆涛、钱德润、朱宝峰(委员),丁益生、叶友生、孙伯威、乐葆庭、金慕鲁、张伉言、唐禅隆、乐南庭等。(六)办事处编定大会费用预算并办妥印刷品,交下次会议审查。(七)大会开幕后,分四次揭晓,均由周象贤、刘鸿生等分赠荣誉纪念品于优胜者,议毕散会。(《定海同乡会征求会》,《申报》1936年11月14日)

11月25日,出席定海同乡会征求会第八次筹备会,并被推为主席团成员。报道说:

> 定海旅沪同乡会,举行第四届征求会员大会,业经筹备就绪,决定十二月一日开幕。现闻该会,于本月二十五日开第八次征求委员会,出席三十余人,公推丁舰仙、朱宝峰、杨圣波、沈荣山、陈翊廷、陆守伦、袁仰安、许廷佐、陆瑞星、徐翔生、潘尚林、朱子奎、王启宇、周祥生、陈畊莘、刘宝余、刘鸿生等十七人为主席团,蒋信昭为纪录,钱德润为司仪。又该会筹备委员及执委,均函聘为招待,并借宁波同乡会后厅为会场,届时希各同乡踊跃参加云。(《定海同乡会征求会第八次筹备会》,《申报》1936年11月28日)

12月1日下午,出席定海旅沪同乡会第四届征求会员大会。报道说:

> 定海旅沪同乡会第四届征求会员大会,于本月一日,借宁波同乡会举行开幕,计到会者,有刘鸿生等百余人。下午四时,开始会议,行礼如仪,当由刘君宝余致词(词长从略),继由陈君翊廷等演讲征求目的及意义(词长从略)。五时余,开始缴分,各队长竞争友分,非常热烈,至七时揭晓。各队长分数如下,潘尚林队二二〇分,方安圃队二一〇分,蒋仰山队二〇五分,陈二梅队二〇〇分,陈翊廷队一二八分,桂连荣队一二五分,郑世贤队一一三分,陈畊莘队一一〇分,王伯元队一〇一分,袁仰安队、徐翔生队、陆守伦队、胡芷斋队、胡仲康队、陆瑞星队、钱勉之队、康荣昌队各一〇〇分,刘宝余队八二分,邱国桢队

五一分,蒋昌富队、徐介寿队、陈大方队、王启宇队、许廷佐队、狄宝善队、朱子奎队、丁滋华队、张晓畔队、沈励吾队、陈守经队各五〇分,周尚陵队、许葆初队、戎宝元队、沈天汉队、蒋信昭队各三〇分,袭乃昌队二八分,翁朝有队、孙伯威队、张孝贵队、江胜才队各二〇分,梁凤翔队一七分,钱瑞祥队、史松盛队、张康甫队、时廷绿队、王祥源队、周盛川队、沈义瑞队、孙成义队、许芝奇队、严子亮队、朱修增队、石文耀队、阮季仙队各一〇分,总计五十四队、三千三百分。第二次缴分期为本月十一日,届时参加人数势必更形踊跃云。(《定海同乡会征求会开幕》,《申报》1936年12月3日)

1937 年　56 岁

1月1日,作为董事之一,联名与其他鄞县救济院教养所宁波七邑教养所鄞县救济院残废所董事在是日《申报》刊登《为陈忠皋先生五十寿启》。启事录下:

为陈忠皋先生五十寿启

奉化陈忠皋先生博爱仁慈,急公好义,蚤岁习业大英医院,先后创设中央、通济、太和三药房,旋总理全球药房大江以北独力经营,创中国新药业之先声,上海协新热水瓶厂之首创,中华劳动银行之筹设,均参预其成而经理焉。辛亥革命时先生翊赞伟业,如克复制造局,会攻天堡城,又如一二八救护灾民数十万人诸役,荷戈相从,功成不居,其淡泊名利有足多者。国历一月十四日为先生五秩诞辰,佥谋称觞,藉以庆祝。先生感于时事多艰,严词坚拒。同人等乃以撙节筵资移助宁波七邑教养所、鄞县救济院残废所为请,始获俯允。诚以两所为吾甬唯一教养机关,成绩优良,第限于经济未克扩展,为乡人所关切。兹叨先生之嘉惠桑梓而造福,凡属友好自必乐予赞同。盖所以寿先生者,即所以加惠人群也,美意延龄不其然欤。是为启。如蒙宠赐隆仪,概惠现金。

发起人:鄞县救济院教养所宁波七邑教养所鄞县救济院残废所董事

袁履登、何绍庭、毛楙卿、刘聘三、卓葆亭、陈富润、林德馨

王文翰、张继光、李组绅、朱旭昌、余润泉、许廷佐、杨诵仁

陈宝麟、方椒伯、周宗良、周干康、周巽斋、王廉芳、俞国光

虞洽卿、俞佐廷、朱世恩、王东园、乌崖琴、孙梅堂、李祖夔

俞济民、周大烈、陈如馨、蔡良初、项绳武、祁云贵、洪雁宾

张申之、何绍裕、邬志豪、黄延芳、董杏生、乌子英、谢蘅窗

金廷荪、秦润卿、毛稼生、戴畊莘、俞佐宸、黄光普、赵芝室、林德祺

6月，益利玻璃厂化学技师范凤源出版《玻璃制造法》一书。据称：该书为益利玻璃厂化学技师范凤源所著，凡一百二十目，皆制造经验工作报告，由此书可使学者配制雪花膏瓶、杯皿花瓶、霓红玻管、安瓶玻管、化学耐热玻璃、平版玻璃、红色绿色灯罩、各色电泡，应有尽有。本书又详述玻璃弊病，故不特玻璃厂必备此书，即坩锅火砖搪瓷厂以及汽水厂、药房、珐琅徽章厂、陶瓷厂、眼镜镜子厂、仪器厂、安瓶厂、霓虹厂、寒暑表制造厂、灯泡电珠厂、油灯厂、人造宝石厂、化妆品厂，皆应参阅此书。中央研究院玻璃试验场赖其芳，认为此书最有益于现时之玻璃业。全书二十万字，铜图五十余幅，每册一元六角，上海福州路生活书店、作者书社、江西路亚美公司、白克路成都路口范凤源电化咨询所出售。(《玻璃制造法》,《申报》1937年6月21日)

益利玻璃厂成功研制高级玻璃杯广告

1938年　57岁

是年前后，先后集资购置4轮，从事上海与浙江沿海港口间的运输业务。期间，许廷佐充分利用战时各国的矛盾与关系，奔走于各方之间，纵横捭阖，奋发有为，在极其困难的条件下，大力开展战时运输与贸易活动，不仅使家族航运事业一度出现重要转机，抒写了个人创业史上的最后辉煌，而且为打破敌人的经济封锁，有效保障后方物质供应，作出了积极贡献。对此其后人许志勤回忆说：

抗战期间再度集资购买四艘船,为避免日军在中国沿海地区对挂中国籍旗船进行严密检查扣船,他灵活运用非交战国的外国租界地关系,将挂国旗改为挂德国和葡萄牙旗帜,维持运补航线,行驶于上海、杭州湾乍浦、海门之间,躲过日军,载运粮食、药品、绵纱、轮胎等货品,运输到极度欠缺物资的大后方,以利大后方物资运补,所以仍旧能够在战争期间壮大家族的航运事业。所建运输船队的四艘船名分别是:海福(ELBHOFF)轮挂德国旗,天宝(TEMPO)轮挂葡萄牙旗,福禄(RARO)轮挂葡萄牙旗,高登(KONDOR)LWX挂德国旗。(吴文龙:《航运世家——许廷佐家族传记》,第37—38页)

对此当年《申报》也有相关报道,从中可以隐约看到许廷佐活动的身影。

德平特准由沪装柩驶定

前经宁波防守司令部特准由沪装货直放宁波之外轮,为义商中意公司之德平轮、德商礼和洋行海福轮、英商太古公司新北京轮、美商卫利韩公司广生轮,总计四艘,每轮每二十天行驶一次,由沪直放宁波,绝对禁止搭客。由宁波返沪时,除装货外,并得搭客,惟规定各轮搭客数目。今防守司令奉上峰命令,即日起,禁止沪轮直放宁波,以上四公司已向当局请求通融。(《申报》1938年10月24日)

海福轮今日装赈米直放定海

定海旅沪同乡会,为装运赈米及灵柩,曾商由德平轮直放定海。嗣因德平轮延期到沪,该会另商哈统轮于二十六日午后四时,装载赈米一百担,并附搭向定海同乡会登记急需赴定之正当商人赴定。昨据该轮电告,已平安抵定。而定海同乡会会务主任胡芷斋氏,此次亦押轮前往,兹已开始在定放赈。尚有赈米二百担,今日先由海福轮装往一百担,该轮亦于今日午后四时直放定海。正当商人亦可附轮。凡已向定海同乡会登记待赴定海之正当商人,亦可向四川路三十三号礼和洋行船务部购买船票登轮。凭该会前登记

许廷佐与许周冬兰夫妇画像

证,可无须再填保证书云。(《申报》1938年10月28日)

高登轮将再开甬

经宁波防守司令部特准,于本月十五日自沪直放海门宁波之鲁麟洋行高登轮,已于十七日到甬,卸客起货后即开往海门装货,二十一日仍返甬,当即自甬直放上海,定二十二日早晨可到。该轮复经宁波防守司令部特准,预定二十三日自沪直放海门宁波。赴甬旅客,可向贵州路北京路口二九零弄十六号(即金城大戏院后面)宁益商务代办社,购买船票,毋须执照等手续云。(《申报》1938年11月20日)

宁波城防司令通知昨起禁止船只驶入

浙东通航办法颁布后,各轮船公司遵令登记,各航商昨奉甬城防司令通知,暂禁船只驶入镇海封锁线。棠赛、美达、天宝、利宝四轮遵令停航,海门航行虽通,各轮湾定海否均未定,兹志详情如下:

暂禁船只驶入宁波:宁波城防司令奉令自十二月十二日起,暂禁船只驶入镇海封锁线。前经批准行驶海门、宁波之交通船:①美商华美公司之棠赛轮,②葡商美利公司之美达轮。批准行驶定海宁波之交通船:①葡商正德公司之利宝轮,②德商远东公司之天宝轮。以上四轮奉令停止驶入宁波,于是沪甬间之航行完全断绝,沪各轮船公司,至昨日下午后四时,始得禁航宁波之电告。

棠赛美达停止驶甬:华美公司之棠赛及美利公司之美达均已由甬抵海门,于昨日离海门驶沪,约今日始能抵上海。原定十四日结关,十五日晨,由沪驶海门兼湾宁波,今决暂行停航。美达决定改驶温州,棠赛候抵温后,再行决定。至于禁航之原因,均未明了,俟棠赛美达今日抵沪后,或可明了。新声社记者之探悉,恐与重行船只登记有关。

海门照常支配船只:行驶上海海门之各轮船公司,因温台防守司令通知,限制每日驶入台州(即海门)之轮船二艘后,曾经集议支配船只进口办法,竭力避免各轮同时进口。顷得宁波、定海间之轮船停航消息后,因行驶上海海门兼湾定海之外轮,原以旅客为主要业务。昨日德商礼和洋行之海福轮照常驶

海门,兼湾定海,德商鲁麟洋行之高登轮,特派许廷佐搭海福赴定调查。(《申报》1938年12月13日)

1939年　58岁

是年,继续从事沪浙间运输活动,对于其属下轮船的动向,《申报》继续有大幅的报道:

沪定虽断　定甬照常

行驶沪台线兼湾定海之葡商正德公司之山泰、德国远东之哈纳、德商礼和之海福、德国鲁麟之高登、美商华美之棠贝等五轮,奉令暂停兼湾定海后,迄未复航。今华美公司台甬线之棠赛及美利公司台甬线之美达均奉令亦停湾定海,因此台定、沪定之航行全断。惟宁波定海间之航行,新声社记者昨向航业界探得确讯,德商远东公司之天宝,及葡商正德公司之利宝,仍照常行驶,所以甬定间之航行照常。(《申报》1939年1月11日)

特准四轮行驶定海

新声社记者昨向航业界探悉,宁波航业公会排定之沪甬船期,已自四月一日起实行。至于德商远东公司之哈纳轮已核准行驶宁波定海上海航线,惟由甬驶定时及由定驶沪时,则绝对不准擅自搭客。又德商鲁麟洋行之高登轮经核准行驶宁波定海象山线,德国远东公司之天宝轮经核准行驶宁波定海沈家门线,葡商正德公司之利宝轮,经核准行驶宁波、定海,兼湾石浦。天宝、利宝、高登三艘每天共准进出各二次,由该商等按每天进出两次之规定自行排定班次。甬沪线船只不定,每天准进出两次,如有货物来往甬沪时,由商人雇货船装运(下略)。(《申报》1939年4月4日)

天宝轮仍被扣

行驶甬定线之德商施义德洋行天宝轮,于二十六日上午十时由甬首次开定,在沥港与螺头门洋面突遇日舰拦截,于二十八日被迫驶抵吴淞口外停泊。兹据新新社记者探悉,该轮此次由甬驶定,装有布匹、麻、笋等货物一百四十七件,搭客五十余人。该轮德籍船主非而司都因病于日前由定乘哈纳轮来沪养疴,并无其它外籍船员在轮,致遭日舰扣留,未能立即与之交涉。沪上公司得报后,旋于廿九日登轮视察,一面并报告德国驻沪领事向日方交涉。三十日适逢星期例假,五月一日又为德国国庆纪念,故交涉将受阻碍。兹悉该轮业已驶至杨树浦,与美达轮停泊一处,仍在日舰监视中,未能自由。至于船上乘客,则已于当日释放登岸,定海同乡会拟设法救济。(《申报》1939年5月1日)

高登驶定　甬定通航

宁波定海航线虽经批准复航,惟因驶该线之葡商正德公司利宝轮、德商施义德洋行天宝轮、德商鲁鳞洋行高登轮,先后为日方所扣留,以致该航线又告中断。今高登轮经德领交涉释放,原定昨日由沪驶定海,再行复航宁波定海航线。今因装货不及,临时改今日(即十九日)下午三时,直放定海,以后专驶宁波定海间之航线。(《申报》1939年5月19日)

租用天宝运驳专轮

德商施毅德洋行之天宝轮向行驶甬定航线,自定海失陷甬定交通被阻后,该轮即泊甬停航,迨沪镇线恢复,该轮为便利旅客往返,经开航甬镇线,兹以甬埠驳船缺乏,各轮当局以天宝船身较小,在镇海封锁线缺口仍可进出,故已决定租用该轮为运驳专轮,即客货运驳均可较臻安全便利,不致有被海浪激荡危险,闻该轮已开始运驳。(《申报》1939年8月17日)

沪甬航线海福加入

沪甬线航运得当局宽限以后,运输较前略见繁盛,旅客亦倍增,惟镇海口之驳货问题虽天宝轮已实行联运,竭力维护旅客安全,但货运尚难迅速,故船期无法缩短。中意公司德平轮原定十八日返沪,因候装货物关系一再延期,始于昨日下午四时抵沪。据称来货仍未能尽量装载,停泊镇海日期太久,只得放弃来货,乃于今晨起碇返沪,此时(即昨日下午四时)已抵埠,定明晨由沪开甬。太古颖州轮前日(二十日)下午二时开甬。

新北京轮暂勿驶甬,已于今晨开往浙东某处,礼和洋行海福轮前行驶温台线,被日军封锁后,在沪停航已久,前曾呈请加入沪甬线行驶,现悉已核准,约二十四日或二十五日开航。目下行驶沪甬者计德平、谋福、哈纳、宝利、颖州、新加入之海福等七艘,可载客者除颍州轮外只六艘,客票新价除哈纳轮已于十九日开甬时实行,其它各轮准二十五日起实行,详情已志前报。(《申报》1939年8月22日)

是年,甬地米荒,"君又办具糈粮,以济其乏"。

11月,与夫人许周氏向仁济善堂捐款100元。(《仁济善堂报》,《申报》1940年12月1日)

1940年　59岁

是年前后,由于沿海港口先后沦陷,大后方与外部的物资交流,只能依靠宁波与上海租界之间的轮船交通,"宁波已为唯一吐纳海口",沪甬间运输极为繁忙,宁波港日吞吐量最高达3万吨,是战前最高水平的6倍左右,各轮因此获利颇丰[1]。对此当年《申报》也有所披露。该报先后报道说:

帆樯云集

浙赣闽湘粤桂等六省现即将实行联运,而宁波已为唯一吐纳海口,故近日货运陡趋殷繁,镇海口外轮只云集,计有商轮新祥泰、宝利、哈纳、谋福、海达、德平、永泰、新疆、海福、马勒及海船楚光、海光、宝光、美南等,总计达十五艘之多。(《申报》1939年11月16日)

沪甬货运殷繁

自沪瓯航线遭日舰阻挠后,沪甬航轮客货已益形拥挤,礼和洋行海福轮自于廿四日下午抵沪后,已将客货装卸竣事,于廿六日下午四时三十分载旅客六百五十余人起碇开镇,预定于本月廿九日由镇再度搭客来沪。又近因将临岁暮,故由沪装甬之各类货物较前更为众多。江海关为杜绝走私

许氏后人编纂的《航运世家——许廷佐家族传记》书影

---

(1) 郑绍昌主编:《宁波港史》,人民交通出版社,1989年,第345页。

起见,特加派税警于各轮起碇前,上轮检查旅客行李货物,颇为严密。又悉谋福现正泊镇,开始起卸前班由装甬货物,今年岁尾竣事后,即可返沪。次为哈纳轮寄碇卸货,约须至明年初上始可载客离镇,飞康轮预定廿九日由甬返沪。(《申报》1939年12月28日)

外轮多艘直航沪甬

沪甬线班轮前为镇海口封锁,只能在口外抛泊起卸货客,商贾乘客均为不便,公司亦因船期耽延,致受相当损失。于本年二月中旬,德商鲁麟洋行高登轮总吨只五百余吨,得当局特许,首先实行直航宁波,驶进镇海口封锁线,直达江北岸停靠。前沪甬线班轮海福、宝利、哈纳三小轮船身亦小,拟参加行驶直航,未得核准,后改驶沪瓯线多次。今悉葡商远东公司山泰轮系正德轮船公司经理,现已得当局核准,定今日下午四时驶甬,直达江北岸。又德商礼和洋行海福轮前曾与宝利、哈纳等轮,呈请直航宁波不准后,改温州。对于加入沪甬直航,亦已核准。该轮现尚在瓯,约今日自瓯返沪,定下星期二(十四日)下午四时,复航沪甬线,直驶江北岸。同益船务行之江苏轮(悬挂英旗),亦已经当局特许,加入沪甬直航班行驶。闻该轮近由大新航业公司经理,开班日期现正拟议中。至于宝利、哈纳两轮加入直航问题,因海福已准许,该两轮亦有希望,沪甬线直航班轮逐渐增加,行旅更为称便矣。(《申报》1940年5月11日)

1941年　60岁

7月18日,在上海逝世。[1]为此许氏家族于次日在《申报》刊登相关启事:

报丧

家主许廷佐老太爷于本月十八日三时(即夏历六月念四日丑时)寿终,择于十九日下午(新钟点)三时,在武定路西摩路口安乐殡仪馆大殓。谨此报闻。

许高梁堂账房启

---

(1) 对其病逝经过,其后人记述说:随着三门湾开发港的发展失败,损失不断增加,廷佐先生的健康日益恶化,不幸在1940年因腰部生瘤,经一年多的治疗兼动手术,终告不治,于1941年6月24日病逝于上海,享年60岁。(吴文龙:《航运世家——许廷佐家族传记》,第14页)

7月22日，曾任上海总商会秘书的孙筹成在得知许氏过世后深感惋惜，并在《新闻报》发表《许廷佐之苦干精神》一文，全面介绍了许氏生平，对其苦干奋斗精神予以高度评价，可谓是对许氏生平的盖棺论定。文录于下：

许廷佐之苦干精神

许廷佐先生，系著名苦干之实业家，不幸于本月十八日逝世，闻者悼之。按先生浙江定海人，髫龄失怙，家道中落，赖其母太夫人含辛茹苦，抚养成人。限于经济，读书不多，即来沪习商，勤恳异常儿，为店主所器重，全权交与，措置裕如。数年后，稍有积蓄，鉴于外货充斥，每年利权外溢不少，欲思挽救，非努力创办实业，殊不足以塞漏卮。乃于民国十六年一月，独资创办益利汽水公司，事无巨细，莫不躬亲，故所出之各种汽水及橘子水，均甚精良。旋又创办益利玻璃厂，所出之冷热水杯与各种器具，为新药界与化学家所乐用。兼营航业，组织益荪、益利两轮船局，购置益荪、益利、益泰三海轮行驶沪瓯，及广东、香港、厦门、汕头等埠。设五金号，统办环球金属类之器具，并推销罐头食物，劝国人竭力仿造，以"挽回利权，杜塞漏卮"八字为职志。故对于振兴实业，创办工厂者，就其能力所及，莫不热心参加，而实现其提倡国货之一贯主张。生平无其他嗜好，以兴办事业为消遣，苟有益于民生国计之事业，无不乐于投资，而其自办之事业，皆以益字为商标。其尤著者，如三门湾商埠之开设，一方呈请政府批准，一方拉拢亲友合股，往来宁沪浙三处，席不暇暖，建筑益利码头、益利堆栈及旅馆等，以便客商，测量路线，兴筑道路，以利交通。王正廷博士佩其热诚，亦代为策划，事虽未成，环境使然，不能以成败而论。对于公益事业，莫不慷慨捐献，在故乡捐资独办廷佐义务小学，在上海筹办肇和中学。凡遇慈善团体，有所请求，有求必应，居恒谦恭自守，诚信不欺，故中外人士，咸乐与之近。侍母甚孝，幼年所入不丰，已迎母来沪，经济虽甚拮据，而家庭之乐融融洩洩。晚年家境日裕，自奉一仍其旧，对于儿女管教甚严，故能克绍箕裘，享年六十有四，惜哉。

9月初，宁波旅沪同乡会等沪上各同乡同业20余团体及各界领袖发起追悼许廷佐并于9日在《申报》刊登《许公廷佐追悼会筹备处通告》，"订于十月十九日下午二时假宁波旅沪同乡会演讲厅举行追悼会"。

许公廷佐追悼会筹备处通告

  定海许廷佐先生创办实业,热心公益,对于国家社会均有贡献。讵于七月十八日遽捐馆舍,识与不识同深悲悼。兹订于十月十九日下午二时假宁波旅沪同乡会演讲厅举行追悼会。凡与先生有交好者务希届时惠临参加,如有哀挽并请先期送交本处汇收。倘有团体参加,应请先期通知,俾便排定时间,分班致祭。特此通告,维希公鉴。发起人:宁波旅沪同乡会、上海航业公会、定海旅沪同乡会、定海会馆、海福轮船营业处、定海丰泰隆号、鸿利五金号、新华玻璃厂、丰裕皂厂、元记报关行、上海报关业同业公会、洽茂冷汽公司、洽和公司、上海宁波公报、美华汽车公司、勤业文具公司、普球实业社、大安殡仪馆、大众殡仪馆、益利汽水厂、鲁麟洋行船务部,(以下以姓氏笔划多寡为序)丁滋华、方椒伯、王景虎、王正荣、李樵卿、徐宝兴、姜选卿、周祥生、周载扬、吴明之、吴茂鋆、邵湖生、俞子英、胡芷斋、胡馥庵、乌崖琴、袁履登、曹守廉、陆守伦、陈葆生、陈大方、陈翊廷、陈涤生、张康甫、张海澜、张树声、张家润、傅志鸿、傅伦干、杨叔陶、邬宝锦、郑杏荪、潘尚林、谢葆生、戴承志、韩瑞生、顾竹轩。劳合路宁波里四号定海旅沪同乡会内许公廷佐追悼会筹备处谨启。

10月18日,因追悼会举行在即,追悼会筹备处再次在《申报》《大公报》等刊登通告:

许公廷佐追悼会筹备处通告

  定海许廷佐先生创办实业,热心公益,对于国家社会均有贡献。讵于七月十八日遽捐馆舍,识与不识同深悲悼。兹订于十月十九日下午二时假宁波旅沪同乡会演讲厅举行追悼会。凡与先生有交好者务希届时惠临参加,如有哀挽并请先期送交本处汇收,倘有团体参加应请先期通知,俾便排定时间,分班致祭。特此通告,维希公鉴。

  宁波旅沪同乡会、定海旅沪同乡会、上海宁波公报、定海会馆、上海轮船业同业公会、上海报关业同业公会、鲁麟洋行船务部、海福轮船营业处、洽茂冷汽公司、华美汽车公司、洽和公司、新华玻璃厂、丰裕皂厂、元记报关行、鸿利五金号、勤业文具公司、普球实业社、定海丰泰隆号、大安殡仪馆、大众殡仪馆。(以下以姓氏笔划多寡为序):发起人丁滋华、方椒伯、王景虎、王正荣、沈养园、林醒民、李樵卿、洪琪良、徐宝兴、姜选卿、周祥生、周载扬、吴明之、孙伯威、孙荀卿、吴茂鋆、邵湖生、俞子英、胡芷斋、胡馥庵、乌崖琴、康荣昌、袁履登、曹守廉、陆守伦、陈葆生、陈大方、陈翊廷、陈涤生、张康甫、张海澜、张树声、张家澜、傅志鸿、傅伦乾、杨叔陶、邬宝锦、郑杏荪、潘尚林、蔡赓祥、谢葆生、戴承志、韩瑞生、顾竹轩、薛永祥。

劳合路宁波里四号定海旅沪同乡会内许公廷佐追悼会筹备处谨启。

10月19日,《申报》预告当日举行许廷佐追悼会的消息,认为其"创办实业,热心公益,对于国家社会,均有贡献"。报道说:

20世纪80年代在美国就学的部分许氏后人合影

2017年,许廷佐之孙许志勤在其捐资建造并命名的定海廷佐小学惠毅体艺馆前留影

定海许廷佐先生,创办实业,热心公益,对于国家社会,均有贡献。讵于七月十八日遽捐馆舍,识与不识,同深哀悼,宁波旅沪同乡会等二十余团体及方椒伯、顾竹轩等四十余人发起,定今日下午二时,假宁波旅沪同乡会演讲厅举行追悼会,届时素车白马,定必有一番热闹。(《许廷佐追悼会》,《申报》1941年10月19日)

同日下午,追悼会在宁波旅沪同乡会演讲厅举行,"设位以祭,又上公谥曰惠毅"。(张原炜:《许君廷佐行状》)

10月20日,许廷佐追悼会筹备处同人及其后人许文贵、文荣、文华为昨日举行的许廷佐追悼会在《申报》刊登《谢启》。

谢 启

本月十九日为许公廷佐追悼会之期,承各团体主干诸君及各界人士惠临参加,同深公感,惟是参加人众,招待不周,诸希鉴原,特此鸣谢。许公廷佐追悼会筹备处仝人谨启,哀子许文贵、文荣、文华隋叩。(《谢启》,《申报》1941年10月20日)

许君廷佐行状

张原炜

曾祖佚名,祖世源,考宗南,浙江省定海县籍。

定海许君之丧,乡人士耳君久,既闵其遭际之厄,又多其才智气力殊绝人,相与咨悼太息,于其丧后民国三十年十月十九日,假上海宁波旅沪同乡会,设位以祭。又上公谥曰惠毅,其盛事也。按君讳廷佐,以字行。先世镇海人,自世源府君始徙定海,居县之水门桥畔,自是为定海人,家故窭也。宗南府君操舟楫为生,先取于周,继取于张,实生君及君女弟二人。君生五岁而孤,张太夫人茹苦誓节,以字诸雏,家用无以继,则日夕勤十指,以所入易升斗。教督君至严,常曰:吾许氏世有阴德,若父早即世,一线之延将于若是赖,若其勉之矣。故君居厄穷,力自奋求上进,敢于任事,谨于束身,其后贾事有羡,业骎骎大矣。虽处侥瘦,未尝有矜溢之色,母教则然也。君年九岁,随张太夫人来海上,母子二人同作苦,少长习金工,为鞴冶铜锡及造作诸模子之属,已与远西人多过从,稍稍通晓其语言文字,久之益狎,彼邦人重君笃挚,诸有所需,辄于君是求。有英吉利人马顿者,尤与君善,与君为钱通,君自是得所凭，藉有设施矣，数年之间业以大展。凡所营办，若五金号，若西饭店，若冷藏厂，若汽水厂、波黎厂，若商轮，其市招，皆冠以益利名。当是时，君拥列肆众，规则至闳远，声名籍籍国内外矣。其所致劳者，则三门湾为最。三门湾者，当宁波台州之交，北石浦，南健跳，其中为南田岛，岛中物产辐辏，土壤沃腴，擅浙东形势，若商务军事之属，咸取便焉。先是吾国人以其地辽僻置勿论，自君始主屯垦于其地，筑船步，置货库，缮驰道，狉獉之壤，始启文明。是役也，用银饼凡数十万，阅时亦十数年。国人讲实业者，莫之或先焉。然君卒以故中败，初君自倡辟港之议，朝野上下争先响应，尝上其事省府，省府报曰可已，又上之国府，国府亦报曰可，最后海外侨商之富有赀者，亦四面至，佥谓旦夕间大业垂成矣。顾港流深广，工事程，费又浩繁。君夙所办具犹不足当什之二三，群流观望，又好执成败之见，事成则尊之若神严，败也鸟兽散矣。由是势益孤，所计费益不赀。方是时君困甚，然亦未尝以此中馁也。君勤于治事，自朝至于日昃，不少休息，每日午以麦饼当餐饭，衣履敝不完，家人以鲜衣进，辄屏勿御，自奉至约。独于济施人，无以所遴，尝于定海之磨盘礁及西后门各造灯塔一，以便行旅，又尝于定海及上海四川路各设为廷佐义务小学，以饫寒畯子弟之弗能读者。沪变作，弹丸满空际，罹祸者不可胜计，君则躬冒万险，收辑流亡。前岁吾甬患米荒，君又办具糈粮，以济其乏。丁戊之交，海道阻勿通，君又广致利宝、福禄、高登三轮，纤道之定海之石浦之甬江，旅人便之。居常教诸子，自言少年时备尝诸苦，故尽吾一生以利己利人为念。诸子闻君言，亦自感奋，凡君行谊大率类是。君配氏周，生男子三人，伯曰文贵，季曰文华，皆上海圣芳济学院毕业生。仲曰文荣，毕业聂中丞公学。孙男五人志刚、志伟、志勤、志明、志良，女孙三人婉贞、莲贞、淑贞。君之殁以中华民国三十年七月十八日，春秋六十。鄞县张原炜谨状。

（张原炜：《蓟里剩稿》）

附录二

主要引用及参考文献索引

1.《申报》
2.《时事公报》
3.《四明日报》
4.《宁波民国日报》
5.《上海宁波日报》
6.《宁波旅沪同乡会月刊》
7.《大公报》
8.《浙江省政府公报》
9.《行政院公报》
10.《工商公报》
11.《浙江青年》
12.《新闻报》
13.《时报》
14. 王钟萃编纂:《三门湾辟埠指针》,明星印刷厂印刷,1931年

15. 镇海同义医院:《镇海同义医院二十年汇志》,1938年印行

16. 张原炜:《莳里剩稿》,1945年线装本

17.《定海县志》编委会:《定海县志》,浙江人民出版社,1994年

18. 上海市工商业联合会编:《上海总商会议事录》,上海古籍出版社,2006年

19. 郭华巍、孙善根、陈方猛:《潮落潮起——近代三门湾开发史事编年(1899—1949)》,上海人民出版社,2010年

20. 吴文龙:《航运世家——许廷佐家族传记》,名格文化印刷设计事业有限公司,2014年

后记

十多年前，我们在编纂《潮落潮起——近代三门湾开发史事编年》一书时，开始接触近代宁波商人许廷佐的资料，知道他为开发三门湾而几乎倾家荡产，仍屡仆屡起，痴心不改。显然这是实业救国的时代大潮中的悲剧性的英雄人物。这在注重灵活应变、与时俱进的近代宁波商人中相当另类，由此给我们留下了深刻的印象并注意收集相关史料与信息。2016年前后，经青岛宁波商会副会长吴振亭先生介绍，得以认识在香港传承家族事业的许廷佐孙子许志勤先生。承蒙许先生的鼓励与支持，开始编纂《许廷佐年谱长编（1882—1941）》一书。经过近两年的努力，终于完成编纂工作并列入近代宁波商帮史料整理研究丛书出版。

本书在资料收集与编纂过程中，得到许多朋友与机构的帮助和支持，特别是作为家族事业的传承者，许志勤先生予以高度重视与大力的支持。他多次在匆匆的行程中特意安排与笔者会面，还深情地回忆了祖父许廷佐的诸多往事。在相关文献收集过程中，上海市图书馆、宁波市档案馆等单位给予了很大的方便，宁波工程学院马克思主义学院教师闻文、华东师范大学历史系硕士毕业生朱红梅同学与我的研究生粮与健等也付出了很大的心血，在此一并表示衷心的感谢！

限于学识与水平，本书还存在着不少的问题与不足，特别是在档案资料的搜集方面还有不少缺憾。在此敬请读者批评指正。

孙善根

2019年2月于宁波大学

图书在版编目(CIP)数据

许廷佐年谱长编:1882—1941/孙善根,闻文编著.—宁波:宁波出版社,2019.7
(近代宁波商帮文献史料整理研究丛书)
ISBN 978-7-5526-3609-3

Ⅰ.①许… Ⅱ.①孙…②闻… Ⅲ.①许廷佐—年谱 Ⅳ.① K825.34

中国版本图书馆 CIP 数据核字(2019)第 147469 号

许廷佐年谱长编:1882—1941

编　　著	孙善根　闻　文
责任编辑	陈金霞
责任校对	叶呈圆　谢路漫
装帧设计	金字斋
出版发行	宁波出版社
	(宁波市甬江大道1号宁波书城8号楼6楼　邮编　315040)
网　　址	http://www.nbcbs.com
印　　刷	宁波白云印刷有限公司
开　　本	710mm×1000mm　1/16
印　　张	16.25
字　　数	245千
版　　次	2019年7月第1版
印　　次	2019年7月第1次印刷
标准书号	ISBN 978-7-5526-3609-3
定　　价	75.00元

如发现缺页或倒装,影响阅读,请与出版社联系调换　电话:0574-87248279